2024
中国房地产市场回顾与展望

China Real Estate Market
Review and Outlook 2024

中国科学院大学中国产业研究中心
中国科学院预测科学研究中心

科学出版社
北 京

内 容 简 介

本书根据国家统计局、Wind 数据库、中国经济信息网等多个权威数据库公布的最新统计数据，从房地产开发投资、房地产供需和房地产价格等多个方面回顾 2023 年我国房地产市场的运行情况，解析 2023 年各级政府颁布的房地产调控政策，着重对北京、上海等一线城市以及部分新一线城市、二线城市房地产市场运行情况进行分析总结，综述 2023 年房地产金融形势变化，并从房地产市场的供给、需求、价格、政策等方面对 2024 年我国房地产市场的发展趋势做出预测。

本书可供政府相关部门在制定和调整政策时参考，也可为房地产企业开发投资决策、居民购房决策提供参考。同时，对房地产相关研究机构和专家学者开展学术研究有一定的参考价值。

图书在版编目（CIP）数据

2024 中国房地产市场回顾与展望 / 中国科学院大学中国产业研究中心，中国科学院预测科学研究中心编. —北京：科学出版社，2024.5
ISBN 978-7-03-078612-8

Ⅰ.①2… Ⅱ.①中… ②中… Ⅲ.①房地产市场—研究报告—中国—2024
Ⅳ.①F299.233.5

中国国家版本馆 CIP 数据核字（2024）第 109232 号

责任编辑：李 嘉 / 责任校对：姜丽策
责任印制：张 伟 / 封面设计：有道设计

科学出版社 出版
北京东黄城根北街 16 号
邮政编码：100717
http://www.sciencep.com

北京中石油彩色印刷有限责任公司印刷
科学出版社发行 各地新华书店经销
*

2024 年 5 月第 一 版　开本：787×1092　1/16
2024 年 5 月第一次印刷　印张：10
字数：234 000

定价：108.00 元
（如有印装质量问题，我社负责调换）

编者名单

董纪昌　中国科学院大学经济与管理学院教授
李秀婷　中国科学院大学经济与管理学院副教授
董　志　中国科学院大学经济与管理学院副教授
刘　颖　中国科学院大学经济与管理学院教授
贺　舟　中国科学院大学经济与管理学院副教授
郭思佳　中国科学院大学经济与管理学院博士后
朱自超　中国科学院大学经济与管理学院博士
刘启航　中国科学院大学中丹学院博士
张楚晗　中国科学院大学经济与管理学院博士
许潇月　中国科学院大学经济与管理学院博士
庚　辰　中国科学院大学经济与管理学院博士
张明威　中国科学院大学经济与管理学院博士
潘为鹏　中国科学院大学中丹学院硕士
李思博　中国科学院大学经济与管理学院硕士
黄美霖　中国科学院大学经济与管理学院硕士
郭家豪　中国科学院大学经济与管理学院硕士
漆奕泽　中国科学院大学经济与管理学院硕士
王　超　中国科学院大学经济与管理学院硕士
翼世明　中国科学院大学经济与管理学院硕士
吴虹奕　中国科学院大学中丹学院硕士

序

　　房地产业的发展在我国经济发展中占据重要位置，并且与我国人民群众的幸福感有着紧密联系，因此，研究我国房地产业、房地产市场的发展具有重大意义。

　　中国科学院预测科学研究中心和中国科学院大学中国产业研究中心坚持投身于宏观经济及房地产业等重要行业分析、预测等方面的研究工作，科学地使用各种理论和方法对宏观经济运行的关键指标进行预测，找出宏观经济发展的部分潜在风险，并据此构建预警体系，提出针对性的政策建议，进而为政府制定宏观经济政策提供依据。《2024中国房地产市场回顾与展望》是在中国科学院预测科学研究中心的指导与支持下，由中国科学院大学中国产业研究中心对我国房地产行业、房地产市场进行考察研究后形成的一个阶段性成果。

　　《2024中国房地产市场回顾与展望》首先根据多个权威数据库公布的最新统计数据，从宏观、中观、微观角度，借助指数构建、定性总结、定量预测等多元化方法，较全面地整理评述了2023年的房地产市场政策，以及房地产开发投资、房地产供需和房地产价格等多层次的市场运行情况。其次，结合当年的宏观金融变化情况，选取对房地产市场运行具有相对重要影响的关键城市，如北京、上海等一线城市和部分新一线、二线城市，对我国城市层面的房地产市场运行情况进行了细致研究。最后，从房地产市场的供给、需求、价格等方面对2024年我国房地产业的发展趋势给出系统预测，并针对政府、企业、居民等不同角色在当前时期较为关注的重点问题，提出相应的政策建议和市场发展情况展望。

　　《2024中国房地产市场回顾与展望》可供政府相关部门在制定和调整政策时参考，也可为房地产企业开发投资决策、居民购房决策提供参考。同时，对房地产相关研究机构和学者开展学术研究有一定的参考价值。

　　希望中国科学院预测科学研究中心和中国科学院大学中国产业研究中心能继续坚持这项研究工作，为推动我国房地产行业持续健康发展做出贡献。

汪寿阳
中国科学院预测科学研究中心
2024年1月

前　言

2023年以来，多项稳定房地产市场的政策落地，但房地产市场短暂复苏后回归下行态势。房地产开发投资持续下降，新开工面积快速下降，商品房销售降幅仍未收窄，全国商品房销售价格增速趋于平稳，70座大中城市新建商品住宅和二手商品住宅销售价格均同比下降，不同类型城市房地产市场分化趋势延续。展望2024年，房地产调控重点将集中在继续深化因城施策，精准实施差别化信贷政策，抓好金融支持房地产市场各项政策落实，加大对住房刚性和改善性需求及正常经营房地产的企业的金融支持，加强保障性住房建设和供给，积极稳步推进超大特大城市城中村改造。随着经济恢复向好，稳定房地产市场政策效果有望显现，推动市场预期好转，促进房地产市场逐步企稳。长期来看，我国房地产市场供求关系已经发生重要变化，市场格局将会进一步重塑。

本书根据国家统计局、Wind数据库、中国经济信息网等多个权威数据库公布的最新统计数据，从房地产开发投资、房地产供需和房地产价格等多个方面回顾了2023年我国房地产市场的运行情况，解析了2023年各地方政府颁布的房地产调控政策，着重对北京、上海等一线城市以及部分新一线城市、二线城市的房地产市场运行情况进行了分析总结，综述了2023年房地产金融形势变化，预测了2024年房地产市场供给、需求、价格等重要指标的变化，并对相关热点问题进行了深入分析。

本书由董纪昌、李秀婷、董志、刘颖、贺舟、郭思佳、朱自超、刘启航、张楚晗、许潇月、庚辰、张明威、潘为鹏、李思博、黄美霖、郭家豪、漆奕泽、王超、翼世明、吴虹奕等撰写，是国家自然科学基金重点项目"新型城镇化与区域协调发展的机制与治理体系研究"（72334006）的阶段性成果。本书得到了中国科学院大学中国产业研究中心、中国科学院预测科学研究中心的支持，特别是得到了中国科学院预测科学研究中心汪寿阳教授的悉心指导和帮助。科学出版社的李嘉等编辑也为本书的出版付出了辛勤的劳动。在此，我们向所有为本书提供过帮助与支持的单位、领导及同事表示最诚挚的感谢！

受学识、水平和能力限制，书中可能存在一些有待商榷和值得探讨的地方，欢迎各界朋友与我们交流、探讨，进行批评与指正。

董纪昌　李秀婷
中国科学院大学经济与管理学院
2024年1月

目 录

第一章 2023年房地产市场运行情况 ... 1
- 第一节 房地产开发投资 ... 1
- 第二节 房地产供需情况 ... 5
- 第三节 房地产价格波动 ... 9

第二章 2023年房地产市场相关政策与评述 ... 12
- 第一节 2023年1~12月主要房地产政策一览 ... 12
- 第二节 2023年1~12月地方特殊政策总结 ... 20
- 第三节 2023年房地产市场相关政策总结 ... 33
- 第四节 2024年房地产市场相关政策展望 ... 35

第三章 2023年房地产市场运行状况评价 ... 38
- 第一节 CAS-REH指数 ... 38
- 第二节 CAS-RERSD指数 ... 50
- 第三节 CAS-RES指数 ... 51
- 第四节 CAS-REF指数 ... 57

第四章 重点城市房地产市场运行情况 ... 66
- 第一节 北京市2023年1~12月房地产市场分析 ... 66
- 第二节 上海市2023年1~12月房地产市场分析 ... 72
- 第三节 广州市2023年1~12月房地产市场分析 ... 78
- 第四节 深圳市2023年1~12月房地产市场分析 ... 85
- 第五节 热点城市2023年1~12月房地产市场分析 ... 91

第五章 2023年房地产金融形势分析 ... 115
- 第一节 房地产业融资渠道分析 ... 115
- 第二节 房地产企业经营状况分析 ... 118
- 第三节 房地产金融产品运行分析 ... 125
- 第四节 货币政策调整及对房地产企业影响分析 ... 129

第六章 2024年房地产市场预测 ... 134
- 第一节 房地产市场影响因素分析 ... 134
- 第二节 2024年房地产供需市场预测与分析 ... 139
- 第三节 2024年房地产调控政策建议 ... 147

第一章 2023年房地产市场运行情况

2023年1~12月，东北部地区的房地产累计开发投资额占比有所提升，东部和西部地区小幅下降。商品房开发用于住宅的投资额相比2022年同期有所减少，且下降幅度整体呈现增大的趋势。相较于住宅和其他开发投资，办公楼和商业营业用房开发投资与2022年同期相比下降幅度较大，总体来看，同比增速波动幅度不大。在"房住不炒""因城施策"等长效机制的调控下，叠加房地产需求的趋势性变化，我国房地产企业融资环境相对偏紧。房地产开发企业不同来源的资金同比下降，其中，与2022年同期相比，2023年我国房地产企业利用外资的规模缩减幅度较大。在房地产企业融资环境收紧的背景下，我国房地产企业更多地依赖销售回款和其他非标准化融资渠道来维持资金流动性。2023年初全国土地累计供应面积相比2022年同期小幅增加，但自3月开始增速由正转负，全年土地累计供应面积相对于2022年同期出现了一定幅度的下降。其中住宅用地累计供应面积相对于2022年降幅收窄，但同样也出现了一定幅度的下降。国内房地产开发建设情况逐步好转，住宅累计新开工面积降幅相对2022年收窄，竣工面积则呈现增长趋势。随着宏观政策效力的持续显现，国内房地产销售情况也有所好转，降幅态势相对于2022年有所减缓，地区间的销售表现分化加剧。受疫情影响，2022年商品房销售均价偏低，呈现同比下降趋势。2023年疫情后商品房销售价格恢复，同比增速与2021年基本持平。

第一节 房地产开发投资

一、房地产开发投资额

2023年房地产开发投资规模较前一年有所缩减，如图1.1所示，2023年1~2月，房地产累计开发投资额为13 669.56亿元，同比下降5.7%，其中住宅累计开发投资额为10 272.6亿元，同比下降4.6%。此后同比下降幅度有所增大，截至2023年12月，全国房地产累计开发投资110 913.35亿元，同比下降9.6%，其中住宅累计开发投资83 820.03亿元，同比下降9.3%。

2023年1~12月我国各地区房地产开发投资情况如表1.1所示，受经济发展水平等因素的影响，东部地区房地产累计开发投资规模最大，占全国房地产累计开发投资额的60%左右，中部地区占比约20%，西部地区占比约18%，而东北部地区房地产累计开发投资规模较小，约占全国房地产累计开发投资额的2%。2023年1~2月，东部、中部、西部和东北部地区房

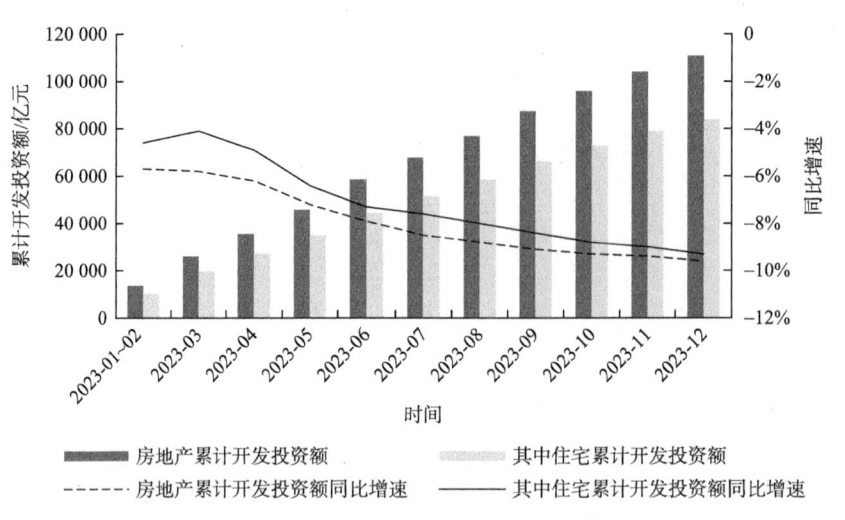

图 1.1 2023 年 1~12 月房地产累计开发投资额及同比增速

资料来源：国家统计局

表 1.1 2023 年 1~12 月我国各地区房地产开发投资情况

时间	房地产累计开发投资额/亿元				全国房地产累计开发投资额占比*			
	东部	中部	西部	东北部	东部	中部	西部	东北部
2023-01~02	8 358.20	2 624.48	2 535.88	151.00	61.1%	19.2%	18.6%	1.1%
2023-03	15 222.42	5 373.03	4 936.68	442.00	58.6%	20.7%	19.0%	1.7%
2023-04	21 061.38	7 289.91	6 497.64	665.00	59.3%	20.5%	18.3%	1.9%
2023-05	27 327.10	9 173.49	8 220.86	980.00	59.8%	20.1%	18.0%	2.1%
2023-06	34 575.17	11 634.12	10 827.29	1 513.00	59.1%	19.9%	18.5%	2.6%
2023-07	40 112.94	13 312.59	12 536.07	1 756.00	59.2%	19.7%	18.5%	2.6%
2023-08	45 589.08	15 074.78	14 166.68	2 069.00	59.3%	19.6%	18.4%	2.7%
2023-09	51 652.40	17 071.85	16 106.86	2 438.00	59.2%	19.6%	18.5%	2.8%
2023-10	56 969.69	18 602.51	17 684.75	2 665.00	59.4%	19.4%	18.4%	2.8%
2023-11	62 103.24	20 017.75	19 048.87	2 876.00	59.69%	19.24%	18.31%	2.76%
2023-12	66 704.55	21 423.06	19 759.74	3 026.00	60.14%	19.32%	17.82%	2.73%

资料来源：国家统计局

注：东部地区包括北京、天津、河北、上海、江苏、浙江、福建、山东、广东、海南 10 个省（直辖市）；中部地区包括山西、安徽、江西、河南、湖北、湖南 6 个省；西部地区包括内蒙古、广西、重庆、四川、贵州、云南、西藏、陕西、甘肃、青海、宁夏、新疆 12 个省（自治区、直辖市）；东北部地区包括辽宁、吉林、黑龙江 3 个省

*数据为据原始数据四舍五入所得，部分月份加和不等于 100%

地产累计开发投资额分别为 8358.20 亿元、2624.48 亿元、2535.88 亿元、151.00 亿元，房地产累计开发投资额占全国的比重分别为 61.1%、19.2%、18.6%、1.1%。截至 2023 年 12 月，东部、中部、西部和东北部地区房地产累计开发投资额占全国的比重分别为 60.14%、19.32%、17.82%、2.73%，东北部地区的房地产累计开发投资额占比有所提升，东部和西部地区小幅下降。

如表 1.2 所示，从各类型商品房开发投资情况来看，我国房地产开发仍然以住宅开发为主，2023 年 1~12 月，全国住宅开发投资额累计达到 83 820.03 亿元，其他次之，开发投资额累计达到 14 507.24 亿元，商业营业用房开发投资额累计值为 8054.83 亿元，办公楼开发投资额累计值为 4530.78 亿元。2023 年 1~12 月，商品房开发用于住宅的投资额相比 2022 年同期有所减少，且下降幅度整体呈现增大的趋势。2023 年 1~2 月，住宅开发投资额累计值同比增速为 −4.6%，2023 年 12 月，住宅开发投资额累计值同比增速为 −9.3%。相较于住宅和其他开发投资，办公楼和商业营业用房开发投资额与 2022 年同期相比下降幅度较大，总体来看，同比增速波动幅度不大。截至 2023 年 12 月，办公楼开发投资额累计值同比增速为 −9.4%，商业营业用房开发投资额累计值同比增速为 −16.9%。

表 1.2 2023 年 1~12 月各类型商品房开发投资情况

时间	开发投资额累计值/亿元				开发投资额累计值同比增速			
	住宅	办公楼	商业营业用房	其他	住宅	办公楼	商业营业用房	其他
2023-01~02	10 272.60	614.31	1 031.39	1 750.95	−4.6%	−7.6%	−17.0%	−4.0%
2023-03	19 767.03	1 031.23	1 927.97	3 247.49	−4.1%	−11.5%	−17.1%	−6.2%
2023-04	27 071.97	1 391.54	2 586.82	4 463.88	−4.9%	−9.2%	−17.4%	−5.5%
2023-05	34 809.15	1 824.73	3 260.59	5 806.79	−6.4%	−6.0%	−18.2%	−5.0%
2023-06	44 439.44	2 332.20	4 204.57	7 573.65	−7.3%	−7.6%	−17.4%	−5.5%
2023-07	51 484.68	2 689.20	4 836.66	8 706.59	−7.6%	−8.1%	−18.3%	−7.4%
2023-08	58 424.70	3 036.33	5 490.09	9 948.85	−8.0%	−9.7%	−17.8%	−7.0%
2023-09	66 279.36	3 437.07	6 268.75	11 284.02	−8.4%	−11.0%	−17.6%	−7.4%
2023-10	72 799.20	3 793.95	6 891.54	12 437.09	−8.8%	−9.7%	−17.3%	−7.0%
2023-11	78 852.04	4 144.70	7 493.23	13 555.47	−9.0%	−10.0%	−16.9%	−7.1%
2023-12	83 820.03	4 530.78	8 054.83	14 507.24	−9.3%	−9.4%	−16.9%	−7.2%

资料来源：国家统计局

二、房地产开发商资金结构

在"房住不炒""因城施策"等长效机制的调控下，叠加房地产需求的趋势性变化，我国房地产企业融资环境相对偏紧。如表 1.3 和表 1.4 所示，从总体上来看，2023 年 1~12 月，房地产开发企业不同来源的资金同比下降，其中，与 2022 年同期相比，2023 年我国房地产开发企业利用外资的规模缩减幅度较大。截至 2023 年 12 月，房地产开发企业不同来源的资金中累计总投资为 127 459.00 亿元，同比下降 13.6%，其中国内贷款 15 595.04 亿元，同比下降 9.9%；利用外资 47.50 亿元，同比下降 39.1%；自筹资金 41 989.13 亿元，同比下降 19.1%；包括定金及预收款、个人按揭贷款等在内的其他资金 69 827.33 亿元，同比下降 11.1%。

表 1.3 2023 年 1~12 月房地产开发企业资金主要来源情况（单位：亿元）

时间	总投资	国内贷款	利用外资	自筹资金	其他资金
2023-01~02	21 331.00	3 489.09	4.87	6 341.77	11 495.27
2023-03	34 708.00	4 994.69	8.06	10 170.88	19 534.37
2023-04	45 155.00	6 144.14	11.59	12 964.65	26 034.62
2023-05	55 958.00	7 175.26	13.36	16 266.57	32 502.81

续表

时间	总投资	国内贷款	利用外资	自筹资金	其他资金
2023-06	68 797.00	8 690.80	27.78	20 561.29	39 517.13
2023-07	78 217.00	9 732.39	30.43	23 915.83	44 538.35
2023-08	87 116.00	10 671.39	34.51	27 194.73	49 215.37
2023-09	98 067.00	12 099.80	36.41	31 252.12	54 678.67
2023-10	107 345.00	13 116.95	37.15	34 781.30	59 409.60
2023-11	117 044.00	14 226.94	42.50	38 504.94	64 269.62
2023-12	127 459.00	15 595.04	47.50	41 989.13	69 827.33

表 1.4　2023 年 1~12 月房地产开发企业不同来源的资金累计同比增速

时间	总投资	国内贷款	利用外资	自筹资金	其他资金
2023-01~02	−15.2%	−15.0%	−34.5%	−18.2%	−13.4%
2023-03	−9.0%	−9.6%	−22.7%	−17.9%	−3.4%
2023-04	−6.4%	−10.0%	−69.6%	−19.4%	−2.6%
2023-05	−6.6%	−10.5%	−73.5%	−21.6%	−4.0%
2023-06	−9.8%	−11.1%	−49.1%	−23.4%	−0.6%
2023-07	−11.2%	−11.5%	−43.0%	−23.0%	−3.6%
2023-08	−12.9%	−12.8%	−41.6%	−22.9%	−6.6%
2023-09	−13.5%	−11.1%	−40.0%	−21.8%	−8.9%
2023-10	−13.8%	−11.0%	−40.3%	−21.4%	−9.7%
2023-11	−13.4%	−9.8%	−35.1%	−20.3%	−10.0%
2023-12	−13.6%	−9.9%	−39.1%	−19.1%	−11.1%

2023 年 1~12 月房地产开发企业不同来源的资金占比情况具体如图 1.2 所示,其中房地产开发企业资金主要来源于定金及预收款、个人按揭贷款等在内的其他资金,占比 54.78%,其次为自筹资金,占比 32.94%,房地产企业利用国内贷款筹措资金的比重为 12.24%,利用外资规模最小,占比 0.04%。结合表 1.3 和表 1.4 的数据可以看出,在房地产企业融资环境收紧的背景下,我国房地产企业更多地依赖销售回款和其他非标准化融资渠道来维持资金流动性。

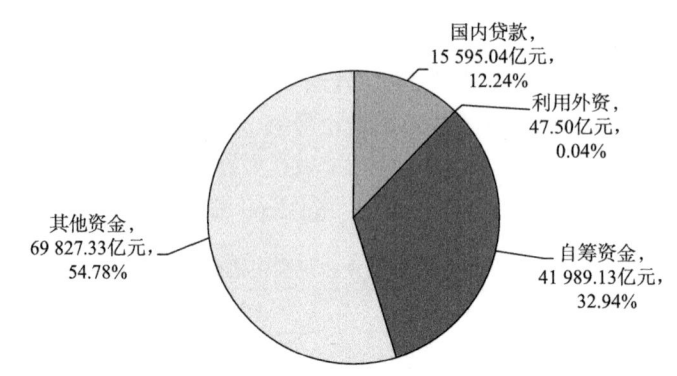

图 1.2　2023 年 1~12 月房地产开发企业不同来源的资金占比情况

资料来源：国家统计局

第二节　房地产供需情况

一、土地市场供给情况

2023年1~12月，全国土地累计供应面积为273 163.90万平方米，同比减少14.96%，其中住宅用地累计供应面积为59 679.77万平方米，同比减少17.28%。如图1.3所示，2023年初全国土地累计供应面积相比2022年同期小幅增加，但自3月开始增速由正转负，全年土地累计供应面积相对于2022年同期出现了一定幅度的下降。其中住宅用地累计供应面积相对于2022年降幅收窄，但同样也出现了一定幅度的下降。

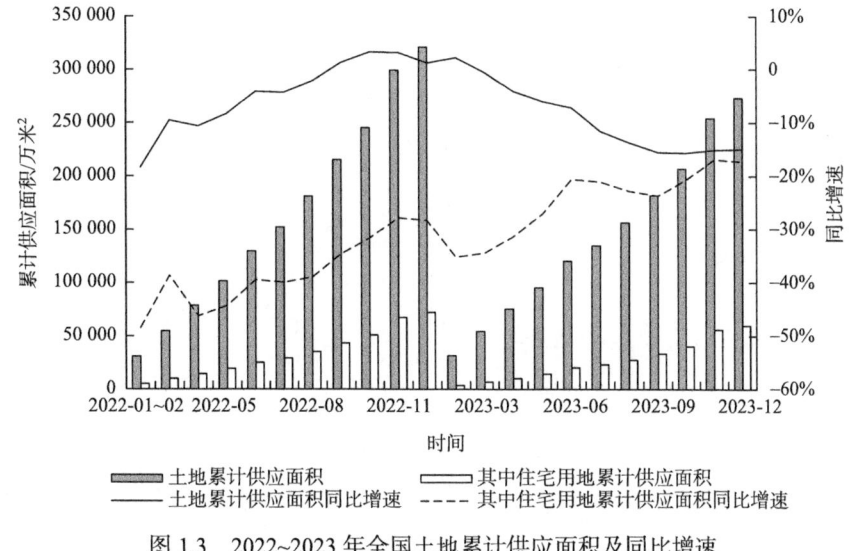

图1.3　2022~2023年全国土地累计供应面积及同比增速

资料来源：Wind金融终端

二、房地产开发建设情况

随着疫情防控进入新阶段，国内房地产开发建设情况逐步好转。如图1.4所示，2023年1~12月，我国房屋累计新开工面积为95 375.53万平方米，同比下降20.91%。其中住宅累计新开工面积为69 285.61万平方米，同比下降21.39%，降幅相对2022年收窄。竣工面积相比2022年同期则实现了增长，2023年1~12月，我国房屋累计竣工面积为99 831.09万平方米，同比增长15.78%。其中住宅累计竣工面积为72 432.59万平方米，同比增长15.82%（图1.5）。

图 1.4　2022~2023 年房屋累计新开工面积及同比增速

资料来源：Wind 金融终端

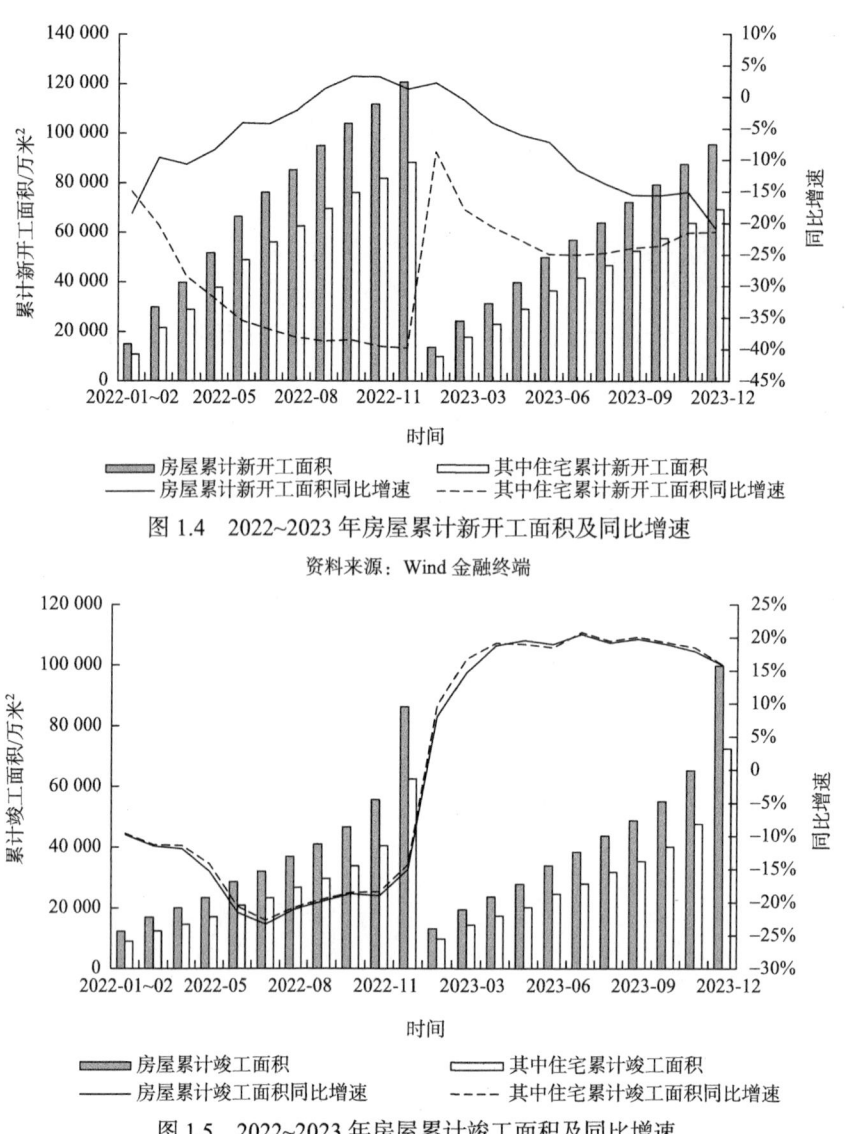

图 1.5　2022~2023 年房屋累计竣工面积及同比增速

资料来源：Wind 金融终端

三、商品房销售状况

随着宏观政策效力的持续显现，国内房地产销售情况也有了一定的好转，降幅相对于 2022 年收窄。如图 1.6 和图 1.7 所示，2023 年 1~12 月，我国商品房累计销售面积为 111 735.14 万平方米①，同比下降 8.5%，其中住宅累计销售面积为 94 796.35 万平方米，同比下降 8.2%。商品房累计销售额为 116 622.21 亿元②，同比下降 6.5%，其中住宅累计销售额为 102 989.59 亿元，同比下降 6.0%。

---

① 与表 1.5 中加和后的数据存在误差，为四舍五入所致。
② 与表 1.6 中加和后的数据存在误差，为四舍五入所致。

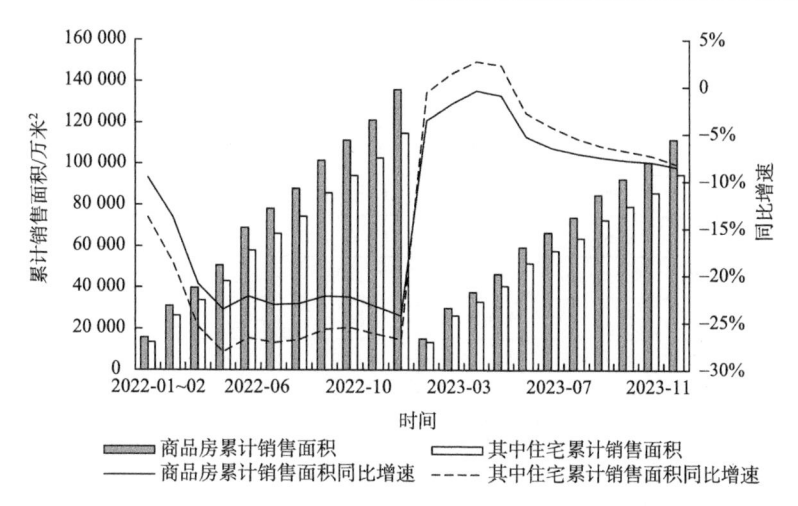

图 1.6 2022~2023 年国内房地产累计销售面积及同比增速

资料来源：Wind 金融终端

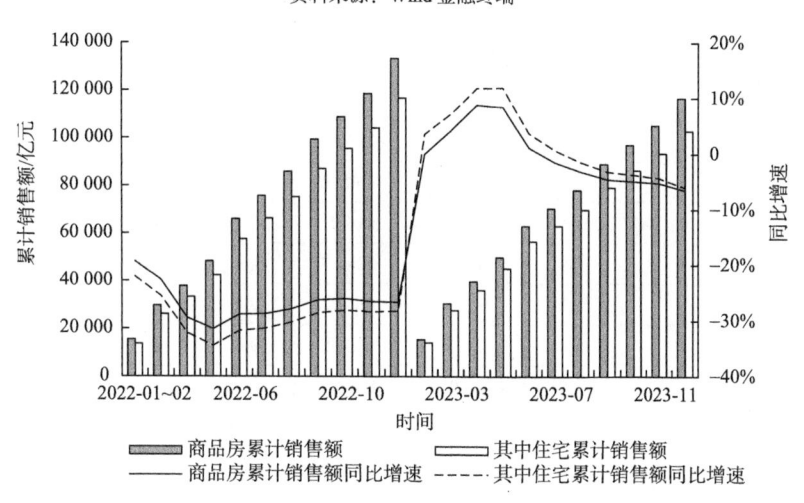

图 1.7 2022~2023 年国内房地产累计销售额及同比增速

资料来源：Wind 金融终端

分区域来看，截至 2023 年 12 月，我国东部、中部、西部和东北部地区商品房累计销售面积分别为 51 589.68 万平方米、28 330.06 万平方米、27 829.41 万平方米和 3985.98 万平方米，同比增速分别为-5.8%、-11.2%、-3.7%和-7.7%，具体如表 1.5 所示。2023 年 1~12 月全国各区域商品房累计销售额情况如表 1.6 所示。

表 1.5 2023 年 1~12 月全国各区域商品房累计销售面积情况

时间	商品房累计销售面积/万米²				商品房累计销售面积同比增速			
	东部	中部	西部	东北部	东部	中部	西部	东北部
2023-01~02	6 082.19	4 040.28	4 632.35	378.02	-2.2%	-5.5%	-4.3%	2.6%
2023-03	12 438.82	8 325.66	8 324.84	856.42	2.4%	-8.1%	-3.2%	22.6%
2023-04	16 150.53	10 211.74	10 115.39	1 158.22	5.5%	-7.1%	-4.7%	34.1%

7

续表

时间	商品房累计销售面积/万米²				商品房累计销售面积同比增速			
	东部	中部	西部	东北部	东部	中部	西部	东北部
2023-05	20 472.43	12 317.29	12 135.48	1 514.81	5.2%	−8.0%	−5.2%	26.6%
2023-06	26 906.05	15 810.91	14 816.98	1 980.77	1.4%	−11.3%	−10.9%	6.0%
2023-07	30 087.78	17 575.89	16 645.33	2 253.86	−1.1%	−11.1%	−11.2%	0.1%
2023-08	33 469.51	19 263.20	18 629.46	2 586.45	−3.9%	−26.7%	−20.3%	−1.7%
2023-09	38 821.51	21 849.78	21 107.36	3 027.06	−5.2%	−11.1%	−9.0%	−1.7%
2023-10	42 307.42	23 828.40	23 122.20	3 320.52	−6.1%	−11.4%	−7.8%	−2.8%
2023-11	46 147.86	25 607.28	25 132.04	3 621.77	−6.3%	−12.2%	−7.2%	−3.4%
2023-12	51 589.68	28 330.06	27 829.41	3 985.98	−5.8%	−11.2%	−3.7%	−7.7%

资料来源：Wind 金融终端

表 1.6　2023 年 1~12 月全国各区域商品房累计销售额情况

时间	商品房累计销售额/亿元				商品房累计销售额同比增速			
	东部	中部	西部	东北部	东部	中部	西部	东北部
2023-01~02	9 061.77	2 911.21	3 192.00	283.59	2.1%	−3.5%	−2.7%	−0.1%
2023-03	18 013.40	5 988.20	5 893.27	650.24	9.3%	−6.7%	0.2%	18.4%
2023-04	23 892.70	7 526.76	7 454.03	876.92	15.7%	−4.2%	1.3%	30.4%
2023-05	30 326.04	9 235.59	9 086.49	1 138.47	14.9%	−4.2%	1.3%	22.9%
2023-06	38 761.11	11 762.77	11 107.12	1 460.77	7.1%	−9.0%	−6.0%	−0.8%
2023-07	43 287.04	13 023.50	12 501.32	1 638.35	3.0%	−9.5%	−6.4%	−6.9%
2023-08	48 004.24	14 271.50	14 027.25	1 854.89	−0.7%	−8.9%	−4.5%	−8.5%
2023-09	54 952.59	16 105.71	15 857.79	2 154.18	−3.0%	−9.2%	−4.4%	−8.5%
2023-10	59 819.57	17 524.56	17 455.02	2 361.70	−3.7%	−9.6%	−3.3%	−8.7%
2023-11	64 871.64	18 853.00	19 022.79	2 570.82	−4.3%	−10.2%	−2.8%	−8.8%
2023-12	71 938.74	20 809.53	21 032.26	2 841.67	−5.8%	−11.2%	−3.7%	−7.7%

资料来源：Wind 金融终端

整体来看，2023 年我国商品房累计销售面积和销售额的同比增速大致呈先升后降的波动态势，且地区间的销售表现分化加剧，东部地区的商品房累计销售面积和销售额远高于其他地区，2023 年全年东部地区商品房累计销售面积和销售额分别为 51 589.68 万平方米和 71 938.74 亿元，占全国同期的比重为 46.17% 和 61.69%。

在商品房销售面积方面，受国家政策调控的影响，2023 年全国各地区的商品房累计销售面积同比增速逐渐恢复后又波动下降，相比之下，我国东部和东北部地区的同比增速恢复较为良好，但累计销售面积仍分别在 7 月和 8 月开始转为同比负增长。在商品房销售额方面，全国各地区的商品房累计销售额同比增速处在波动下降的过程中。相比之下，我国东部地区和东北部地区的同比增速在上半年出现较大幅度反弹，但所有地区的同比增速也基本都在下半年转为负数。

第三节 房地产价格波动

一、全国商品房销售均价有所回升

如图 1.8 所示，2023 年 12 月全国商品房销售均价为 10 437.38 元/米^2，较 2022 年同期[①]上涨 3.15%。受疫情影响，2022 年商品房销售均价偏低，呈现同比下降趋势。2023 年疫情后商品房销售价格恢复，同比增速与 2021 年基本持平。从年中趋势来看，2023 年 1~5 月房价呈现上涨趋势，6~12 月房价整体稍有回落。

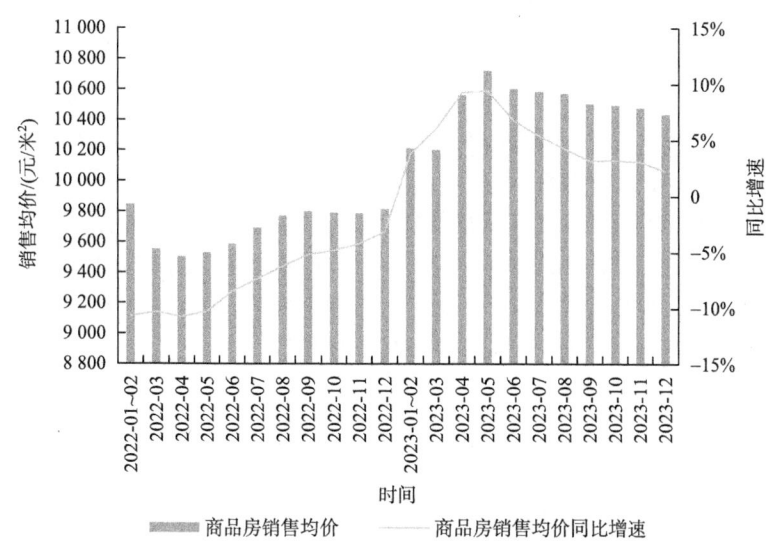

图 1.8　2022~2023 年全国商品房销售均价及同比增速

资料来源：国家统计局

二、百城住宅价格指数小幅下降

从百城住宅价格指数[②]来看，2023 年 1~12 月全国房地产价格同比增速较 2022 年同期有所下降，全年同比增速都维持在较低水平。如图 1.9 所示，截至 2023 年 12 月，全国 100 个城市（样本）住宅价格指数同比增长 0.27%。2023 年百城住宅价格指数环比增速呈现波动状态，1~8 月维持在 0 附近，而 9~12 月出现较大涨幅。

---

① 报告期数据与上年已公布的同期数据之间存在不可比因素，同比增速按照国家统计局给出的可比口径计算。

② 反映全国 100 个重点城市在不同时点的在售新房价格水平及其在不同时点的变化情况，其中价格水平以 100 个城市在售新房样本楼盘报价均值表示。

2024 中国房地产市场回顾与展望

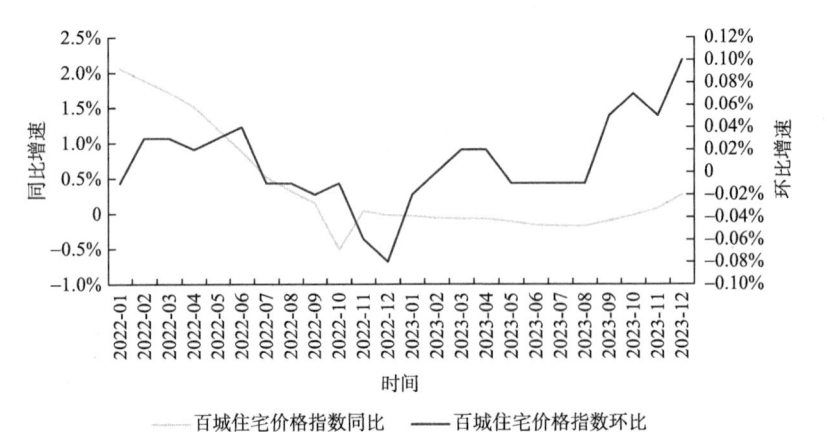

图 1.9　全国 2022 年 1 月~2023 年 12 月百城住宅价格指数同比与环比增速
资料来源：Choice 金融终端

从各级城市来看，如表 1.7 所示，2023 年 12 月一线城市住宅平均价格为 43 515.25 元/米^2、二线城市住宅平均价格为 15 005.05 元/米^2、三线城市住宅平均价格为 9996.50 元/米^2。2023 年 1~5 月二线城市住宅平均价格呈现同比上涨趋势，6~11 月出现下跌趋势，12 月再次上涨。一线城市与三线城市住宅平均价格均呈现同比下跌趋势。截至 2023 年 12 月，一线城市百城住宅价格指数较 2022 年同期下降 0.22%；二线城市百城住宅价格指数与 2022 年同期相比上涨 0.15%；三线城市百城住宅价格指数较 2022 年同期下降 0.30%。如图 1.10 所示，与 2022 年相比，2023 年 1~12 月一线、二线城市住宅价格指数同比增速均低于 2022 年同期水平，三线城市同比增速较 2022 年末有所回升。

表 1.7　2023 年 1~12 月百城住宅价格指数分城市情况（单位：元/米^2）

时间	一线城市	二线城市	三线城市
2023-01	43 588.00	14 976.68	10 018.15
2023-02	43 590.75	14 976.05	10 014.16
2023-03	43 607.75	14 977.55	10 012.11
2023-04	43 607.25	14 979.32	10 010.32
2023-05	43 622.25	14 977.14	10 006.38
2023-06	43 573.25	14 973.82	10 004.57
2023-07	43 564.00	14 970.00	10 001.76
2023-08	43 510.75	14 970.82	9 998.96
2023-09	43 529.50	14 979.27	9 998.96
2023-10	43 554.75	14 985.82	9 997.45
2023-11	43 503.50	14 997.59	9 995.43
2023-12	43 515.25	15 005.05	9 996.50

资料来源：Choice 金融终端

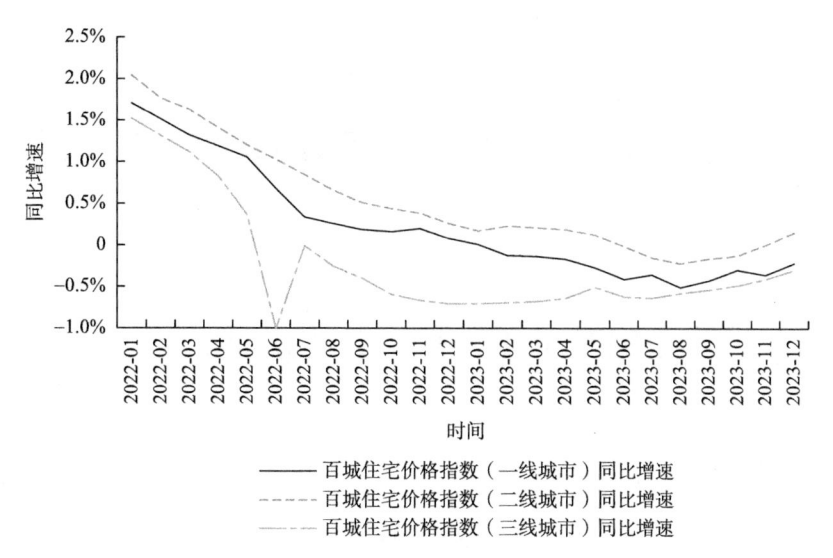

图1.10 2022~2023年百城住宅价格指数同比增速（一线、二线、三线城市）

资料来源：Choice金融终端

第二章 2023年房地产市场相关政策与评述

第一节 2023年1~12月主要房地产政策一览

一、土地政策

（1）2023年7月5日住房和城乡建设部印发《关于扎实有序推进城市更新工作的通知》。

解读：相关城市更新工作应坚持城市体检先行：建立城市体检机制，将城市体检作为城市更新的前提。依据城市体检结果，编制城市更新专项规划和年度实施计划。创新城市更新可持续实施模式：加强存量资源统筹利用，鼓励土地用途兼容、建筑功能混合，探索"主导功能、混合用地、大类为主、负面清单"更为灵活的存量用地利用方式和支持政策，建立房屋全生命周期安全管理长效机制。坚持"留改拆"并举、以保留利用提升为主，鼓励小规模、渐进式有机更新和微改造，防止大拆大建。

（2）2023年7月21日国务院常务会议审议通过《关于在超大特大城市积极稳步推进城中村改造的指导意见》。

解读：稳步推进城中村改造有利于消除城市建设治理短板、改善城乡居民的居住环境、扩大内需、优化房地产结构。城市发展成果应该更多惠及城市居民，而城中村脏乱差的环境与人们对住上好房子的期待相去甚远,实施城中村改造能够改善居住环境条件。城中村改造是一项民生工程，更是一项发展工程，对于促进投资、扩大内需都能起到重要作用。推进城中村改造将进一步激发上下游相关产业发展活力，带动有效投资和消费。同时，还将有助于补齐超大特大城市发展的短板，在改善城市环境的同时完善公共服务，提升城市文明程度，推动城市高质量发展。

（3）2023年8月18日，住房和城乡建设部、中国人民银行、国家金融监督管理总局印发《关于优化个人住房贷款中住房套数认定标准的通知》。

解读：该通知旨在落实住房和城乡建设部的相关要求，通过"认房不认贷"，支持缴存职工家庭刚性和改善性住房需求，标准优化后使更多购房人能够享受首套住房公积金贷款优惠政策，有助于降低居民购房成本和贷款门槛，刺激购房行为。

（4）2023年9月5日自然资源部印发《关于开展低效用地再开发试点工作的通知》。

解读：该通知围绕盘活利用存量土地，聚焦低效用地再开发，支持试点城市重点从四个方面探索创新。在规划统筹方面，加强规划统领，突出高质量发展导向，引导有序实施；在收储支撑方面，完善收储机制，拓展收储资金渠道，完善征收补偿办法；在政策激励方面，探索资源资产组合供应，完善土地供应方式，优化地价政策工具，完善收益分享机制，健全存量资源转换利用机制；在基础保障方面，严格调查认定和上图入库，做好不动产确权登记，妥善处理历史遗留用地等问题。按照该通知要求，试点城市要通过探索创新实现三项工作目标：一是统筹兼顾经济、生活、生态、安全等多元需要，促进国土空间布局更合理、结构更优化、功能更完善、设施更完备；二是增加建设用地有效供给，大幅提高利用存量用地的比重和新上工业项目的容积率，推广应用节地技术和节地模式，明显降低单位 GDP 建设用地使用面积；三是建立可复制推广的低效用地再开发政策体系和制度机制，为促进城乡内涵式、集约型、绿色化高质量发展提供土地制度保障。总的来说，城中村改造绝不是简单的房地产开发，一定是多目标的组合。城市更新包括三大空间，即居住空间、产业空间、公共空间的更新，所以不是简单推倒房子再盖商品房、安置房，对于参与其中的企业，还有产业、文化、运营、管理、招商等能力的要求，要多方面、全方位地利用好土地资源。

（5）2023 年 10 月 8 日自然资源部印发《关于做好城镇开发边界管理的通知（试行）》。

解读：用好城镇开发边界是通过空间治理倒逼城市发展方式转型的重点手段之一，加强规划，实施监督，建立区级城市体检评估机制。"旨在解决城镇开发边界从'怎么划'转向'怎么管'的问题。"自然资源部国土空间规划局副局长杨浚介绍，根据"三区三线"划定工作的统一部署，各省份统筹划定城市、镇以及各类开发区的城镇开发边界，倒逼各地节约集约利用资源，加大存量用地盘活力度，促进发展方式绿色转型。

（6）2023 年 11 月 10 日，自然资源部办公厅印发《支持城市更新的规划与土地政策指引（2023 版）》。

解读：将城市更新要求融入国土空间规划体系：总体规划要提出城市更新目标和工作重点，详细规划要面向城市更新的规划管理需求，专项规划要因地制宜、多措并举适应城市更新，规划许可要有效保障城市更新实施。针对城市更新特点，改进国土空间规划方法：开展针对性调查，做好体检评估；梳理更新需求和更新意愿；开展城市设计等专题研究，前置运营设计；明确更新重点和更新对策；确定更新方式和更新措施；拟定更新实施安排。完善城市更新支撑保障的政策工具：优化规划管控工具，丰富土地配置方式，细化土地使用年限和年期，实施差别化税费计收，优化地价计收规则，保障主体权益。加强城市更新的规划服务和监管：完善全生命周期管理，促进市场供需对接，强化土地合同监管，加强规划实施评估。

二、保障性住房

（1）2023 年 8 月 25 日，国务院常务会议审议通过《关于规划建设保障性住房的指导意见》（国发〔2023〕14 号）。

解读：支持城区常住人口 300 万以上的大城市率先探索实践。重点针对住房有困难且收入不高的工薪收入群体，以及城市需要的引进人才等群体。对保障性住房实施严格的封闭管理，禁止以任何方式违法违规将保障性住房变更为商品住房流入市场。销售型保障性住房将按"保本微利"原则面向特定群体配售，配售价格按基本覆盖划拨土地成本和建安成本、加适度合理利润的原则测算确定。以划拨方式供应土地，仅支付相应的土地成本。同时，要充分利用依法收回的已批未建土地、房地产企业破产处置商品住房和土地、闲置住房等建设筹集保障性住房；支持利用闲置低效工业、商业、办公等非住宅用地建设保障性住房，变更土地用途，不补缴土地价款，原划拨的土地继续保留划拨方式。满足对住房有急、难、迫需求的群体的需求。

（2）2023年12月26日，住房和城乡建设部发布消息，其相关司局负责人介绍新一轮保障性住房规划建设。

解读：原有的住房保障体系以公共租赁住房、保障性租赁住房为主体，现在则在原有以租为主的住房保障体系基础上，将保障性住房分为配租型和配售型两种，其中配租型保障性住房包括公共租赁住房、保障性租赁住房，配售型保障性住房按保本微利原则配售。各地当前的重点是要保障好两类群体，一类是住房困难未得到解决、收入不高的工薪收入群体，另一类是城市需要引进的科技人员、教师、医护人员等。有条件的地方可以逐步覆盖其他群体。保障性住房不得上市交易、实施严格的封闭管理，将是区分保障性住房和市场化住房的一个重要举措，可以最大限度地保障保障性住房的供给。配售型保障性住房建设将坚持"以需定建"原则。地方政府要根据需求科学确定保障性住房发展目标，制定年度建设筹集计划。针对部分城市个别区域出现供给过剩的情况，可充分利用依法收回的已批未建土地、司法处置住房和土地等建设筹集配售型保障性住房，避免闲置浪费。与此同时，涉及土地、财税、金融等的配套政策已陆续出台。

三、金融与财政

（1）2023年1月13日，据新华社报道，有关部门起草了《改善优质房企资产负债表计划行动方案》。

解读：金融支持房地产的四大政策方向更加明晰：需求端差别化信贷支持、完善保交楼政策工具、改善优质房企资产负债表、完善住房租赁金融支持政策。

负债端，在风险可控和保障债权安全的前提下，从存量和增量入手，加大贷款、债券、资管等多渠道融资支持力度，保持优质房企融资性现金流稳定。权益端，支持优质房企通过股权融资措施充实资本，降低财务杠杆，提升抗风险能力。预期端，明确要树立优质房企正面形象，保障商品房交房时间和质量，提升房企财务报表和信息披露质量，改善市场预期，重塑行业信心。该行动方案的制定表明管理部门对防范化解优质头部房企风险，进行更加系统性、全局性的解决，将提高改善优质房企资产负债表的效力，高效防范化解房企风险。总的来说，资产激活，将有效提升房企经营性和融资性现金流；负债接续，将缓解流动性紧张局面；权益补充，将优化资产负债结构，降低杠杆率；预期提升，将修复行业信心。

（2）2023年2月20日中国证券监督管理委员会（简称证监会）发布消息称，证监会启动不动产私募投资基金试点工作。

解读：由于不动产私募投资基金的投资范围、投资方式、资产收益特征等与传统股权投资存在较大差异，证监会指导基金业协会在私募股权投资基金框架下，新设"不动产私募投资基金"类别，并采取差异化的监管政策。不动产私募投资基金试点，既是支持房地产市场转型发展的一次探索，也是丰富私募基金产品的一项创新，将进一步发挥私募基金专业投资运作优势，满足不动产领域合理并多样的融资需求，支持不动产市场平稳健康发展。总的来看，此次试点启动非常及时，工作安排亮点颇丰，优化了投资方式，精确设定了投资范围，强调以机构投资者为主，提升基金运作的灵活度，规则明晰、放管结合。

（3）2023年2月24日中国人民银行、中国银行保险监督管理委员会发布《关于金融支持住房租赁市场发展的意见（征求意见稿）》，向社会公开征求意见。

解读：发展住房租赁市场符合房地产市场的发展规律。在美国、德国、日本等发达国家，住房租赁市场规模庞大并由专业化的机构运营。美国是目前全球最大的住房租赁市场，三成美国家庭选择租房；德国约五成家庭租房居住，近41.5%的租赁住房由专业机构提供；日本住房自有率为61.9%，住房租赁市场集中于大都市圈。可见中国大力发展住房租赁市场是市场发展的必然选择；支持专业化、规模化住房租赁企业发展，满足市场中的租赁需求，是缓解部分地区结构性住房供需失衡问题的重要市场举措。金融支持住房租赁市场回应了人民群众对提升生活品质的美好期望。在中国的部分大中型城市，新市民、青年人等群体的住房供需矛盾较为突出。该意见的出台瞄准了供应短板，围绕解决重点群体的住房问题，支持各类主体新建、改建长期租赁住房，盘活存量房屋，增加对保障性和商业性租赁住房的供应，是对热点民生问题的积极回应。

（4）2023年3月3日，自然资源部、中国银行保险监督管理委员会[①]联合印发《关于协同做好不动产"带押过户"便民利企服务的通知》。

解读：以点带面，积极做好"带押过户"，要推动省会城市、计划单列市率先实现，并逐步向其他市县拓展；要推动同一银行业金融机构率先实现，并逐步向跨银行业金融机构拓展；要推动住宅类不动产率先实现，并逐步向工业、商业等类型不动产拓展。实现地域范围、金融机构和不动产类型全覆盖，常态化开展"带押过户"服务。因地制宜，确定"带押过户"模式，地方在实践探索中，主要形成了三种"带押过户"模式：模式一，新旧抵押权组合模式；模式二，新旧抵押权分段模式；模式三，抵押权变更模式。

（5）2023年3月7日证监会印发《关于进一步推进基础设施领域不动产投资信托基金（REITs[②]）常态化发行相关工作的通知》。

解读：该通知共提出4方面12条措施，进一步推进REITs常态化发行工作。一是加快推进市场体系建设，提升服务实体经济能力。研究支持增强消费能力、改善消费条件、创新消费场景的消费基础设施发行基础设施REITs。优先支持百货商场、购物中心、农贸市场等城乡商业网点项目，保障基本民生的社区商业项目发行基础设施REITs。项目

[①] 2023年3月中共中央、国务院印发《党和国家机构改革方案》，决定组建国家金融监督管理总局，不再保留中国银行保险监督管理委员会。2023年5月国家金融监督管理总局正式揭牌。

[②] REITs，即real estate investment trusts。

发起人（原始权益人）应为持有消费基础设施、开展相关业务的独立法人主体，不得从事商品住宅开发业务。同时，分类调整产权类、特许经营权类项目的收益率以及保障性租赁住房项目首发资产规模要求，推动扩募发行常态化，支持优质保险资产管理公司等开展资产支持证券（asset-backed securities，ABS）及REITs业务，加强二级市场建设。二是完善审核注册机制，提高制度化规范化透明化水平。优化审核注册流程，明确大类资产准入标准，完善发行、信息披露等基础制度。三是规范与发展并重，促进市场平稳运行。构建全链条监管机制，突出以"管资产"为核心；促进市场主体归位尽责。四是进一步凝聚各方合力，推动市场持续健康发展。建立重点地区综合推动机制，统筹协调解决REITs涉及的各类问题；推动完善配套政策，抓紧推动REITs专项立法。

（6）2023年3月27日中国人民银行决定降低金融机构存款准备金率0.25个百分点。

解读：此次下调后，金融机构加权平均存款准备金率约为7.6%。全面降准具有四个方面的积极作用。第一，向金融机构释放流动性，维护市场流动性合理充裕。全面降准0.25个百分点后，释放长期资金或在5000亿元左右，传递明确的政策信号，引导金融机构更好地助力稳增长、扩内需，进一步稳定市场信心和预期。第二，降准将较大程度利好金融板块，同时，对于资金量需求较大的行业，如中资房地产、基建等板块，也有助于其降低资本开支成本。与稳增长相关度最高的低估值优质蓝筹龙头股会因降准而受益。第三，此次降准实施后，最直接的影响是使银行释放长期流动性、降低资金成本，缓解银行压力，增强其减少加点的动力。这将有助于降低存量和新增房贷利率，减轻居民住房消费负担，助力房地产市场平稳健康发展，提高居民消费的意愿和能力，助力恢复和扩大居民消费。第四，从外部冲击来看，海外央行前期不断地加息缩表对市场流动性的冲击逐渐显现，欧美银行业出现了结构性的危机，全球货币市场受到扰动。我国央行适时进行降准，有利于稳定流动性预期，提前做好应对全球流动性潜在冲击的准备。

（7）2023年6月20日中国人民银行授权全国银行间同业拆借中心公布贷款市场报价利率（loan prime rate，LPR）公告：5年期以上LPR降息10BP[①]。

解读：住房按揭贷款利率由LPR和加点两部分组成。其中，LPR部分每月20日更新一次，并在全国银行间同业拆借中心对外公布，房贷利率主要按5年期以上品种计算；加点部分则因地区、时间、银行等因素而有所不同。LPR下调后，在贷款合同约定的重定价日，房贷利率就执行新的LPR利率。目前，LPR包括1年期和5年期以上两个品种，房贷利率多参考5年期以上LPR。在2023年6月20日，据中国人民银行网站数据，5年期以上LPR由4.3%下调至4.2%，这也意味着对于在此之前的购房者，在2023年合同约定的重定价日，银行会自动对LPR部分利率进行下调，下调幅度为10BP。

（8）2023年7月10日，中国人民银行、国家金融监督管理总局印发《关于延长金融支持房地产市场平稳健康发展有关政策期限的通知》，延长"金融16条"[②]部分政策适用期。

[①] BP，即基点（basis point）。

[②] "金融16条"指《中国人民银行 中国银行保险监督管理委员会关于做好当前金融支持房地产市场平稳健康发展工作的通知》中推出的16条金融举措。

解读：该通知表述内容重要、信息量很大，对当前房地产市场的发展将产生积极且重要的影响，也体现了监管层对于地产金融的态度，避免因失灵和去杠杆提速而发生系统性风险，同时也希望向新市民、租赁等新的地产融资方向转型。

（9）2023 年 8 月 27 日，证监会发布《证监会统筹一二级市场平衡 优化 IPO、再融资监管安排》。

解读：此次优化再融资安排的具体举措围绕从严从紧的把关要求，把握好再融资节奏，对再融资募集资金的合理性、必要性从严把关。此次监管层优化再融资监管措施，是基于当前市场状况，充分考虑投资端和融资端的平衡而做出的调整。重点在于把握上市公司再融资节奏，同时也引导上市公司关注经营情况，提升自身市值、提振自身股价，从宏观上讲，这可以促进资本市场良性发展，也可以保护投资者利益。要求上市公司再融资预案董事会召开前以及启动发行前，不存在破发、破净情形，是为了避免上市公司在行情低迷时进一步融资影响股价，引导上市公司关注自身行情、提升市值，改善经营业绩，提振股价。从严把控连续亏损企业融资间隔期，是为了避免经营不善的企业进行不必要的过度融资，促使上市公司专注自身经营。要求上市公司再融资募集资金项目须与现有主业紧密相关，实施后与原有业务须具有明显的协同性，交易所在审核中根据上市公司业务经营情况、募投项目所涉业务运行情况、公司是否具备相关业务运营能力等因素综合判断，是为了督促上市公司再融资聚焦主业，防止盲目跨界投资、多元化投资。

（10）2023 年 8 月 31 日，中国人民银行、国家金融监督管理总局印发《关于降低存量首套住房贷款利率有关事项的通知》。

解读：近年来我国房地产市场的供求关系发生了重大变化，借款人和银行二者对于有序调整优化资产负债均有诉求。存量住房贷款利率的下降，对借款人来说，可减少利息支出，有利于扩大消费和投资。对银行来说，可有效减少提前还贷现象，减轻对银行利息收入的负面影响。同时，还可压缩违规使用经营贷、消费贷置换存量住房贷款的空间，减少风险隐患。为更好适应上述新形势，贴合国家指导，中国人民银行、国家金融监督管理总局明确按照市场化、法治化原则，支持鼓励银行与借款人协商调整存量首套住房贷款利率。

（11）2023 年 9 月 15 日中国人民银行决定下调金融机构存款准备金率，金融机构加权平均存款准备金率约为 7.4%。

解读：2023 年首次降准已于 3 月落地，两次降准共降低金融机构存款准备金率 0.5 个百分点、释放长期资金超万亿元。此次下调后，金融机构加权平均存款准备金率约为 7.4%。此时降准有助于巩固经济回升向好基础。9 月是季末月份，对流动性指标等的监管考核会导致金融机构流动性需求上升，中国人民银行选择在这个时点及时出招，有助于缓解金融机构的流动性压力，时机把握精准。此次降准 0.25 个百分点，不包括已经适用 5%存款准备金率的金融机构。降准所释放的流动性总量适度，并非"大水漫灌"。既能满足短期流动性需求，又可以在未来一段时期，持续补充信贷增长、现金投放等产生的中长期流动性需求。8 月我国人民币贷款增加 1.36 万亿元，较 7 月多增超万亿元，金融对实体经济的支持力度不减。此次降准有助于提高银行体系资金稳定性，继续有效满足金融机构加大对亟需资金投放领域流动性需求。未来，货币信贷保持平稳较快增长依然可期。当前，我国经济运行持续恢复，内生动力持续增强，社会预期持续改善。8月全国居民消费价格指数（CPI）同比由负转正，全国工业生产者出厂价格指数（PPI）运行也延续积极态势。此次降准持续增强了金融支持扩大内需的后劲，具有良好的预期引导作用，有利于进一步发挥好金融资源的先期带动作用，支持通胀指标持续温和回升。降准进一步向市场传递强烈的政策信号，丰富的政策工具将进一步助力经济回升向好，提振市场信心和预期。在LPR年内两次下降、推出全面优化住房信贷政策等举措后，中国人民银行再次实施降准，将继续接力体现政策支持效应，增强经济回升向好的内生动力。

四、税收政策

（1）2023年8月18日，财政部、国家税务总局、住房和城乡建设部发布《关于延续实施支持居民换购住房有关个人所得税政策的公告》。

解读：这项政策的出台旨在鼓励居民改善住房条件，通过提供个人所得税的退税优惠，降低居民换购住房的经济负担。同时，这也是政府促进房地产市场平稳健康发展的一项举措。

（2）2023年9月28日，财政部、国家税务总局、住房和城乡建设部发布《关于保障性住房有关税费政策的公告》。

解读：对保障性住房项目建设用地免征城镇土地使用税。对保障性住房经营管理单位与保障性住房相关的印花税，以及保障性住房购买人涉及的印花税予以免征。企事业单位、社会团体以及其他组织转让旧房作为保障性住房房源且增值额未超过扣除项目金额20%的，免征土地增值税。对保障性住房经营管理单位回购保障性住房继续作为保障性住房房源的，免征契税。对个人购买保障性住房，减按1%的税率征收契税。这些优惠政策旨在降低保障性住房的建设和运营成本，从而推动保障性住房的建设和发展，以满足更多中低收入家庭的住房需求。同时，该公告还明确了享受税费优惠政策的保障性住房项目的范围，要求城市人民政府住房城乡建设部门将相关信息及时提供给同级财政、税务部门，以确保政策的顺利实施。总的来说，该公告的发布对于促进保障性住房的发展、改善民生福祉具有重要意义。

五、其他政策

（1）2023年4月20日最高人民法院就河南省高级人民法院《关于明确房企风险化解中权利顺位问题的请示》（豫高法〔2023〕36号）做出《最高人民法院关于商品房消费者权利保护问题的批复》。

解读：商品房消费者以居住为目的购买房屋并已支付全部价款，主张其房屋交付请求权优先于建设工程价款优先受偿权、抵押权以及其他债权的，人民法院应当予以支持。

只支付了部分价款的商品房消费者，在一审法庭辩论终结前已实际支付剩余价款的，可以适用前款规定。在房屋不能交付且无实际交付可能的情况下，商品房消费者主张价款返还请求权优先于建设工程价款优先受偿权、抵押权以及其他债权的，人民法院应当予以支持。

（2）2023年4月27日住房和城乡建设部、国家市场监督管理总局印发《关于规范房地产经纪服务的意见》。

解读：首次公开提出佣金费率下调要求，反垄断再次成为监管层高度关注的焦点，行业基础合规性监督力度将会持续增强。为分段收费提供了政策依据，依托单边代理制度推行，形成"各付各佣"社会共识，低效内卷式作业模式必将退出历史舞台。消费者将会更有动力购房，服务提供商也会降本增效提升服务能力，促进房地产业健康发展。

（3）2023年5月30日住房和城乡建设部发布《城市居家适老化改造指导手册》。

解读：针对城市老年人居家适老化改造需求，在通用性改造、入户空间、起居（室）厅、卧室、卫生间、厨房、阳台等7个方面形成了47项改造要点。基于老年人差异化需求将改造内容分为基础型、提升型两类，基础型改造内容以满足老年人基本生活需求、安全和生活便利需要为主；提升型改造内容主要满足老年人改善型生活需求，以丰富居家服务供给、提升生活品质为主，为老龄化社会打好基础，做好准备。

（4）2023年7月14日，国务院常务会议审议通过《关于积极稳步推进超大特大城市"平急两用"公共基础设施建设的指导意见》。

解读：该意见既是对2023年4月28日中央政治局会议部署的具体落实，也是针对第二季度以来的经济形势变化，加大宏观政策调控力度、着力扩大有效需求的一项具体举措，成为推动第三季度经济复苏、动能转强的一个主要发力点。这是继6月末以来连续推出促进家居消费、延长金融支持房地产16条政策的有效期限、加大小微企业融资支持力度等措施后，在扩投资方面出台的最新举措，体现了该轮稳增长政策的连续性及渐进适度原则，有助于全面提振市场信心。接下来各地有可能以"平急两用"公共基础设施建设为抓手，推出一批盈利前景好的项目，通过公私合作（public-private partnership，PPP）等方式，吸引民间资本参与，切实解决"明放暗不放、虚放实不放"问题，有效拓宽民间投资领域，提振民营企业投资信心。此次国务院常务会议强调"平急两用"的基础设施建设，是在寻找潜在公共基础设施投资的增长空间，并在这个过程中积极吸引民间投资，通过政府投资和民间投资的相互促进，更好地稳定经济增长趋势。但在这个过程中，需要高度重视"平急两用"基础设施建设的效率。一定要将建设与人口流动的方向保持一致，尤其是在地方面临较大财政压力的时候，更要将钱花在刀刃上，最大程度确保相关设施的建设是必要且充分的，是有步骤有计划的。

（5）2023年7月20日住房和城乡建设部办公厅等多部门印发完整社区建设试点名单，106个社区开展完整社区建设试点。

解读：将完整社区建设试点工作与城镇老旧小区改造、养老托育设施建设、充电设施建设、一刻钟便民生活圈建设、社区卫生服务机构建设、家政进社区、"国球进社区"、社区嵌入式服务设施建设等重点工作统筹起来，整合有关资源、资金和力量，完善配套政策制度，指导督促试点社区细化试点工作方案，落实资金来源、建设时序和建设运营方式，确保试点工作取得实实在在的成效。制定完整社区建设项目清单，补齐养老、托育、健身、停车、充电、便利店、早餐店、菜市场、"小修小补"点等设施短板，推进社区适老化、适儿化改造，推动家政进社区，完善社区嵌入式服务，提高社区治理数字化、智能化水平，不断增强人民群众的获得感、幸福感、安全感。此次开展社区建设试点成为房地产业健康平稳发展的必要措施及发展的新动能，为新业态的发展积极探索道路。

第二节　2023 年 1~12 月地方特殊政策总结

2023 年，中央政策以防风险、保民生、促转型为主，推动保障性住房的建设和供给，政策力度前稳后松。需求端，政策支持刚性和改善性住房需求，降低首付比例、降低利率，实施"认房不认贷"、减免交易税费等措施，提高居民购房能力和意愿；供给端，政策延长金融支持期限、放宽再融资限制、实施"三个不低于"等措施，缓解房企资金压力、降低债务风险。本节选取了北京、上海、广州、深圳、重庆、天津、厦门、南京及青岛等重点城市，具体调控政策如下。

一、北京市房地产政策一览

面对房地产市场供求关系发生重大变化的新形势，北京市进一步优化调整房地产政策，坚持房子是用来住的、不是用来炒的定位，加快建立多主体供给、多渠道保障、租购并举的住房制度，健全工作机制，完善"一区一策"调控措施，支持"一老一小"、中心城区人口疏解和职住平衡的合理住房需求。北京市房地产相关政策/发生事件见表 2.1。

表 2.1　北京市房地产相关政策/发生事件一览

政策/事件	发布/发生时间	主要内容
《关于进一步优化住房公积金提取业务的通知》	2023 年 1 月 1 日	（1）租住保障性租赁住房的，可依据实际房租提取住房公积金。（2）职工新申请以下 7 类住房公积金提取事项时，可按月提取：①购买北京市行政区域内住房申请提取住房公积金；②使用北京住房公积金管理中心贷款购买住房申请提取住房公积金；③购买北京市行政区域外住房申请提取住房公积金；④使用商业银行贷款及使用异地公积金贷款购买北京市行政区域外住房申请提取住房公积金；⑤租房申请提取住房公积金；⑥大修、翻建、自建北京市行政区域内自住住房申请提取住房公积金；⑦因婚姻关系提取住房公积金
《平谷区支持人才发展若干措施》	2023 年 2 月 16 日	为突出贡献人才在平谷提供 1 套 150 平方米左右、拥有自主产权的住房。其他类型人才可拎包入住专家小院、人才公寓、酒店式公寓，并享受最长 3 年、60%至 100%的房租补贴。全职在平谷工作的优秀大学毕业生可免费入住 3 年人才公寓，在平谷成家的可免费入住 5 年

续表

政策/事件	发布/发生时间	主要内容
《北京市征收集体土地房屋补偿管理办法》（征求意见稿）	2023年3月31日	集体土地上房屋搬迁应与集体土地征收同步实施，被征收人可以选择房屋安置或货币补偿的方式。北京市按照一户一宅的原则给予补偿，严格控制宅基地面积补偿标准
北京市住房和城乡建设委员会发布2023年市政府工作报告重点任务清单及实事事项第一季度工作进展情况	2023年4月10日	（1）全龄友好购房支持政策相关部门正在会签，已有3个部门签回，还有1个部门未签回，经与人行营管部沟通，同意在正式发文前就3个试点项目窗口指导银行办理全龄友好购房信贷业务。 （2）多子女家庭和职住平衡家庭购房支持政策按照"一区一策"的方式由房山区试点
《房山区实施"聚源计划"引才聚才支持办法》	2023年4月20日	为战略人才、领军人才提供最高100万元、50万元购房资金补贴，或最高100%、50%租金补贴
《北京住房公积金管理中心关于进一步优化租房提取业务的通知》	2023年6月5日	（1）租住北京市商品住房，未提供租房发票的，经告知承诺后，每人每月提取额度由1500元调整为2000元；提供租房发票，并办理房屋租赁合同备案的，按实际月租金提取，实际租金超过月缴存额的，按月缴存额全额提取。 （2）多子女家庭办理房屋租赁合同备案的，提供租房发票可按实际月租金提取，不受月缴存额限制
《关于加强已购共有产权住房管理有关工作的通知（征求意见稿）》	2023年6月7日	已购共有产权住房家庭取得不动产权证书未满5年的，不允许转让房屋产权份额。购房家庭因家庭成员患大病等导致家庭生活困难需转让房屋产权份额的，产权人应当向区住房行政管理部门提出申请，经区住房行政管理部门审核通过后，由共同签约的代持机构回购。已购共有产权住房家庭取得不动产权证书满5年的，可按市场价格转让所购房屋产权份额
《北京市房地产经纪机构、住房租赁企业备案管理暂行办法（征求意见稿）》	2023年7月19日	（1）房地产经纪机构、住房租赁企业均应具备至少4名专业人员，且法定代表人和主要业务负责人应为专业人员。 （2）要求企业在经营场所、网络服务端的醒目位置公示备案证明、服务内容和标准、收费事项和标准等信息。 （3）暂停备案信息公示期间，互联网信息平台不得为经纪机构、租赁企业或分支机构的从业人员提供房源信息发布服务
《北京市住房和城乡建设委员会 中国人民银行北京市分行 国家金融监督管理总局北京监管局关于优化我市个人住房贷款中住房套数认定标准的通知》	2023年9月1日	居民家庭（包括借款人、配偶及未成年子女）申请贷款购买商品住房时，家庭成员在北京市名下无成套住房的，不论是否已利用贷款购买过住房，银行业金融机构均按首套住房执行住房信贷政策
《北京住房公积金管理中心关于优化住房公积金个人住房贷款中住房套数认定标准的通知》	2023年10月31日	（1）借款申请人（含共同申请人，下同）在北京市无住房且全国范围内无公积金贷款（含住房公积金政策性贴息贷款，下同）记录的，执行首套住房公积金贷款政策。 （2）借款申请人在北京市有1套住房的；或在北京市无住房但全国范围内有1笔公积金贷款记录的；或在北京市有1套住房且全国范围内有1笔公积金贷款记录的，执行二套住房公积金贷款政策。 （3）借款申请人在北京市有2套及以上住房的或全国范围内已使用过2次公积金贷款的，不予公积金贷款
《北京市建筑绿色发展条例》	2023年11月24日	个人使用住房公积金贷款购买二星级以上绿色建筑、装配式建筑或者超低能耗建筑的，可以给予适当政策支持，具体办法由北京市住房公积金管理部门制定

续表

政策/事件	发布/发生时间	主要内容
《关于调整优化本市普通住房标准和个人住房贷款政策的通知》	2023年12月14日	（1）享受税收优惠政策的普通住房需满足：①住宅小区建筑容积率在1.0（含）以上；②单套住房建筑面积在144平方米（含）以下；③5环内住房成交价格在85 000元/米²（含）以下、5~6环住房成交价格在65 000元/米²（含）以下、6环外住房成交价格在45 000元/米²（含）以下。 （2）降低首付款比例。对于贷款购买首套住房的居民家庭，最低首付款比例不低于30%。对于贷款购买二套住房的居民家庭，所购住房位于城六区（东城、西城、朝阳、海淀、丰台、石景山区）的，最低首付款比例不低于50%；所购住房位于城六区以外的，最低首付款比例不低于40%。 （3）个人住房贷款年限最长30年。 （4）调整个人住房贷款利率。城六区首套、二套利率政策下限分别为不低于相应期限LPR加10个基点、不低于相应期限LPR加60个基点；非城六区首套、二套利率政策下限分别为不低于相应期限LPR、不低于相应期限LPR加55个基点
《北京市商品房预售资金监督管理办法（2023年修订版）》（征求意见稿）	2023年12月22日	（1）强化属地责任，引入专业监管机构。 （2）在资金入账方面，购房人支付的预售资金，包括定金、首付款、按揭贷款、分期购房款和其他形式的购房款等，应全部直接存入监管账户，由北京市住房资金管理中心按类目进行标识。 （3）在资金支取方面，一是重点监管额度资金应确保封闭运行、专款专用于本项目有关的工程建设。重点监管额度内资金可覆盖后续建设费用时，开发企业可按照用款计划、资金使用节点申请支取重点监管额度内资金。北京市住房资金管理中心现场踏勘后，提出初审意见，经区住房和城乡建设部门审核同意后支付资金。二是重点监管额度外资金支取，由北京市住房资金管理中心提出初审意见，区住房和城乡建设部门审核同意后拨付至开发企业指定账户。鼓励开发企业将超出重点监管额度外资金留存在监管专户内使用。 （4）增设资金应急支取通道。当项目确需应急使用重点监管额度内预售资金推进项目建设，在不超建设阶段支付资金或支付后剩余资金仍可覆盖后续建设费用的前提下，可提交有关材料向区住房和城乡建设部门申请拨付使用
《北京市房地产经纪机构、住房租赁企业备案管理暂行办法》	2023年12月26日	在北京市行政区域内从事房地产经纪、住房租赁经营活动的房地产经纪机构、住房租赁企业及其分支机构应当自领取营业执照之日起30日内，向注册地所在区住房和城乡建设或者房屋主管部门备案

二、上海市房地产政策一览

上海市稳妥实施房地产市场平稳健康发展长效机制，调整优化房地产市场相关政策，包括下调购房首付比例、下调房贷利率、调整普通住房认定标准，更好满足居民刚性和改善性住房需求。同时，上海市还实施人才安居工程，大力推进保障性租赁住房建设与供应，积极推进房管领域数字化转型，促进房地产市场平稳健康发展。上海市房地产相关政策/发生事件见表2.2。

表 2.2　上海市房地产相关政策/发生事件一览

政策/事件	发布/发生时间	主要内容
上海市人民政府关于延长《上海市开展对部分个人住房征收房产税试点的暂行办法》有效期的通知	2023年1月4日	2011年1月27日市政府印发的《上海市开展对部分个人住房征收房产税试点的暂行办法》（沪府发〔2011〕3号）经评估需继续实施，请继续按照执行
《关于本市实施多子女家庭住房公积金支持政策的通知》	2023年3月31日	多子女家庭在上海市购买首套住房，最高贷款限额（含补充公积金最高贷款限额）在上海市最高贷款限额的基础上上浮20%。其中，首套住房按上海市公积金贷款差别化信贷政策认定。其他贷款条件按上海市公积金贷款现行规定执行
据上海财联社消息，上海二手房核验价和"三价就低"疑似有所放松	2023年4月21日	上海二手房核验价和"三价就低"疑似有所放松，部分核验价可提高至接近合同价
《关于调整本市住房公积金购买存量住房最长贷款期限的通知》	2023年8月11日	对住房公积金购买存量住房最长贷款期限进行调整，其中，所购存量住房房龄为20年以下的，最长贷款期限为不超过30年；所购存量住房房龄为20年（含）至35年之间的，最长贷款期限为不超过50年与房龄之差；所购存量住房房龄在35年（含）以上的，最长贷款期限为不超过15年
上海市住房和城乡建设管理委员会、上海市房屋管理局、中国人民银行上海市分行、国家金融监督管理总局上海监管局联合印发《关于优化我市个人住房贷款中住房套数认定标准的通知》	2023年9月1日	该通知规定，居民家庭（包括借款人、配偶及未成年子女）申请贷款购买商品住房时，家庭成员在上海市名下无成套住房的，不论是否已利用贷款购买过住房，银行业金融机构均按首套住房执行住房信贷政策。该通知自2023年9月2日起施行
《关于优化调整临港新片区人才住房政策相关工作提示的通知》	2023年9月6日	（1）对已进入可选房序列内未进行房源选定的人才，取消锁定期限。（2）对已选定房源但最终未签约购房的人才，予以限期锁定，即从原先"不得再次申请"调整为"在其后的12个月内不得再次申请"。（3）在重点支持单位工作的人才，工作年限要求从6个月以上缩短为3个月以上
《关于优化本市住房公积金个人住房贷款套数认定标准的通知》	2023年10月17日	缴存职工家庭名下在上海市无住房、在全国未使用过住房公积金个人住房贷款或首次住房公积金个人住房贷款已经结清的，认定为首套住房；对于在全国有未结清的住房公积金个人住房贷款，或者在全国有两次及以上住房公积金个人住房贷款记录的缴存职工家庭，不予贷款
为深入落实《关于加快推进南北转型发展的实施意见》中关于"人才安居置业优选地"的工作要求，促进产城融合、实现职住平衡，上海市金山区出台人才安居新政	2023年10月24日	（1）到"十四五"期末，争取金山区人才公寓房源规模达到1万套以上。（2）经区人才管理部门认定，同时符合单位条件、个人条件以及工作年限条件的非上海市户籍人才，按规定在沪缴纳职工社会保险或个人所得税3年及以上，且在上海市无住房的，可购买1套住房，同时购房资格由居民家庭调整为个人
中国人民银行上海总部、国家金融监督管理总局上海监管局、上海证监局、上海市地方金融监管局、上海市科学技术委员会联合召开金融机构座谈会	2023年11月21日	会议要求，金融机构要落实好房地产"金融16条"，坚持"两个毫不动摇"，一视同仁满足不同所有制房地产企业合理融资需求。对正常经营的房地产企业不惜贷、抽贷、断贷。继续用好"第二支箭"支持民营房地产企业发债融资。支持房地产企业通过资本市场合理股权融资。配合地方政府因城施策做好房地产调控，更好支持刚性和改善性住房需求，加大力度支持保障性住房等"三大工程"建设，推动构建房地产发展新模式。金融机构要按照市场化、法治化原则，配合地方政府稳妥化解地方债务风险

续表

政策/事件	发布/发生时间	主要内容
《关于调整本市普通住房标准的通知》	2023年12月14日	可以享受优惠政策的普通住房须同时满足：①五层以上（含五层）的多高层住房，以及不足五层的老式公寓、新式里弄、旧式里弄等；②单套住房建筑面积在144平方米以下（含144平方米）
上海市发布优化差别化住房信贷政策	2023年12月14日	上海市自2023年12月15日起优化差别化住房信贷政策。一是首套住房商业性个人住房贷款利率下限调整为不低于相应期限LPR减10个基点，最低首付款比例调整为不低于30%。二是二套住房商业性个人住房贷款利率下限调整为不低于相应期限LPR加30个基点，最低首付款比例调整为不低于50%。同时，为支持推进"五个新城"和南北转型重点区域高质量发展，促进产城融合、职住平衡，在自贸区临港新片区以及嘉定、青浦、松江、奉贤、宝山、金山6个行政区全域实行差异化政策，二套住房商业性个人住房贷款利率下限调整为不低于相应期限LPR加20个基点，最低首付款比例调整为不低于40%

三、广州市房地产政策一览

2023年8月，广州市率先实行"认房不认贷"政策，成为全国首批落实该政策的一线城市。同时，广州市优化住房限购政策和个人销售住房增值税征免年限，以降低购房门槛，支持刚性和改善性住房需求，稳定市场预期。此外，广州市还推进保障性住房建设和供给，建立健全以公共租赁住房、保障性租赁住房和配售型保障性住房为主体的租购并举的住房保障体系，缓解新市民、青年人住房困难问题。广州市房地产相关政策/发生事件见表2.3。

表2.3 广州市房地产相关政策/发生事件一览

政策/事件	发布/发生时间	主要内容
《广州市规划和自然资源局关于创新开展"一手房带押过户"的通告》	2023年4月28日	（1）购房人一次性或分期付款情形下办理带押过户：合并办理"在建工程抵押权注销登记+预购商品房预告登记"。（2）购房人按揭付款情形下办理带押过户：合并办理"在建工程抵押权注销登记+预购商品房预告登记+预购商品房抵押权预告登记"
《广州住房公积金管理中心关于调整租房提取额度的通知》	2023年5月22日	缴存人及其配偶、未成年子女在广州市行政区域内无自有产权住房且租房自住，无租赁合同或租赁合同未登记备案的，租房提取限额提高至每人每月1400元
《广州住房公积金管理中心关于贯彻落实二孩及以上家庭支持政策的通知》	2023年6月28日	生育二孩及以上的家庭（至少一个子女未成年）使用住房公积金贷款购买首套自住住房的，住房公积金贷款最高额度上浮30%
《广州市旧村庄旧厂房旧城镇改造实施办法（征求意见稿）》	2023年7月6日	（1）对无偿提供符合规定的政府储备用地、超出规定提供公共服务设施用地或者对历史文化保护做出贡献的"三旧"改造项目，可以按照有关规定给予容积率奖励。（2）"三旧"改造包括下列类型：全面改造、微改造、混合改造。（3）"三旧"改造全面改造项目主要包括以下模式：政府收储、自主改造、合作改造、广州市规定的统筹做地等其他模式

续表

政策/事件	发布/发生时间	主要内容
《广州市差别化入户市外迁入管理办法（公开征求意见稿）》	2023年7月21日	广州市白云区、黄埔区、花都区、番禺区、南沙区、从化区和增城区这7个外围城区将执行差别化入户政策，28周岁及以下拥有国内普通高等学校全日制本科学历（无学士学位），或拥有国内普通高校全日制大专学历，或技师学院全日制预备技师班、全日制高级工班毕业人员，并连缴社保满一年者，可入户以上7区
《广东省住房和城乡建设厅 广东省市场监督管理局关于规范房地产经纪服务的实施意见》	2023年8月24日	（1）严格落实房地产经纪机构备案制度。 （2）明确经纪服务内容。 （3）合理确定经纪服务收费。 （4）严格落实明码标价制度
《广州市人民政府办公厅关于优化我市个人住房贷款中住房套数认定标准的通知》	2023年8月29日	居民家庭（包括借款人、配偶及未成年子女）申请贷款购买商品住房时，家庭成员在当地名下无成套住房的，不论是否已利用贷款购买过住房，银行业金融机构均按首套住房执行住房信贷政策
《广州市人民政府办公厅关于优化我市房地产市场平稳健康发展政策的通知》	2023年9月19日	（1）限购区域调整为越秀、海珠、荔湾、天河、白云（不含江高镇、太和镇、人和镇、钟落潭镇）、南沙等区。 （2）将越秀、海珠、荔湾、天河、白云、黄埔、番禺、南沙、增城等区个人销售住房增值税征免年限从5年调整为2年。 （3）限购区非广州市户籍居民家庭个税/社保连续缴纳年限调整为2年
《广州市城市更新专项规划（2021—2035年）》《广州市城中村改造专项规划（2021—2035年）》	2023年10月24日	（1）至2035年，拟推进的旧村庄旧城镇全面改造与混合改造项目291个，其中：旧村庄全面改造项目252个（含城中村项目150个）、旧村庄混合改造项目24个（含城中村项目15个），"拆、治、兴"并举推动改造；旧城混合改造项目15个。 （2）通过优化成本核算与征拆标准，探索房票安置政策机制，拓宽渠道，加大城中村改造资金支持力度等策略，破解城中村改造难题，提升改造效率
《广州市进一步促进民间投资高质量发展若干政策措施》	2023年11月5日	支持民营企业盘活存量资产。用好基础设施REITs等创新工具，鼓励民营企业盘活购物中心、仓储物流、产业园区、通信基础设施等自有存量资产，形成以"存量带增量"的民间投资良性发展局面。增强部门工作合力，加快项目手续的补办完善，推动存量资产尽快达到发行条件。支持国有企业通过股权合作、引入战略投资人和专业运营管理等方式，引导民间资本参与国有存量资产盘活
《广州住房公积金管理中心关于优化个人住房公积金贷款有关事项的通知》	2023年11月14日	购广州市首套房公积金贷款最低首付款比例为20%。对无住房贷款（含商业性住房贷款和公积金贷款，下同）记录或住房贷款记录已结清，且在广州市拥有1套住房的购房人家庭，公积金贷款最低首付款比例为30%。对有未结清住房贷款记录且在广州市拥有1套住房的购房人家庭，公积金贷款最低首付款比例为40%
《广州市住房和城乡建设局 广州市市场监督管理局关于规范房地产经纪服务的实施意见》	2023年12月5日	（1）严格落实明码标价制度。房地产中介机构应当通过经营门店、网站、客户端等线下或线上的渠道，公示服务项目、服务内容和收费标准，不得混合标价和捆绑收费。 （2）合理确定经纪服务收费。房地产中介机构要合理降低住房买卖和租赁中介服务费用。鼓励按照成交价格越高、服务费率越低的原则实行分档定价

四、深圳市房地产政策一览

在房地产市场发展形势发生重大变化的背景下，深圳市积极调整房地产政策，降低二套住房的首付比例，以满足居民改善性住房需求。同时，深圳市调整普通住宅的认定标准，扩大普通住宅的认定范围，降低商品房交易税费。深圳市房地产调控政策旨在满足改善性住房需求，提振市场信心，促进房地产市场的恢复和平稳健康发展。深圳市房地产相关政策/发生事件见表2.4。

表2.4 深圳市房地产相关政策/发生事件一览

政策/事件	发布/发生时间	主要内容
《深圳市推广二手房"带押过户"模式的工作方案》	2023年1月5日	（1）在二手房交易中，对于卖方未还清贷款、抵押尚未解除，买方也需要使用贷款购房的情况，买卖双方可选择二手房"带押过户"模式。 （2）在二手房"带押过户"过程中，推行"顺位抵押"、二手房转移及抵押"双预告登记"等多种模式
《深圳市积分入户办法》	2023年2月8日	（1）所称积分入户是指对持有深圳经济特区居住证且在深具有合法稳定就业和合法稳定住所（含租赁）的人员，按照积分制要求进行积分，依照分值排序，在年度计划安排额度内审批入户。 （2）申请积分入户人员应同时具备5个基本条件：年龄男性在55周岁以下，女性在50周岁以下；持有有效的深圳经济特区居住证；拥有深圳市合法产权住房连续满5年或合法租赁住所年限连续满5年；依照法律法规正常缴纳深圳市养老保险或医疗保险年限累计满5年；无刑事犯罪记录，且未参加过国家禁止的组织及活动
《深圳市住房公积金贷款管理规定》	2023年3月22日	（1）单人公积金贷款最高额度为50万元，双人90万元，首套上浮20%；所购住房为绿色建筑评价标准二星级及以上的绿色建筑，上浮30%；生育二孩及以上的多子女家庭（至少一个子女未成年，下同）首套上浮30%；生育二孩及以上的多子女家庭首套住房为绿色建筑评价标准二星级及以上的绿色建筑的，上浮40%。 （2）若上年度末深圳市住房公积金个贷率处于85%（含）~95%，上述情形贷款最高额度上浮比例回调10个百分点，即上浮10%、20%、20%、30%；若上年度末深圳市住房公积金个贷率在95%（含）以上，上述情形贷款最高额度上浮比例回调20个百分点，即上浮0%、10%、10%、20%
据澎湃新闻消息，深圳市调整二手房指导价规则	2023年4月20日	银行核定二手房价以网签备案价和评估价就低为准，参考价仅做参考
《关于调整我市住房公积金租房提取有关事项的通知（征求意见稿）》	2023年8月3日	（1）无房家庭提取公积金支付房租可提取当月应缴存额的80%，新市民或青年人最高可按申请当月应缴存额提取。 （2）二孩及以上且至少有一个未成年子女的家庭，职工本人及其家庭成员在深圳市无商品住房、政策性住房和保障性住房，最高可按申请当月应缴存额提取，办理房屋租赁合同备案的，可按实际月租金提取。 （3）承租公共租赁住房的可按实际月租金提取。 （4）建立保障性租赁住房租金直付机制，可以授权市住房公积金管理中心每月将其按规定提取的住房公积金转入具备转入条件的保障性租赁住房运营管理单位指定的银行账户，用于支付其住房租金

续表

政策/事件	发布/发生时间	主要内容
深圳市住房和建设局、中国人民银行深圳市分行、国家金融监督管理总局深圳监管局联合印发《关于优化我市个人住房贷款中住房套数认定标准的通知》	2023年8月30日	居民家庭（包括借款人、配偶及未成年子女）申请贷款购买商品住房时，家庭成员在深圳市名下无成套住房的，不论是否已利用贷款购买过住房，银行业金融机构均按首套住房执行住房信贷政策
据深圳市住房公积金管理中心消息，近期有关部门对深圳购房政策进行了相应的优化	2023年9月11日	离异三年内再婚或复婚家庭购房时，按照现有家庭的房产套数计算，不再追溯离异前家庭名下拥有房产套数
中国人民银行深圳市分行发布通知，从2023年11月23日起调整二套住房最低首付款比例	2023年11月22日	二套住房个人住房贷款最低首付款比例由原来的普通住房70%、非普通住房80%统一调整为40%
《深圳市住房和建设局关于调整享受优惠政策普通住房认定标准的通告》	2023年11月22日	将深圳市享受优惠政策的普通住房标准调整为：住宅小区建筑容积率1.0以上（含1.0），且单套住房套内建筑面积120平方米以下（含120平方米）或者单套住房建筑面积144平方米以下（含144平方米）

五、重庆市房地产政策一览

重庆市积极响应国家调控房地产市场的政策，需求方面，重庆市支持新市民和人才安居，降低二套房的首付比例，优化住房公积金贷款政策，落实差别化房地产税收政策，减轻租房负担，更好地满足居民的住房需求；供给方面，重庆市提高保障性住房的供应量和比例，支持盘活存量土地用于保障性租赁住房项目，完善房地产项目配套设施，激活市场需求，改善居住品质。重庆市房地产相关政策/发生事件见表2.5。

表2.5 重庆市房地产相关政策/发生事件一览

政策/事件	发布/发生时间	主要内容
2023江北区房交会开幕	2023年3月5日	在房交会期间购买江北区参展项目新建商品房（包括住宅、商服用房、办公用房、车位）及二手住房，按购买人实际缴纳契税金额的50%额度进行补贴。其中购买新建商品房（包括住宅、商服用房、车位）采用"海尔"电器消费券或"长安"新能源汽车消费券的形式发放，购买二手住房的采用观音桥商圈消费券的形式发放，所有消费券的有效期长达3年
2023重庆春季房地产暨家装展示交易会在南坪国际会议展览中心启幕	2023年3月23日	①渝中、渝北、北碚和两江新区按照住宅10 000元/套、非住宅2000元/套的标准予以补贴；②江北、沙坪坝、南岸、九龙坡、大渡口采取直接补贴或消费券补贴等方式对购房人给予已缴纳契税额50%的补贴；③巴南、重庆高新区等按照购房合同金额给予一定消费券补贴
《重庆市棚户区改造三年行动计划（2023—2025）（征求意见稿）》	2023年4月7日	支持有条件的区县推行"房票"等货币化安置方式。支持区县通过集中购买和盘活市场存量房等方式筹集棚改安置房源，按安置房源的实际购置和安置价款计税，并按规定享受国家棚户区改造、房屋征收等方面的有关税收优惠政策

续表

政策/事件	发布/发生时间	主要内容
据《华商报》消息,重庆璧山区住房和城乡建设委员会发起外省购房优惠活动	2023年5月24日	①契税100%减免;②发放购房补贴,标准为400元/米^2,最高5万元/套;③首套房享受本地居民贷款政策(最低首付20%)等专属优惠政策;④购房人及直系亲属户籍、子女教育医疗等享受本地居民同等权利;⑤购房人及直系亲属在渝就业,符合用人单位招聘条件,由区就业和人才中心推荐就业;⑥一次性购买5套及以上,在享受①~⑤条优惠基础上,还可享受3%购房款优惠
《关于进一步优化住房公积金使用政策的通知》	2023年8月11日	(1)提高缴存人家庭租房提取额度,中心城区每人1800元/月,夫妻双方为3600元/月;中心城区以外每人1500元/月,夫妻双方为3000元/月。(2)加大对多子女缴存人家庭租房支持力度。中心城区每人2700元/月,夫妻双方为5400元/月;中心城区以外每人2250元/月,夫妻双方为4500元/月。(3)放宽城镇老旧小区自住住房加装电梯提取范围,放宽至本人、配偶、子女以及本人与配偶双方的父母。(4)支持提取住房公积金直接支付贷款购房首付款。(5)支持新市民、青年人申请住房公积金个人住房贷款。(6)无住房公积金个人住房贷款记录的缴存人家庭,仅有一笔未结清的商业性个人住房贷款且在重庆市仅有一套住房,可申请将未结清的商业性个人住房贷款置换为住房公积金个人住房贷款。(7)使用住房公积金个人住房贷款新购住房的,须核查住房公积金个人住房贷款记录和拟购住房所在区县(自治县)住房套数
《关于进一步支持刚性和改善性购房需求的通知》	2023年9月1日	①将中心城区范围内新购的住房由"须取得不动产权证满2年后才能上市交易"调整为"取得房屋买卖合同备案证明满2年,且取得不动产权证后才能上市交易";②2023年市级秋交会期间,在中心城区购买房屋的,给予一定的购房补贴;③居民家庭(包括借款人、配偶及未成年子女)申请贷款购买商品住房时,家庭成员在当地名下无成套住房的,不论是否已利用贷款购买过住房,银行业金融机构均按首套住房执行住房信贷政策;④首套住房商业性个人住房贷款最低首付款比例不低于20%,二套不低于30%,二套住房商业性个人住房贷款利率调整为不低于相应期限LPR+20BP
重庆市人民政府发布关于修改《重庆市关于开展对部分个人住房征收房产税改革试点的暂行办法》和《重庆市个人住房房产税征收管理实施细则》的决定	2023年9月20日	将征收对象中"在重庆市同时无户籍、无企业、无工作的个人新购的首套及以上的普通住房"修改为"在重庆市同时无户籍、无企业、无工作的个人新购的第二套(含第二套)以上的普通住房"

六、天津市房地产政策一览

2023年,为应对全国范围内房地产市场普遍下行的现状,天津市积极调整房地产调控政策,减小市场调控力度,推动房地产市场平稳健康发展。从供给端积极优化土地供给市场环境,从需求端积极调整公积金贷款有关政策,推行"认房不认贷",并积极放松限购政策。天津市房地产相关政策/发生事件详见表2.6。

表2.6 天津市房地产相关政策/发生事件一览

政策/事件	发布/发生时间	主要内容
《天津市促进招商引资扩大社会投资若干措施(暂行)》	2023年3月	加强招商引资与规划工作的衔接,对经论证确有必要修改控制性详细规划的土地,采用并联方式履行方案编制、公示、征求意见等法定程序,进一步提高土地规划审批效率。在全市范围内实行工业用地弹性年期土地出让等政策,在之前的政策基础上,进一步降低前期土地利用成本
执行公积金"认房不认贷"	2023年5月25日	公积金"认房不认贷",职工家庭住房数为0的,发放首套住房贷款;职工家庭住房数为1的,发放二套住房贷款;职工家庭购买第三套及以上住房的,不予发放住房公积金贷款。职工家庭已使用过2次住房公积金贷款的,不予发放住房公积金贷款
《关于调整个人住房公积金贷款有关政策的通知》	2023年7月27日	(1)公积金可以申请提取用来支付首付款。(2)申请贷款时的最低连续缴存住房公积金时间由1年调整为6个月。(3)提高贷款最高限额,将首套住房贷款最高限额由80万元提高至100万元,养育未成年二孩以上多子女家庭首套住房贷款最高限额提高至120万元;第二套住房贷款最高限额由40万元提高至50万元。(4)在外地缴存住房公积金的职工在天津市申请公积金贷款的,与天津市缴存职工实行相同的贷款政策
《市住房城乡建设委等四部门关于进一步调整优化房地产政策更好满足居民刚性和改善性住房需求的通知》	2023年9月1日	(1)天津市住房限购区域调整为市内六区。(2)非天津市户籍大学毕业生在天津市住房限购区域无住房的,可凭劳动合同或企业注册证明和毕业证购买一套住房。(3)非住房限购区按照不实施限购措施城市的差别化住房信贷政策执行。延长天津市商业性个人住房贷款最长期限
天津市住房和城乡建设委员会、中国人民银行天津市分行、国家金融监督管理总局天津监管局联合印发《关于优化我市个人住房贷款中住房套数认定标准的通知》	2023年9月18日	居民家庭(包括借款人、配偶及未成年子女)在住房限购或非限购区域申请贷款购买商品住房时,家庭成员在相应区域名下无成套住房的,不论是否已利用贷款购买过住房,银行业金融机构均按首套住房执行住房信贷政策

七、厦门市房地产政策一览

厦门市政府积极响应中央政策精神,因城施策,积极推动房地产市场平稳健康运行,积极松绑限购政策、落实公积金异地缴存互认、优化房地产市场交易环境,调整信贷政策、降低资金成本,助力房地产市场回暖。厦门市房地产相关政策/发生事件如表2.7所示。

表 2.7 厦门市房地产相关政策/发生事件一览

政策/事件	发布/发生时间	主要内容
中共厦门市委、厦门市人民政府印发《关于优化生育政策促进人口长期均衡发展的实施方案》	2023年3月	（1）拥有二孩及以上的厦门市户籍家庭符合条件的，可购买第3套自住商品住房。 （2）机关、企事业单位房屋主管部门积极作为，盘活存量闲置房屋，用于支持机关、企事业单位开展婴幼儿照护服务
实施松绑限购政策	2023年3月27日	（1）厦门市户口单身可以购买第二套住房。 （2）岛外限售政策由产权证日期之日起2年内限售改为网签日期之日起2年内限售
实行二手房"带押过户"住房公积金贷款业务	2023年7月1日	符合住房公积金贷款条件的职工在购买在押期间的二手房时，经买卖双方协商一致，在厦门市不动产登记全程网办系统办理二手房预告转移登记后，可到住房公积金贷款受理机构申请办理住房公积金贷款
《厦门市住房公积金管理委员会关于住房公积金贷款落实异地缴存互认政策的通知》	2023年7月7日	职工配偶在异地公积金中心缴存住房公积金，连续缴存时间符合厦门市住房公积金贷款条件的，可纳入计算其家庭住房公积金贷款额度。该通知自7月1日起施行
《关于调整住房公积金贷款首付比例有关事项的通知》	2023年8月16日	首套贷款未结清的二套房贷首付比例由50%降至40%。
《关于进一步稳增长转动能推动经济高质量发展的若干措施（征求意见稿）》	2023年8月29日	（1）居民家庭（包括借款人、配偶及未成年子女）申请贷款购买商品住房时，家庭成员在当地名下无成套住房的，不论是否已利用贷款购买过住房，银行业金融机构均按首套住房执行住房信贷政策。 （2）优化公积金支持政策。实行二手房"带押过户"住房公积金贷款业务，落实住房公积金贷款异地缴存互认政策
《厦门市住房保障和房屋管理局等4部门关于优化我市个人住房贷款中住房套数认定标准的通知》	2023年9月1日	居民家庭（包括借款人、配偶及未成年子女）申请贷款购买商品住房时，家庭成员在厦门市名下无成套住房的，不论是否已利用贷款购买过住房，银行业金融机构均按首套住房执行住房信贷政策
厦门市促进房地产市场平稳健康发展领导小组办公室印发《关于进一步促进房地产市场平稳健康发展的通知》	2023年9月18日	（1）在集美区、海沧区、同安区、翔安区购买商品住房，不再审核购房人资格，不再限制上市交易时间。 （2）落实国家调整优化差别化住房信贷政策和降低存量首套住房贷款利率政策，适时调整优化岛内外首套和二套住房商业性个人住房贷款最低首付比例和利率下限。 （3）符合条件的个人住房公积金贷款的住房套数认定、最低首付比例、首套及第二套利率，对照商业性个人住房贷款政策认定。住房公积金贷款最高贷款额度为120万元。 （4）根据房地产开发企业信用评级，优化商品房项目预售资金监管，在风险可控的前提下支持房地产开发企业盘活资金
厦门市促进房地产市场平稳健康发展领导小组办公室印发《关于进一步优化房地产市场相关政策的通知》	2023年11月15日	（1）思明区、湖里区不再审核购房人资格。 （2）首套商贷最低首付款比例为25%，二套商贷最低首付比例为35%，二套房贷利率不低于相应期限LPR+30BP。 （3）阶段性启动住房公积金异地贷款业务。允许缴存人按年提取住房公积金偿还住房贷款本金。符合条件的职工家庭可申请缩短住房公积金贷款期限。支持住房公积金贷款展期。支持住房公积金贷款在等额本金和等额本息之间予以变更。 （4）企业可用见索即付的银行保函缴纳土地竞买保证金

八、南京市房地产政策一览

南京市政府着力完善住房保障体系，大力推进共有产权房等保障性住房制度建设。积极优化房地产市场环境，降低居民购房成本，积极调整户籍制度，适应地产市场发展需求，适时调整限贷限购政策，积极助推当地房地产市场平稳有序运行。南京市房地产相关政策/发生事件如表2.8所示。

表2.8 南京市房地产相关政策/发生事件一览

政策/事件	发布/发生时间	主要内容
《关于优化南京市提取住房公积金支付购房款相关规定的实施细则》	2023年2月27日	在南京市缴存住房公积金的职工及其配偶购买南京市新建商品住房且符合购房提取条件的，可以与开发企业签订协议，用个人住房公积金账户内余额作为购房前期资金
《关于印发〈南京市土地交易市场竞买保证金使用银行保函工作规则（试行）〉的通知》	2023年3月1日	在原有以土地竞买保证金缴纳作为参加土地竞买履约保证的基础上，增加见索即付银行保函作为参加土地竞买的履约保证方式
《南京市国有土地上住宅房屋征收房票安置暂行办法》	2023年3月6日	对于拆迁过程中涉及的住户，可以选择获取房票代替原本的现金安置补偿。在购房人购买南京市新建商品房时，可以选择以房票折抵购房款，并获得房票面额使用部分最高10%的额外补助
产业聚集区放松限购	2023年5月16日	南京产业聚集区放松限购，本地户口家庭居民或符合缴纳社保条件的外地户口居民，可新开一张产业聚集区购房证明，并在产业聚集区（江心洲、南部新城、红山新城、幕府创新区）增购一套住房
南京住房公积金管理中心印发《关于调整部分住房公积金政策的通知》	2023年5月24日	（1）无房单身职工公积金提取额度提高至1800元，夫妻提取额度提高至3600元。 （2）使用住房公积金贷款购买第二套住房时，首套房面积认定标准为：家庭已有一套住房人均建筑面积不超过40平方米。 （3）多子女家庭（有两个及以上未成年子女），首次最高可贷额度，在普通家庭贷款最高限额基础上上浮20%。 （4）对于无房的多子女家庭，每月提取住房公积金支付房租的限额提高20%
《南京市雨花台区国有土地上住宅房屋征收房票安置暂行细则》（征求意见稿）公开征求意见	2023年7月12日	在安置房申购优惠幅度的基础上，被征收人持房票购买南京市栖霞区孟北、栖霞区百水、雨花台区绿洲片区市级安置房的，再给予被征收人房票面额使用部分不超过10%的购房奖励。在安置房申购优惠幅度的基础上，被征收人持房票购买南京市其他安置房的，再给予被征收人房票面额使用部分不超过5%的购房奖励。仅选择货币补偿且放弃申购征收安置房和保障性住房的持房票购买南京市商品房的，给予被征收人房票面额使用部分不超过5%的购房奖励
《南京市共有产权住房管理办法（征求意见稿）》	2023年7月18日	（1）单套户型建筑面积应当有效满足居住需求，以90平方米以下中小户型面积为主。 （2）销售价格按照略低于周边同品质、同类型普通商品住房实际成交价格标准核定，并报南京市人民政府同意。 （3）保障对象首次购买的产权份额比例为50%~80%。 （4）南京市户籍家庭或个人及各类人才取得不动产权证5年后，可上市转让

续表

政策/事件	发布/发生时间	主要内容
《进一步优化政策举措促进南京房地产市场平稳健康发展》	2023年8月4日	（1）鼓励新六区继续根据区域市场实际对在规定期限内购买新建商品住房的，按合同价给予一定比例的购房补贴。 （2）对集体土地房屋征收推行房票安置。研究出台《南京市征收集体土地涉及住宅房屋房票安置暂行办法》。 （3）建立全市统一的"安置房源超市"。 （4）项目车位车库达到预售条件的，允许与地上房屋同步申请上市销售。 （5）优化商品房预售资金不可预见费管理，开发企业可根据项目进度情况申请逐步释放不可预见费额度。 （6）探索在外围区域优化容积率和规划指标。 （7）优化商办用地供应时序与布局
在《进一步优化政策举措促进南京房地产市场平稳健康发展》基础上发布促进房地产市场发展最新举措	2023年9月7日	（1）自9月8日起，玄武区、秦淮区、建邺区、鼓楼区等四区范围内购买商品房不再需要购房证明。 （2）落实国家调整优化差别化住房信贷政策和降低存量首套住房贷款利率政策，更好满足刚性和改善性住房需求。 （3）部分区域对在2023年8月1日~12月31日购置新建商品住房的给予补助，具体补助标准和条件以各区细则为准。 （4）在享受第（3）条补助的基础上，对出售自有住房并购买90平方米以上新建商品住房的，再给予一定补助，具体补助标准和条件以各区细则为准
据《中国经营报》消息，主城四区两成首付被叫停	2023年9月17日	主城区首付恢复首套首付三成、二套房首付四成的政策执行，二套房的房贷利率也从4.4%上调至4.5%。非主城区依然执行首套首付两成、二套首付三成的政策
《关于进一步做好南京市存量房交易资金监管工作的通知》	2023年10月13日	（1）存量房交易资金监管范围包括购房定金、首付款、购房贷款等购房款项。鼓励房地产经纪机构将经纪服务费用纳入交易资金监管范围。 （2）交易完成后，由监管机构通过转账的方式划入房产卖出方指定的银行账户；交易未达成的，由监管机构通过转账的方式划入房产买入方指定的银行账户，涉及银行贷款由监管机构通过转账的方式划回原贷款银行
《南京市积分落户实施办法（征求意见稿）》	2023年11月20日	（1）取消"累计缴纳城镇职工社会保险不少于12个月"的限制。 （2）将租赁住房情况纳入积分落户指标；缴纳社保或在南京市居住每满1个月，积分均由1分提高至2分

九、青岛市房地产政策一览

2023年，青岛市政府坚持"房住不炒"定位，从供需两侧精准发力，先后出台多项房地产市场优化调控政策措施，确保房地产市场平稳健康运行。大力开展"城市更新建设、产业发展增效、安居宜居提升、村镇建设提质、智慧低碳转型、质量安全强基"六大行动，适时优化公积金和限购政策，以应对变化的房地产市场环境带来的新挑战。青岛市房地产相关政策/发生事件如表2.9所示。

表 2.9 青岛市房地产相关政策/发生事件一览

政策/事件	发布/发生时间	主要内容
青岛市住房和城乡建设局、中国人民银行青岛市中心支行、中国银行保险监督管理委员会青岛监管局印发《关于促进房地产市场平稳健康发展的通知》	2023年6月1日	（1）特定群体（家庭成员患重大疾病急需资金治疗、家庭收入不能支持住房贷款且已申请贷款延期展期的家庭）住房符合新建商品住房合同网签备案满3年或取得《不动产权证书》满2年、二手住房取得《不动产权证书》满1年的，房屋产权人可申请解除住房交易限制。 （2）非限购区域首付比例首套最低调整为20%、二套最低调整为30%。 （3）二手房"带押过户"，推行"优鲜卖"模式。 （4）鼓励各区（市）棚户区和城中村改造征收补偿货币化安置，试点房票制度
《青岛市住房公积金管理中心关于开展存量房住房公积金组合贷款"带押过户"业务的通知》	2023年8月1日	为加速存量房交易流转，更好满足市民刚性和改善性住房需求，青岛市住房公积金管理中心持续扩大业务办理范围，将存量房"带押过户"业务拓展至住房公积金组合贷款，放开了买卖双方的贷款类型限制，既支持卖方"带押"出售存在组合贷款的住房，又支持买方申请组合贷款购买"带押"房屋，为购房职工提供更多渠道和资金保障，进一步扩大住房公积金低息贷款惠及面，促进房地产市场平稳健康发展
《青岛市住房公积金管理中心关于延续提取住房公积金支付购房首付款阶段性支持政策的通知》	2023年8月22日	在青岛市行政区域内购买家庭首套自住新建商品房的，支持购房人及其直系亲属提取住房公积金用于支付购房首付款，政策放宽有效期延长至2024年8月31日。直系亲属是指购房人本人的配偶、父母和子女
《青岛市住房公积金管理中心关于调整我市非限购区域住房公积金贷款首付比例的通知》	2023年8月28日	自2023年8月28日起，购买青岛市非限购区域的首套和第二套自住住房，公积金贷款首付比例分别调整为20%和30%
《青岛市住房和城乡建设局关于适度调整我市房地产政策的通知》	2023年9月11日	（1）调整住房限购区域。将市南区、市北区（原四方区域除外）移出限购区域，全域取消限购政策。 （2）优化住房上市交易年限。在青岛市范围内，商品住房取得《不动产权证书》可上市交易
《青岛市住房公积金管理中心关于开展"商转组合"贷款业务的通知》	2023年11月6日	职工可以将原商业性住房贷款的一部分直接转为公积金贷款，形成"商转组合"贷款，无须自筹资金提前结清原商业贷款，大幅减轻资金压力

第三节 2023年房地产市场相关政策总结

2023年，房地产市场在国内外多重因素的影响下仍处在相对底部的位置，中央政治局会议提出了"房地产市场供求关系发生重大变化"。房地产政策在上半年保持宽松稳定，下半年则逐步出现了实质性松绑和转向趋势。随着"限购限价"政策相继放松，"认房不认贷"政策逐步推进，各地各类房地产放松政策不断出台，持续加码。

一、防范化解风险，宽松基调延续

2023年上半年，房地产政策延续了之前的宽松基调，4月中央政治局会议提出"要有效防范化解重点领域风险，统筹做好中小银行、保险和信托机构改革化险工作。要坚持房子是用来住的、不是用来炒的定位，因城施策，支持刚性和改善性住房需求"[1]。全年，各部委积极响应中央要求，加速落地稳定市场的相关举措，2023年初中国人民银行及中国银行保险监督管理委员会即宣布建立首套住房贷款利率政策动态调整机制，允许地方政府阶段性放宽利率下限；2023年8月中国人民银行和国家金融监督管理总局宣布降低存量首套住房贷款利率，首套及二套房平均利率均已降至近年来的最低点。2023年7月住房和城乡建设部提出进一步落实好降低购买首套住房首付比例和贷款利率、改善性住房换购税费减免、个人住房贷款"认房不认贷"等政策措施。

二、政策支持力度不断加大，限制性政策相继松绑

中央政治局会议明确提出我国地产市场的供需关系已发生重大变化，之后各监管部门持续推出地产支持政策，行业预期有所恢复。从需求端来看，"认房不认贷"全面实施落地，允许各地方政府降低商业性住房贷款首付比例并下调利率下限，同时调整存量住房贷款利率。从供给端来看，延长之前"金融16条"部分融资优惠政策的期限，同时设立专项资金以积极稳妥推进保交楼、保民生工作，逐步化解部分房企出险带来的潜在风险。地方层面上，各地继续放松限购政策，信贷支持力度不断加大。北京、广州、天津等城市落实首套房"认房不认贷"，南京、合肥、济南、青岛等城市全面取消限购政策，另有多个二线城市以放宽购房套数限制、缩小限购范围、放松购房限制条件等方式放松限购。多地明确执行商业性住房贷款首套20%、二套30%的首付比例以降低购房者的贷款负担。

三、完善房地产金融政策，改善行业融资环境

2023年，国家加大了对房地产企业融资的支持力度。1月，有关部门起草了《改善优质房企资产负债表计划行动方案》。2月，证监会放宽境外募资等限制，启动不动产私募投资基金试点工作。7月，中国人民银行和国家金融监督管理总局延长"金融16条"部分政策的适用期限。8月，证监会明确上市房企再融资不受破发、破净、亏损限制。10月，中央金融工作会议举行，强调健全房地产企业主体监管制度和资金监管，完善房地产金融宏观审慎管理，一视同仁满足不同所有制房地产企业合理融资需求。11月，中国人民银行、国家金融监督管理总局、证监会联合召开金融机构座谈会，提出"三个不低于"，据悉监管部门还拟定了50家房企"白名单"。随后，工、农、中、建、交[2]等银

---

[1] 《中共中央政治局召开会议 分析研究当前经济形势和经济工作 中共中央总书记习近平主持会议》，http://politics.people.com.cn/n1/2023/0428/c1024-32675960.html，2023-04-28。

[2] 即中国工商银行、中国农业银行、中国银行、中国建设银行、交通银行。

行相继召开房企座谈会，听取房企融资需求，并表态将加大房企融资支持力度。

四、保交楼资金持续投放，相关政策进一步落实

2023年初中国人民银行、中国银行保险监督管理委员会在主要银行信贷工作座谈会上强调"要配合有关部门和地方政府扎实做好保交楼、保民生、保稳定各项工作"，同时指出"运用好保交楼专项借款、保交楼贷款支持计划等政策工具"。各地政府也在用实际行动落实相关要求，采取政企合作、收购产权、设立纾困基金等多种措施，推进地方在建项目顺利完工交付。根据国家统计局数据，2023年全年，全国房屋累计竣工面积99 831.09万平方米，同比增长15.78%。其中，住宅累计竣工面积72 432.59万平方米，同比增长15.82%。

第四节 2024年房地产市场相关政策展望

受到居民收入增长预期较弱、部分购房需求前期透支、居民对新房交付存在担忧、房价下跌观望情绪加重等因素的影响，2023年中国房地产市场仍处在相对底部的位置，供给面和需求面均受到了较强的下行压力。为满足居民刚性和改善性住房需求，促进房地产市场平稳健康发展，在7月中央政治局会议定调"房地产市场供求关系发生重大变化"之后，房地产市场政策逐渐松绑和转向。随着"限购限价"政策相继放松，"认房不认贷"政策逐步推进，各地各类房地产放松政策不断出台，持续加码。

2023年以来，我国房地产市场调控政策整体情况如下。中央层面：2023年上半年政策调控多为对现行制度的优化调整，政策整体环境相对宽松，下半年则逐渐转向，各地限制政策相继松绑，"认房不认贷"、"三个不低于"、房企"白名单"等措施相继推出，多部门、多渠道、多举措统筹支持房地产企业合理融资需求，防范化解市场重大风险，积极引导市场预期和信心回暖。地方层面：各地相继进行政策松绑，降首付、降利率、"认房不认贷"等利好措施接连落地，合力减轻居民按揭压力、扩大加杠杆空间，助力购房需求释放。

2023年底的中央经济工作会议提出，"加快推进保障性住房建设、'平急两用'公共基础设施建设、城中村改造等'三大工程'。完善相关基础性制度，加快构建房地产发展新模式"[1]。中央金融工作会议提出，"因城施策用好政策工具箱，更好支持刚性和改善性住房需求，加快保障性住房等'三大工程'建设，构建房地产发展新模式"[2]。2024年关系到房地产市场恢复及问题解决，也将会是先前提出的各项政策方针积极落地的一年。因此，预计2024年在政策面仍将保持宽松的环境，围绕满足刚性和改善性住房

---

[1]《中央经济工作会议在北京举行 习近平发表重要讲话》，https://www.gov.cn/yaowen/liebiao/202312/content_6919834.htm，2023-12-12。

[2]《中央金融工作会议在北京举行 习近平李强作重要讲话》，https://www.gov.cn/yaowen/liebiao/202310/content_6912992.htm，2023-10-31。

需求的目标持续优化，在需求端推动一、二线城市继续因城施策放松调控，在供给端稳步推进"三大工程"建设。预计2024年房地产市场调控政策将主要包括以下几方面特点。

一、因城施策继续放松调控，支持刚性需求和改善性需求

2023年，随着"限购限价"政策相继放松，"认房不认贷"政策逐步推进，各类房地产放松政策不断出台，持续加码。特别是在2023年下半年，各城市通过缩小限购区域，放松或取消外籍社保缴纳期限，放宽多孩家庭限购套数限制，调整人才落户门槛，取消限购政策等方式松绑行政限制政策。当前，核心一、二线城市政策出现边际松动，多数二线城市解除限购限售，三、四线城市需求端政策已基本放开。2024年，预计这一趋势将持续下去，地方房地产调控政策有望进一步优化，继续根据实际情况缩小限购区域，调整限购标准。同时，金融支持层面也或将以进一步降低购房首付比例、房贷利率加点数，降低交易税费，面向刚性需求和改善性需求人群定向出台优惠支持政策等方式促进住房消费。

二、积极推进城中村改造、保障性住房建设，构建房地产发展新模式

保障性住房建设、"平急两用"公共基础设施建设、城中村改造等"三大工程"在重要会议中屡次被提及，是2024年供给端的重要发力点，是住房多元供给改革的重要内容，也是落实房地产发展新模式的重要抓手。2023年4月和7月的中央政治局会议、10月的中央金融工作会议和12月的中央经济工作会议先后多次提出要加快推进保障性住房建设、"平急两用"公共基础设施建设、城中村改造等"三大工程"建设。完善相关基础性制度，加快构建房地产发展新模式。"三大工程"建设有利于补齐城市建设治理短板、改善城乡居民居住环境、扩大内需、优化房地产结构，是一项难而正确的复杂系统工程。"三大工程"正成为房地产领域新的投资发力点，在传统房地产业务面临中长期调整、楼市新旧动能转换的背景下，有利于真正实现"先立后破"的转变，为稳增长提供新的动力。

三、满足房企合理融资需求，积极稳妥化解房地产风险

2023年，我国房地产市场在融资面有一定程度的阻力。金融机构涉房类融资缩量，房企端融资受限、开发商群体持续缩表。为保障房地产企业合理融资需求渠道畅通，2023年10月30日至31日的中央金融工作会议明确"一视同仁满足不同所有制房地产企业合理融资需求"[①]，为快速恢复各类房地产企业融资及资金周转，恢复信用，保房企主体定下

[①]《中央金融工作会议在北京举行 习近平李强作重要讲话》，https://www.gov.cn/yaowen/liebiao/202310/content_6912992.htm，2023-10-31。

基调。预计 2024 年，相关政策将进一步侧重缓解房企的资金压力，加大对不同所有制房企融资的支持力度，解决企业债务违约和延期交付问题。符合条件的合理融资需求将得到金融机构的合理支持，实现非国有房企供给侧信用风险恢复、防止风险外溢。

四、做好"保交楼、保民生、保稳定"工作，提振购房者信心

2023 年，房地产市场面临的下行压力明显，购房者信心不足，居民预期也尚处在恢复阶段，市场观望情绪较浓。预计 2024 年，政策将进一步发力于"保交楼、保民生、保稳定"等方面，采取一系列措施来稳定房地产市场，包括完善相关的预售资金监管政策和相应的法规制度，明确监管部门的监管责任和商业银行的监控职责，用法律保障资金管理安全，对预售资金用途流向进行严格监控，确保项目竣工交付，维护购房者权益、提振购房者信心。同时，政府也将作为参与者采取行动落实这一目标，加强监管，压实各方主体责任，进一步牵头实现各方合作与协调，以推动政企合作、收购产权和成立纾困基金等多种方式保证在建项目的顺利完工和交付。

第三章 2023年房地产市场运行状况评价

在多年研究与探索的基础上,中国科学院大学中国产业研究中心于2013年正式构建与推出"中国科学院房地产指数"(简称中科房指)系列指数,包括中科房地产健康指数(CAS-REH 指数)、中科房地产区域指数(CAS-RERSD 指数)、中科房地产场景指数(CAS-RES 指数)与中科房地产金融状况指数(CAS-REF 指数)。该系列指数能够对房地产市场健康发展状况予以监测,通过科学方法获得定量指标,对中国城市房地产的健康发展做出全面和准确的探测,能够通过简单易行的方式发现房地产市场发展中存在的隐患和问题;能够监测房地产市场供给与需求匹配状况,在城市间进行横向比较,对房地产市场未来发展具有重要的预警作用,为调整房地产市场的地区结构和统筹兼顾提供参考;能够反映房地产的区位属性,指导房地产业可持续发展,在某种程度上体现区域房地产价格的发展潜力;并对我国房地产金融体系运行情况进行评估,预测我国房地产金融市场走势,监测我国潜在的房地产金融风险。

中科房指将在其每年撰写的年度报告中更新发布。

第一节 CAS-REH 指数

一、CAS-REH 指数指标体系

对房地产市场的健康状况进行评价,首先必须构建科学、全面和具有可操作性的指标体系。指标选取的准确性和正确性直接关系到指标的有效性和指导性。

CAS-REH 指数指标在选取过程中,首先,必须要求指标具有全面性,即需综合考虑市场整体健康水平、房地产业内部健康水平以及房地产业与民生相关领域的健康水平,以涉及和涵盖市场中各个领域的相关问题。其次,在全面选取的基础上,CAS-REH 指数还强调指标应具有较好的代表性。房地产市场健康评价指标体系涵盖内容十分丰富,每个方面的问题均可通过多个指标予以体现,在指标选取过程中,应着重抓住与评价对象直接相关或能够产生重大影响的关键要素,突出具有代表性的对象。再次,CAS-REH 指数指标的选取还注重指标的可靠性。很多类似、重叠或者可以相互替代的指标,可能由不同机构或部门发布,因此在统计口径和时间长度等方面可能存在一定的差异性。在指标选取过程中,CAS-REH 指数尽可能选择时间跨度较长、统计方法和统计口径较为稳定的指标作为其主要参考指标。最后,指标的选取还应考虑数据的可获得性,指标的选取

一定要方便评价过程的实施。因此，指标的选取应尽可能与国家现有的统计指标相一致，以使得评价和分析的指标更易获得。

二、CAS-REH 指数指标简介

为了全面反映房地产市场运行健康状况，CAS-REH 指数指标体系共设置四个一级指标，分别是房地产业与国民经济协调关系、房地产市场供求关系、行业内部协调关系、房地产业与民生协调关系。每个一级指标下设若干二级指标，如表 3.1 所示。

表 3.1　CAS-REH 指数指标体系

指标分类	指标定义
房地产业与国民经济协调关系	房地产开发投资额/GDP
	房地产开发投资额/固定资产投资额
	居民居住消费价格指数/居民消费价格指数
房地产市场供求关系	供需比（出让土地住宅用地规划建筑面积总和/住宅销售面积总和）
	商品房新开工面积/施工面积
	吸纳率（商品房竣工面积/商品房销售面积）
行业内部协调关系	商品房销售额
	房地产企业景气指数
	商品房新开工面积/商品房待售面积
	房地产开发贷款资金/房地产企业自有资金
房地产业与民生协调关系	商品住宅平均销售价格/城镇居民可支配收入
	房价增长率/收入增长率

（一）房地产业与国民经济协调关系

1. 房地产开发投资额/GDP

此指标反映的是当季房地产开发投资额占当年 GDP 总量的比例。房地产业与国民经济的协调发展非常重要，因为合理的房地产投资有利于推进房地产业经济的增长，带动相关产业的发展，从而促进国民经济的增长。如果房地产开发投资额在 GDP 中所占比例过高，则会导致供给过剩。一般而言，房地产对区域经济有拉动作用，但是当房地产发展过热（或过冷），即与国民经济发展不协调时，房地产业增加值的增长速度（减少速度）会明显快于 GDP 的增长速度（减少速度），房地产业增加值/GDP 这一指标便会发生明显的变化。房地产市场与国民经济协调发展时，该指标应该维持在一个合理的区间。

2. 房地产开发投资额/固定资产投资额

房地产开发投资额占全社会固定资产投资额的比例，反映了当期房地产开发投资总额在当期全社会固定资产投资总额中所占的比例。此项指标直接反映出房地产投资结构是否合理，以及在投资方面房地产业对宏观经济的拉动情况。一般而言，房地产投资增加（或减少），固定资产投资也会随之相应增加（或减少），因此，在房地产市场及社会经济均稳定发展时，房地产开发投资额/固定资产投资额应该是一个比较稳定的数值，但是当房地产市场发生波动时，房地产开发投资额在固定资产投资额中所占的比例就会产生显而易见的波动。

3. 居民居住消费价格指数/居民消费价格指数

此指标表示观察期内居民居住类消费占总体消费的比例。居民消费价格总指数由一揽子商品价格加权平均构成，其中某一时期居住类消费占总体比例过高或过低都能够反映出房地产市场波动状况对居民生活的影响，以及这种影响占总体消费产生的影响的比重。观察这一指标有利于了解与总体物价波动水平相比，居住类消费的波动在其中所扮演的角色。

（二）房地产市场供求关系

1. 供需比

供需比即出让土地住宅用地规划建筑面积总和与住宅销售面积总和的比值。当供需比大于200%时，处于供给严重过剩状态；当供需比大于120%且小于200%时，处于供给轻度过剩状态；当供需比大于80%且小于120%时，处于供需基本均衡状态；当供需比小于80%时，处于供给相对不足状态。2016年，出让土地住宅用地规划建筑面积指标停止统计和更新，为了保持数据的连贯性，本书采用全国住宅用地推出土地建设用地面积替代出让土地住宅用地规划建筑面积，并基于2016年以前的计算结果同比例折算出供需比数据。

2. 商品房新开工面积/施工面积

此指标是前瞻性指标，反映当期商品房新开工面积在当年施工面积中所占比例的大小。商品房新开工面积，是指在报告期内新开工建设的房屋建筑面积，不包括上期跨入报告期继续施工的房屋面积和上期停缓建而在本期恢复施工的房屋面积。商品房施工面积，是指报告期内施工的房屋建筑面积，包括本期新开工面积和上年开发跨入本期继续施工的房屋面积，以及上期已停建在本期复工的房屋面积。当此比值降低时说明新开工面积的增长幅度放缓，是观望情绪浓厚等一些原因导致销售市场低迷，因此二者的比值能从侧面反映商品房市场的供给情况。

3. 吸纳率

此指标反映房地产市场基本供求平衡状况，观察期内商品房销售面积超过商品房竣工面积能够反映出开发商手中可售房源存量下降，市场需求增强。如果商品房销售面积大幅超过商品房竣工面积，表明市场供不应求现象严重，可能催生投机炒房现象。同时，如果商品房竣工面积持续大于销售面积，表明市场中消费者观望气息浓重，成交速度放缓，存在开发商手中空置房屋面积不断增加的可能。

（三）行业内部协调关系

1. 商品房销售额

商品房销售额指报告期内出售商品房屋的合同总价款，反映了市场的绝对规模。包括销售前期预售的定金、预售款、首付款及全部按揭贷款的本金等款项。

2. 房地产企业景气指数

房地产企业景气指数能够有效衡量房地产企业自身的发展状况，房地产市场的良性发展离不开稳定健康的房地产开发企业。此指标能够从企业内部的运营状况角度反映房地产开发企业自身的景气程度。

3. 商品房新开工面积/商品房待售面积

此指标反映房地产市场当前与未来的供给状况。观察期内商品房新开工面积数值过低，一方面反映出市场开发热情走低，亦有可能出现土地囤积现象，另一方面可能会在未来造成市场供给不足。另外，此指标数值过高可能表示市场出现过热现象，同时会导致未来某一时刻商品房集中入市，对市场造成冲击。

4. 房地产开发贷款资金/房地产企业自有资金

此指标反映房地产开发企业资金来源状况。观察期内房地产企业贷款数额和自有资金比例过高，表明房地产开发商开发热情高涨，通过向银行大量贷款完成房地产开发，同时表明房地产开发企业具有较大的资金风险，一旦市场出现波动，其资金链断裂的可能性就会加大，从而给整个市场带来隐患。若此比例过低，则表明房地产开发企业开发热情减退，同时信贷支持力度不足，亦不利于房地产企业和房地产市场的高效运转。

（四）房地产业与民生协调关系

1. 商品住宅平均销售价格/城镇居民可支配收入

商品住宅平均销售价格/城镇居民可支配收入是反映商品住宅价格的增长幅度是否与居民收入的增长幅度相协调的指标。商品住宅平均销售价格表示市场上为大多数购买者提供的普通商品住宅所处的价格水平，若商品住宅平均销售价格与大多数购买者的收入相协调，则商品住宅的价格不会脱离市场需求的支撑，仍然处于大多数购买者的购买能力之内；但若商品住宅价格长期增长过快，远远高于大多数购买者的收入可承受范围，则预示着商品住宅销售价格开始脱离市场支撑，容易使市场波动，可能使全社会出现经济社会问题。客观上，商品住宅平均销售价格/城镇居民可支配收入必然有一个合理的区间，过低或过高，都存在相应的问题。

2. 房价增长率/收入增长率

房价增长率与收入增长率的比例关系能够反映出房地产市场价格增长与市场中的消费者购买力的协调程度。如果房价增速大大快于人民群众的收入增长速度，则可能对民生产生极为负面的影响，如导致购房难等问题。同时，购房支出给消费者带来过重的负担可能导致消费者在其他领域的消费能力不足，影响消费者的生活质量。房价增长率与收入增长率的长期偏离会对市场的可持续发展造成威胁。

三、CAS-REH 指数的解读及功能

围绕上文提出的房地产健康评价体系，本书以同花顺 iFinD 数据库的相关数据为基础，首先对房地产业与国民经济协调关系指标、房地产市场供求关系指标、行业内部协调关系指标、房地产业与民生协调关系指标进行归一化处理，其次运用因子分析法确定各指标的权重，从而计算得到 CAS-REH 指数，结果详见表 3.2。

表 3.2　CAS-REH 指数

时间	CAS-REH	时间	CAS-REH	时间	CAS-REH
2004Q1	156.46	2010Q4	188.35	2017Q3	229.86
2004Q2	155.12	2011Q1	156.91	2017Q4	233.31
2004Q3	157.49	2011Q2	171.20	2018Q1	228.34
2004Q4	166.22	2011Q3	160.97	2018Q2	242.98
2005Q1	134.21	2011Q4	127.36	2018Q3	253.77
2005Q2	144.33	2012Q1	183.44	2018Q4	250.96
2005Q3	150.62	2012Q2	143.57	2019Q1	252.40
2005Q4	177.26	2012Q3	156.92	2019Q2	254.09
2006Q1	164.31	2012Q4	146.87	2019Q3	254.31
2006Q2	161.52	2013Q1	147.95	2019Q4	253.34
2006Q3	157.94	2013Q2	154.37	2020Q1	256.43
2006Q4	147.07	2013Q3	151.22	2020Q2	255.25
2007Q1	144.32	2013Q4	163.41	2020Q3	255.22
2007Q2	171.15	2014Q1	148.29	2020Q4	255.27
2007Q3	181.35	2014Q2	132.36	2021Q1	255.13
2007Q4	166.42	2014Q3	118.53	2021Q2	254.17
2008Q1	217.44	2014Q4	143.26	2021Q3	254.00
2008Q2	161.45	2015Q1	138.71	2021Q4	254.76
2008Q3	127.05	2015Q2	157.33	2022Q1	252.82
2008Q4	94.25	2015Q3	167.14	2022Q2	252.73
2009Q1	73.47	2015Q4	155.41	2022Q3	252.62
2009Q2	105.26	2016Q1	195.46	2022Q4	252.82
2009Q3	133.57	2016Q2	169.52	2023Q1	252.72
2009Q4	173.44	2016Q3	214.36	2023Q2	252.73
2010Q1	167.36	2016Q4	219.39	2023Q3	252.34
2010Q2	169.04	2017Q1	221.07		
2010Q3	173.29	2017Q2	234.95		

注：Q 表示季度

根据表 3.2 的计算结果，我们构建了 CAS-REH 指数图，以清晰形象地反映房地产市场的健康状况，如图 3.1 所示。

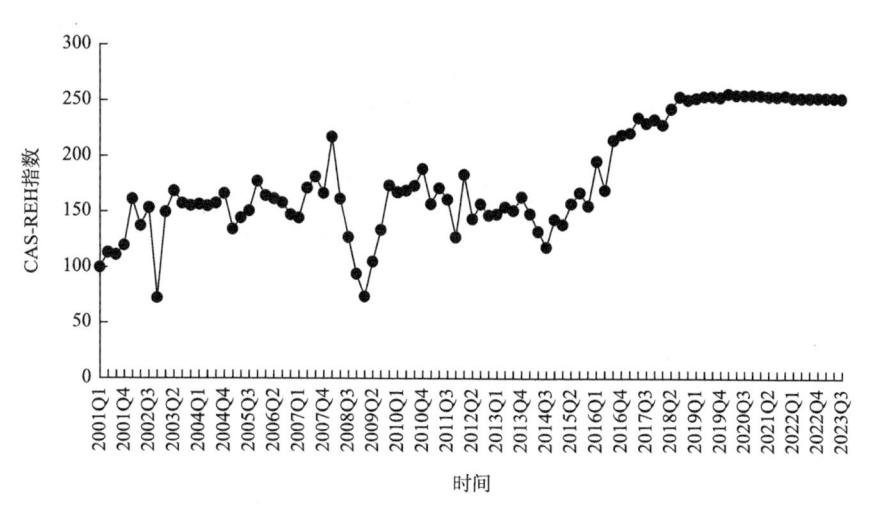

图 3.1　CAS-REH 指数图

（一）CAS-REH 指数解读

1998 年以来，住房分配格局以市场化为主导，在此基础上，房地产二级市场全面启动，在财税领域，有关房地产的配套税收等制度日趋成熟，在金融市场上，与房地产交易有关的融资贷款开始兴起，一系列新词汇，如"按揭""房奴"等概念开始为人们所熟知。在以上这一系列综合政策的推动之下，我国的房地产业驶上了高速发展的快车道。这一快速发展的势头连续保持了多年，在这一轮房地产发展的浪潮中，一些城市特别是一线大城市，在一定的时期内出现了种种发展问题，导致商品房价格以及土地价格不正常地扭曲上涨。

21 世纪的最初几年，是这一轮房地产市场新发展的起始时期，在这几年中，普通购房者的自用需求是市场的主导，商品房价格也没有出现迅速拉升，当然这也导致市场供求并不旺盛，市场活跃度不高。从 CAS-REH 指数上看，随着市场的不断完善，各种机制理顺，市场健康水平在不断的波动中呈现稳定上升态势。

2003 年，中国整体的国民经济被突如其来的"非典"疫情拖累，出现了增长缓慢和局部动荡现象，也正是在这一年，国务院印发《关于促进房地产市场持续健康发展的通知》，在这一则通知中，首次提出了"房地产业关联度高，带动力强，已经成为国民经济的支柱产业"，并明确了住房市场化的基本方向。我国房地产投资大幅增长，房地产业在这一年成为拉动国民经济整体上升的重要行业。从 CAS-REH 指数上看，这一阶段市场受到政策利好的刺激得到良好发展，保持了较好的健康状态。

2004 年和 2005 年，国家相继出台了财税、金融政策，对房地产市场进行宏观调控，在调控政策的影响下，房地产市场成交价格有所下跌。2004 年第一季度，房地产开发投资额已经出现了超过 40% 的增幅，2004 年全国商品房成交均价涨幅达到 14.4%，远远高出 2004 年过去五年间不足 4% 的平均增长幅度。在这样的背景下，政府迅速采取措施，对房地产市场施加了有效的政策干预，在当年启动的房地产市场调控措施中，暂停了半年内农用地向非农建设用地转化，同时中国人民银行提高了商业银行存款准备金率和项目资本金比例，对于不包含经济适用房的房地产开发项目，对其资本金的要求提高到了35%。在2005年的两会上，由温家宝总理所做的《政府工作报告》首次明确提出要抑制房价过快上涨，并将这一目标作为当年宏观调控的一项重要任务。从CAS-REH指数上看，面对出现的市场过热苗头，在前期保持的良好健康水平下，2005年的市场健康水平明显低于前一时期，但政府所采取的一系列有效措施，在短时间内对房地产市场起到了降温作用，使得健康水平回升，市场健康程度仍属平稳。

在2003年至2005年的三年中，房地产市场为未来的快速发展积蓄了充足的能量，这可以被视作是房地产市场进入上升期的前奏。这几年中，整体国民经济的快速发展带来了人民收入的迅速提高和购买力的持续提升，客观上对住房消费产生了极大刺激。但整体来看，这三年的商品房价格增速开始加快，房地产市场的投资功能被逐渐挖掘，大量资金涌入房地产市场，对房地产市场的整体火热起了关键的推动作用。

进入"十一五"时期后，由于前一阶段房地产调控措施打压了开发投资热情，房地产市场供应减缓。在对供给端施加影响的时候，市场中的购买需求并没有减少。由于新开工面积出现了明显的下降趋势，对房地产市场投资者、自住者的心理预期造成了负面压力，给人们带来了供不应求的未来市场预期，一些重点城市的房地产价格逆势增长。面对被逐渐推高的房价和高涨的投资热情，政府从优化房地产市场结构，调整房地产相关领域税收以及严格控制土地使用和收紧贷款等诸多渠道对房地产市场进行宏观调控。

2006年出台了代表性的政策——《关于落实新建住房结构比例要求的若干意见》，政策指出"套型建筑面积90平方米以下住房（含经济适用住房）面积所占比重，必须达到70%以上"。尽管政府在调控方面采取了一系列措施，但是从成效来看与预期存在着较大的差距，2006年至2008年，房地产市场在不断的调控中持续火爆，价格持续走高，房价已经成为民生问题的重要热点。虽然不断有新盘入市，但这几年间一直出现有效供给不充足的问题，保障性住房领域的举措不多，仅有的几项措施也没有能够完全落地实施，楼市追涨现象不断出现。截至2007年12月，70个主要城市新建商品住房销售价格同比上涨达到11.4%，环比上涨0.3%。2006年、2007年两年，房价走出了一个不断冲高的轨迹。在2008年上半年，房地产市场销售价格已经稳定在高位，人们已经越来越清晰地意识到，期盼房价下跌几乎已经不再可能，市场观望气息浓重。2008年上半年成交量下降幅度超过50%。但是，2008年爆发的全球性金融危机使得房地产开发商在政策上获得了难得的红利，投资性需求对市场起到了助推和提振作用，在宏观经济出现下行风险和不利波动的同时，房地产市场反而走强。之后我国政府为了防止房地产市场受到国际金融危机的影响，采取了一系列措施使房地产业度过了经济危机。从CAS-REH指数上看，伴随着楼市的持续增温，市场变得空前活跃，但在这种火热中却伴随着失控的风险，在2006年火爆的市场中健康水平达到高位，但随着市场风险的增大以及市场价格与人民收入不协调现象的日趋显现，市场健康程度从2008年开始一路向下，至2008年底达到了历史最低。

在2009年，随着经济危机影响的减退，房地产市场逐渐恢复，2009年房地产业又呈现高速增长的态势，房地产开发投资额和房地产价格创历史新高。"小阳春"之后房价如脱缰般开始全面上涨，房地产市场重新进入了高涨期，全国各主要城市涨声四起，不少天价楼盘涌现，各地也频频出现"地王"。在金融危机的阴影还没有完全从市场退去的时候，与绝大多数仍然在困境中徘徊的行业相比，房地产业则走出了完全不一样的轨迹，不足半年就实现了从濒临绝境到重获新生的巨变，重新攀升的房价让购房者再次回到观望中，房地产市场成交额已经达到GDP的20%，地产泡沫愈演愈烈。从CAS-REH指数上看，在2009年初，CAS-REH指数达到观察期内的最低值，随着保障性住房成规模上市以及对征收物业税的规划，政府再一次表明了坚决调控的态度，市场正在努力回归正常的轨道。

从2010年到2012年，房地产市场调控政策不断加码，中央管理层多次反复强调要坚持住宅市场调控不动摇。房产税在上海和重庆两地试点，房地产市场调控亦纳入了地方政府考核关注之列，限贷、限购等一系列强力措施不断出台，在这一系列相关政策的作用下，楼市进入了一个相持期。2011年，全国70个大中城市中有68个城市的房价上涨，其中10个城市的房价涨幅超过10%。虽然其间我国政府连续3次出台宏观调控政策对房地产市场进行调控，但从以上数据来看，调控效果并不是很理想。从CAS-REH指数上看，和2009年的低谷相比，房地产健康程度明显提高，尽管在2011年由于市场对政策的"抗药性"逐渐显现，市场健康水平出现了下降，但仍然可以发现，我国的房地产市场的发展在经过10余年的波动和成长后，正在向着健康和稳定的方向发展。

2013年，"宏观稳、微观活"成为房地产政策的关键词，全国整体调控基调贯彻始终，不同城市的政策导向出现分化。年初"国五条"及各地细则出台，继续坚持调控不动摇，"有保有压"方向明确。进入下半年，新一届政府着力建立健全长效机制、维持宏观政策稳定，十八届三中全会将政府工作重心明确为全面深化改革，不动产登记、保障房建设等长效机制建设工作继续推进，而限购、限贷等调控政策更多地交由地方政府决策。不同城市由于市场走势分化，政策取向也各有不同，北京、上海等热点城市陆续出台措施平抑房价上涨，而温州、芜湖等市场持续低迷的城市，在不突破调控底线的前提下，微调当地调控政策以促进需求释放。全国房地产开发投资比2012年名义增长19.8%（扣除价格因素实际增长19.4%）。其中，住宅投资占房地产开发投资的比重为68.5%。房地产开发企业房屋施工面积比2012年增长16.1%。房地产开发企业土地购置面积比2012年增长8.8%，土地成交价款增长33.9%。商品房销售面积比2012年增长17.3%，房地产开发企业到位资金比2012年增长26.5%。从CAS-REH指数上看，和2012年房地产健康状况的动荡现象相比，2013年房地产健康状况呈现继续改善趋势，我国房地产市场逐渐向正常轨道迈进。

2014年，全国、地方两会陆续召开，中央更加注重房地产市场健康发展的长效机制建设，积极稳妥推进市场化改革，不动产登记制度加速推进。新型城镇化规划的提出与落实，有助于房地产业平稳发展；同时一系列房地产业相关制度渐进改革，房地产业长效机制逐步推进。从政策影响来看，随着信贷政策的适度收紧和市场供求关系的改变，全国房地产业整体出现下滑迹象，新开工面积、销售面积、土地购置面积同比出现负增长，不同城市间的分化现象较为明显。从CAS-REH指数来看，房地产市场健康状况先出现较小程度的恶化，之后呈现反弹状态。与此同时，各地房地产调控政策调整动作则趋于频繁，在"双向调控"的基调下，定向放松限购，通过信贷、公积金等方式鼓励刚需，成为部分面临去化风险城市的政策突破口。下半年新一届政府的房地产调控思路已经逐渐清晰，中央更加看重经济增长的质量，更加重视增长方式的转型和经济结构的升级。房地产开发投资增速平稳回落，新开工面积再次出现负增长，增幅下滑显著，受上半年基数偏高影响，房屋销售面积的增速小幅下滑，销售形势整体趋紧，房地产贷款增速小幅回落，个人住房贷款增速平稳，房价同比上涨的城市个数稳定在高位，但整体涨幅持续回落，土地购置面积出现小幅下降，地价涨幅回落。从 CAS-REH 指数来看，房地产市场的健康程度在下降之后呈现较小幅度的稳步上升趋势。

2015 年以来，利好政策持续出台，市场回暖趋势明确，连续多月创历史同期成交新高，前三季度成交同比增长近三成，其中一线城市增幅最为显著。百城住宅均价同比也止跌转涨，涨幅扩大，第三季度上涨 1.78%，涨幅较上半年扩大 0.96 个百分点。但前三季度土地供需维持低位，土地出让金下降，成交结构致楼面价持续上涨。品牌房企业绩保持稳定增长，前三季度房企拿地规模创近五年新低。展望未来，中央积极推进稳增长措施。未来房地产调控将通过多重政策鼓励企业投融资，加快企业开发节奏将成为重点。在第四季度，随着政策效应的逐渐趋弱，成交环比微幅下降，但全年仍呈显著增长趋势。第四季度新增供应也将有所回升，但全年仍不及 2014 年。从 CAS-REH 指数来看，总体而言，房地产市场正在回归正常轨道。

2016 年以来，房地产市场环境整体宽松，但 1~8 月各项指标增速放缓，在第三季度尤为显著。其中全国商品房销售面积、销售额同比增长 25.5%、38.7%，较 1~8 月分别都收窄 1.1 个百分点；新开发住宅面积同比增长 12.2%，开发投资额同比增长 5.4%，增速较 1~8 月分别降低 1.5 个百分点、0.1 个百分点。价格方面，百城住宅价格指数则从 2013 年 9 月开始回落，之后呈现持续下滑态势，直至 2014 年 9 月跌至近年来低点。2015 年百城住宅价格指数开始上升。2016 年百城住宅均价环比第一季度累计上涨 2.92%，3 月环比涨幅达历史新高，为 1.9%；第二季度累计上涨 7.39%；第三季度进一步上涨，累计上涨 14.02%，同比已连续上涨 17 个月。截至 9 月底，百城住宅均价上涨至 12 617 元/米^2。从 CAS-REH 指数来看，和 2015 年房地产健康状况的动荡现象相比，房地产健康状况继续改善，房地产市场的发展经过波动和成长后，在向着更加稳定和健康的方向发展，这从侧面反映了政府坚决调控的态度，市场在逐步沿着正常的轨道回归。

2017 年以来，各地陆续出台房地产调控政策。与往年的限贷、限购政策不同的是，2017 年新增了限售政策，同时对房企新开楼盘进行了限价；在土地端，"限房价、竞地价""土拍熔断""熔断后竞自持"等政策进一步对土地市场进行规范；房地产市场调控的城市能级也逐步下沉至三、四线城市，防止三、四线城市因楼市过热而产生新的一轮库存。十九大报告中习近平总书记表示"坚持房子是用来住的、不是用来炒的定位，加快建立多主体供给、多渠道保障、租购并举的住房制度，让全体人民住有所居"[①]。2017 年前三季度，商品房销售面积累计同比增长 10.3%；商品房销售额同比增长 14.6%；从销售价格来看，70 个大中城市中一、二线城市的同比增速下滑明显，三线城市逐渐企稳，

---

① 《习近平：决胜全面建成小康社会 夺取新时代中国特色社会主义伟大胜利——在中国共产党第十九次全国代表大会上的报告》，https://www.gov.cn/zhuanti/2017-10/27/content_5234876.htm，2017-10-27。

房地产价格已基本实现"稳着陆"。从CAS-REH指数来看，由于多种调控政策的齐头并举以及因城施策与因地制宜的调控方式，2017年前两季度CAS-REH指数保持小幅稳步上升态势，第三季度小幅回落。CAS-REH指数整体相对2016年有所升高，相对于往年频繁的波动逐渐趋稳，达到了自2001年以来的最高值。可以看出，政府的多元化调控政策促使房地产市场保持在健康的轨道上发展。

2018年以来，在金融财政政策定向宽松的同时，房地产调控政策仍然从紧，2018年3月的两会和7月的中央政治局会议对住房属性的明确规定，确定了全年房地产调控的政策基调。2018年房地产市场在需求端继续深化调控的同时，更加注重强化市场监管，坚决遏制投机炒房行为，保障合理住房需求。在供给端则发力住房供给结构调整，大力发展住房租赁市场、增加共有产权住房等保障性安居住房，增大有效供给比重。2018年房地产市场运行状况整体向好，主要表现在以下方面：价格方面，百城住宅价格指数整体趋稳，三线城市涨幅回落明显；供求方面，供给增长，短期库存水平更趋合理；土地方面，推出土地建设用地面积和成交额继续增长，但热度明显下降，流拍现象突出；房企方面，业绩保持增长、拿地增速放缓。2018年前三季度，累计销售额同比增长13.3%，与2017年同期基本持平，累计销售面积同比增长仅为2.9%，下降幅度较大。2018年以来，百城住宅均价各季度累计涨幅较上年同期均收窄，整体价格趋于稳定。2018年12月，百城住宅房价单月环比涨幅为0.25%，涨幅明显回落，更有36个城市出现新房价格下跌，房价上涨预期的转变，是房地产市场回归理性的关键标志。从CAS-REH指数来看，由于中央政府进一步强化明确住房属性，热点城市和一线城市继续保持严格的限购、限贷、限售等政策，坚持降杠杆和去泡沫；部分二线城市放宽落户门槛限制，变相放松了限购，推升了购房需求。2018年前三季度CAS-REH指数继续保持小幅稳步上升态势，达到了自2001年以来的最高值，2018年各季度CAS-REH指数相较于近年变化更趋平稳且稳步增长，可以看出，政府调控取得一定成效，房地产市场预期更趋理性，市场朝着健康、稳定的方向运行。

2019年以来，在"稳地价、稳房价、稳预期"的总要求下，我国房地产市场依然坚持"房住不炒"的总基调，整体保持平稳增长态势。2018年12月召开的中央经济工作会议强调，构建房地产市场健康发展长效机制，坚持房子是用来住的、不是用来炒的定位，因城施策、分类指导，夯实城市政府主体责任，完善住房市场体系和住房保障体系。2019年以来，政府强调积极的财政政策要加力提效，稳健的货币政策要松紧适度，经济保持平稳增长。在房地产政策方面，在需求侧进一步完善住房供给结构，推动住房租赁市场和共有产权房市场加快发展，合理满足居民消费性住房需求，严厉控制投机炒房行为；在市场监管方面，加强房地产金融风险监管调控，防止系统性风险发生，各地方政府落实主体责任，推动房地产市场调控和监管更加积极有效。2018年第四季度以来，我国经济下行压力不断增大，房地产市场行情有所降温，具体表现在以下几点。价格方面，2019年1~11月，商品住宅平均销售价格有所上涨，但涨幅明显收窄，2019年11月，商品住宅平均销售价格为9304元/米^2，较2018年同期增长8.92%，增幅下降3.5个百分点；一线城市房价涨幅稳中有升，二、三、四线城市房价涨幅收窄明显。供求方面，供给结构不断优化，需求略显乏力，市场去化压力有所增大；一线城市供应端情况有所改善，成交面积有所增加，二线城市内部差异更为明显，三线城市成交规模有所下降。土地方面，农村土地制度改革不断推进，住宅用地调控目标进一步细化，住宅用地供需规模同比小幅增长，成交均价增幅明显，土地流拍问题仍较为严重。房企方面，融资成本有所上升，房企拿地节奏放缓，销售业绩整体向好，但部分中小型房地产企业面临较大资金压力。整体而言，2019年以来，房地产市场严格遵循"房住不炒"原则，不把房地产作为短期刺激经济的手段，构建房地产长效发展机制，热点和一线城市继续保持严格的限购、限贷、限售等政策，不断优化住房供给结构，住房成交面积同比显著增长，但房价涨幅明显收窄；二线城市继续坚持"一城一策"的调控节奏，内部分化更为明显；三、四线城市在经济下行压力不断增大的背景下，房地产市场发展承压加大。2019年前三季度CAS-REH指数继续保持小幅上升态势，增幅平稳。这在一定程度上反映出我国政府房地产市场调控取得了一定成效，房地产市场长效机制进一步完善，房地产市场继续朝着健康、稳定的方向发展。

2020年以来，由于新冠疫情的暴发，国内外经济政治形势错综复杂，中国的经济韧性凸显，房地产作为经济发展的稳定器和压舱石，表现亦超预期，目前全国房地产市场已完全摆脱疫情影响，进入正常运行通道。对于房地产市场来说，2020年中央调控力度不放松，即使是在疫情最为严重的第一季度，仍坚持房子是用来住的、不是用来炒的定位不变，中国银行保险监督管理委员会、中国人民银行、住房和城乡建设部等中央部委多次召开会议强调保持楼市调控政策的连续性和稳定性。7月以来，受热点城市房价、地价不稳定预期的影响，中央多次召开会议强调不将房地产作为短期刺激经济的手段，稳地价、稳房价、稳预期，确保房地产市场平稳健康发展。在价格方面，2020年1~11月百城新建住宅价格累计上涨3.19%，涨幅较2019年同期扩大0.28个百分点。受疫情影响，第一季度新建住宅价格累计涨幅较2019年同期明显收窄，随着疫情影响逐步减弱，第二季度以来各季度累计涨幅较2019年同期均有所扩大，第二、三季度累计涨幅均在1%以上，10~11月累计上涨0.72%，较2019年同期扩大0.36个百分点。2020年1~11月一线城市新建住宅价格累计上涨3.77%，在各梯队城市中涨幅最大，较2019年同期扩大3.43个百分点。二线部分城市政策收紧后，市场降温，1~11月二线城市新建住宅价格累计上涨3.32%，较2019年同期收窄1.13个百分点。三、四线代表城市新建住宅价格累计上涨2.26%，涨幅较2019年同期收窄1.52个百分点，收窄幅度在各梯队城市中最大。2020年前三季度CAS-REH指数继续保持小幅上升态势，增幅平稳。房地产市场继续朝着健康、稳定的方向发展。

2021年是新冠疫情暴发的第二年，宏观经济和社会发展依然面临诸多不确定性和重大挑战。全国房地产政策呈现明显的"先紧后松"特征。其中，7月之前执行了比较严厉的政策，包括"三道红线"、房贷集中度管理制度、集中供地制度等。这和房地产市场出现过热和炒作等现象有关。防范房地产市场风险和房地产金融风险的相关提法明显增多。8月以来，受部分房企爆雷、房地产市场快速且持续降温等影响，房地产政策出现重要变化，主要体现在对房企金融风险的关注、对房贷投放的放松等。中国人民银行、中国银行保险监督管理委员会联合召开房地产金融工作座谈会，金融机构要按照法治化、市场化原则，配合相关部门和地方政府共同推动房地产市场的平稳健康发展，维护住房消费者的合法权益。从市场成交量来看，2021年1~10月，全国商品房销售面积为 143 041 万平方米，同比增长 7.3%，一、二、三线典型城市二手房成交量同比增速分别为 4.8%、2.9%和–0.4%，11~12 月房地产销售面积略有增加。从市场价格来看，全国房地产开发企业土地购置均价为 7211 元/米^2，同比增长 12.6%，全国商品房成交均价为 10 290 元/米^2，同比上涨 4.2%，其中第一季度房价涨幅再度回升，但在中央和地方调控政策持续加码的背景下，房价上涨势头于 4 月见顶，5 月开始回落。整体来看，2021 年 CAS-REH 指数发展趋势仍然较为平稳。

2022 年不仅是全面建设社会主义现代化国家新征程的重要时间节点，也是房地产业发展迈向新调整周期的关键时期。作为"十四五"规划起步后、乘风破浪开新局的又一年，房地产市场的健康运行是高质量发展的重要保障之一。在新冠疫情持续演变、外部环境日趋复杂的背景下，房地产市场"求稳"和"求变"并存，机遇与挑战同在。2022 年第三季度以来，我国房地产市场行情具体表现在以下几点：开发投资方面，2022 年 1~10 月，全国房地产开发投资额共计 11.4 万亿元，较 2021 年同期下降 8.8 个百分点，房企到位资金同比出现持续下降的情况，市场开发投资悲观情绪较浓；价格方面，楼市迎来"贬值潮"，房价接连下跌，2022 年 1~11 月百城新建住宅价格（百城二手房价格）累计上涨 0.15%（累计下降 0.55%），同比降低 2.4%。11 月数据显示，百城新建住宅均价为 16 190 元/米^2，百城二手房均价为 15 911 元/米^2，二者环比分别下跌 0.06 个百分点、0.05 个百分点；供需方面，2022 年 1~10 月，全国房屋新开工面积为 10.4 亿平方米（同比减少 37.8%），全国商品房销售面积为 11.1 亿平方米（同比下降 22.3%），供需两端均出现减弱态势。与此同时，2022 年前 10 个月的商品房销售额总计 10.9 万亿元，较同期降低 26.1 个百分点，销售市场疲态尽显，成交规模大幅下降。2022 年监管部门多次释放政策利好信号，随着房地产市场供需两端政策调整和支持力度的进一步加大，待收入预期和消费情绪转变，市场走出底部指日可待。2022 年前三季度 CAS-REH 指数虽然呈现出小幅下跌态势，但整体来看发展趋势相对平稳，疫情形势好转、调控政策进一步取得成效后，房地产市场出现明显"回暖"迹象。

2023 年，外部环境复杂严峻，国际政治经济博弈加剧。国内面临多重风险因素冲击，市场信心未能全面恢复，房地产市场继续走弱，地方政府化债压力高企。虽然存在较多困难和较大风险，但中国经济社会发展大局保持稳定，供给侧活力得到释放，需求侧开始稳步复苏，我国房地产市场继续底部调整，中央政策力度前稳后松。以 7 月中央政治局会议定调"房地产市场供求关系发生重大变化"为分水岭，政策力度逐渐转向"托举并用"，需求端——降首付、降利率、"认房不认贷"措施接连落地，支持居民按揭购房，供给端——"三个不低于"、一视同仁支持融资等保主体措施相继落地，以缓解房企资金压力。截至 2023 年 12 月，我国房地产市场行情具体表现在以下几点。从房价来看，房地产市场呈现出分化的特征。新建住宅方面，2023 年 1~11 月百城新建住宅平均价格累计上涨 0.27%，受政策管控及部分优质改善项目入市带动，自 9 月起房价月度环比微幅上涨。二手住宅方面，2023 年 1~12 月，百城二手住宅价格累计下跌 3.53%，年初二手房价环比跌幅短暂收窄后，年中房价进入加速下行通道，表现为新房市场相对较为活跃，而二手房市场相对低迷。从市场供求关系来看，2023 年我国房地产市场供需两端均走弱。1~11 月，重点 100 城新建商品住宅销售面积同比下降约 6%，1~11 月重点 15 城二手房销售面积同比增长 36%。全年来看，受疫情后需求集中释放带动，第一季度市场升温明显，年中量价出现回落，市场表现低迷，8 月底中央及各级政府加大政策托底力度，9~10 月新房销售面积同比降幅有所收窄，但政策效果持续性不足，年末市场仍旧面临下行压力。市场的升温和回落、政策的持续托底以及库存问题共同影响着房地产市场的运行。从供需结构来看，改善性住房仍为新房市场关键支撑。在需求端，未来一线城市有望降低二套房首付比例，降低房贷利率等；在供给端，企业端资金支持政策有望继续细化落实，企业融资环境有望得到改善。2023 年前三季度 CAS-REH 指数仍保持平稳，呈现小幅下跌态势，整体来看，2023 年我国房地产市场仍处于下行阶段，房企资金面承压未改。在供求发生重大变化的新形势下，市场格局与企业格局继续面临调整。

（二）CAS-REH 指数的功能

首先，CAS-REH 指数能够对房地产市场健康发展状况予以监测，通过科学方法获得定量指标，对中国城市房地产市场的健康发展做出全面和准确的探测，能够通过简单易行的方式发现房地产市场发展中存在的隐患和问题。CAS-REH 指数对极为不利的市场变化十分敏感，如 2009 年初 CAS-REH 指数所表现出来的极低数值。除此之外，对于不同城市，CAS-REH 指数能够用来进行横向比较，以对不同城市的不同房地产市场健康发展程度提供量化意见，对房地产市场健康程度欠佳的地区或城市提供借鉴和参考。

其次，CAS-REH 指数还具备市场引导功能，其能够通过一定的标准，为市场发展和人们的思维意识指明方向。在当前中国房地产市场发展面临诸多问题和困难的背景下，CAS-REH 指数对市场将起到重要的指引作用。CAS-REH 指数在对房地产市场发展进行评价的过程中，摒弃了单一、粗放的评价方式，将市场及其内外部的协调性统一考虑，为房地产市场的协调和可持续发展提供重要参考。引导政府、企业和消费者从全面、合理的角度看待房地产市场发展，有助于决策者及时调整管理手段和调控措施，有助于房地产企业走上科学发展的轨迹，亦有助于消费者面对纷繁复杂的市场局面做出理性和正确的判断。

最后，CAS-REH 指数对未来市场具有预警作用。房地产市场出现的波动可能会对整体社会经济运行造成巨大危害，除对房地产市场进行监测和对市场进行引导外，CAS-REH 指数还力图为市场提供预警功能。通过对房地产市场健康状况的跟踪、监控，CAS-REH 指数反映房地产市场变化和整体健康水平，政府主管部门可以利用该指数了解房地产业发展状况与行业结构以及行业与宏观经济的协调比例关系，为调控国民经济产业结构和引导房地产业健康发展服务，同时降低银行信贷风险，为调整房地产业的地区结构和统筹兼顾提供参考。

第二节　CAS-RERSD 指数

因 CAS-RERSD 指数部分关键指标数据缺失，无法对其进行计算得出最后结果。研究团队正在选取新的科学指标编制指数。

第三节 CAS-RES 指数

一、CAS-RES 指数指标体系

（一）评价指标的选取

根据科学性、系统性、综合性和可操作性原则，从科教、文化、卫生、交通与环境五个层面进行综合考虑构建 CAS-RES 指数指标体系；在此基础上，本着代表性的原则为每个层次选取子指标，着重抓住与评价对象关系密切的要素。

此外，CAS-RES 指数指标体系的选取必须注重各子指标的可靠性。不同部门发布的诸多相似、具有可替代性的统计指标，其统计口径、统计频率等方面可能不尽相同。在选取指标时，CAS-RES 指数指标体系尽可能挑选统计频率较为合适、统计方法和统计口径较为稳定的指标作为主要参考指标。

（二）指标简介

为了全面反映房地产区位属性，在 CAS-RES 指数指标体系下设置了五个一级指标，分别是科教、文化、卫生、交通、环境。每个一级指标下设若干二级指标。指标体系见表 3.3。

表 3.3　CAS-RES 指数指标体系

目标层	一级指标	二级指标	单位
CAS-RES 指数	科教	普通高等学校	所
		普通中学	所
		小学	所
		普通高等学校教师	人
		普通中学教师	人
		小学教师	人
	文化	剧场、影剧院数	个
		公共图书馆藏书	千册
	卫生	医院、卫生院数	个
		医院、卫生院床位数	张
		医生数	人
	交通	公共汽车数量	辆
		城市道路面积	万米^2
	环境	建成绿化覆盖率	%

二、CAS-RES 指数构建

围绕上文提出的 CAS-RES 指数指标体系，以 2014~2021 年的数据为样本，运用因子分析法确定 CAS-RES 指数指标体系各指标权重①，我们选取 60 个大中城市作为样本，数据来源于中经网统计数据库，结果详见表 3.4

表 3.4 CAS-RES 指数

城市	2014	2015	2016	2017	2018	2019	2020	2021
北京	111.71	118.51	126.62	121.59	123.04	125.65	123.90	129.94
上海	89.15	86.23	83.06	83.02	84.48	84.71	98.62	113.13
天津	59.18	57.84	55.57	52.10	53.42	51.55	62.87	73.79
重庆	98.66	98.70	97.34	99.26	99.34	105.64	110.48	132.25
安庆	11.99	11.41	11.26	12.63	13.18	19.42	19.06	23.07
蚌埠	13.11	12.52	11.85	11.87	12.30	10.42	10.82	11.67
包头	16.50	15.12	14.40	13.37	12.78	14.49	14.36	15.14
北海	8.38	8.03	8.47	9.68	10.59	13.74	14.36	14.92
常德	21.82	21.03	22.05	20.16	21.89	24.53	25.21	25.95
大连	31.95	31.42	31.94	29.19	28.65	29.37	36.86	37.30
丹东	17.29	16.64	15.50	15.54	15.11	17.36	15.69	16.50
福州	23.23	22.40	21.56	25.91	23.44	24.82	25.70	25.60
赣州	14.37	14.18	13.44	14.12	13.24	18.71	14.08	15.25
贵阳	19.39	19.55	19.13	18.34	17.76	19.17	19.48	21.27
桂林	17.04	16.58	16.12	16.34	16.74	19.30	19.74	19.23
哈尔滨	50.09	47.18	47.41	50.67	51.07	48.40	47.94	29.44
海口	18.27	18.25	17.08	17.47	17.92	15.43	20.26	23.15
杭州	37.43	37.33	36.74	40.17	39.81	43.22	47.37	57.97
合肥	24.45	23.83	22.48	21.56	22.71	24.67	25.37	27.31
呼和浩特	19.18	20.10	19.53	18.36	17.76	21.62	25.25	27.91
惠州	20.26	20.25	21.25	24.15	25.07	27.44	28.56	36.14
吉林	26.36	25.30	24.75	25.99	24.23	25.75	27.30	25.82
济南	29.52	28.96	31.78	28.14	28.65	31.17	31.63	33.57
济宁	17.80	17.43	16.36	16.50	17.66	22.86	24.71	24.48

① 详细方法参见：吴迪，高鹏，董纪昌. 基于场景理论的中国城市居住房地产需求研究[J]. 系统科学与数学，2011，31（3）：253-264.

续表

城市	2014	2015	2016	2017	2018	2019	2020	2021
锦州	16.83	15.99	15.13	17.43	18.06	17.94	17.31	17.26
昆明	32.50	31.86	31.94	30.31	28.50	27.88	28.89	32.44
兰州	20.70	19.66	18.69	18.42	19.87	22.34	23.99	25.11
泸州	13.76	13.23	12.70	11.97	12.82	13.07	14.32	13.16
洛阳	17.63	16.72	16.25	17.28	16.98	21.94	19.41	31.74
牡丹江	12.45	11.80	11.24	10.62	12.59	13.11	13.27	12.28
南昌	24.71	26.13	26.18	27.68	29.87	31.52	37.84	45.76
南充	15.95	15.19	15.05	14.59	16.05	23.54	27.00	29.22
南京	44.11	44.17	43.60	45.10	46.08	50.46	53.10	54.85
南宁	24.02	23.72	23.86	22.21	23.87	25.29	26.61	27.08
宁波	22.22	21.57	20.89	21.90	20.79	26.38	26.10	23.79
平顶山	13.54	12.84	12.08	13.88	13.36	23.55	23.02	28.67
秦皇岛	15.72	16.06	14.39	14.08	15.16	15.38	14.84	16.21
青岛	25.70	25.18	24.13	27.71	29.24	33.89	35.43	39.68
泉州	18.55	17.96	17.09	18.03	19.33	27.10	33.35	36.03
厦门	21.76	21.33	20.61	19.25	20.40	23.74	20.75	23.31
韶关	15.78	15.36	14.52	13.36	14.55	14.30	15.07	16.25
沈阳	50.67	48.42	47.64	47.43	50.92	56.55	61.76	85.10
太原	45.89	44.14	42.69	44.65	44.49	47.97	49.97	47.07
唐山	26.40	25.22	23.84	22.27	24.28	29.99	30.73	28.94
温州	23.32	22.49	21.47	20.09	19.48	17.57	20.91	17.60
乌鲁木齐	37.30	35.49	34.29	33.74	32.94	33.55	33.43	33.49
无锡	39.35	39.65	39.76	40.87	42.87	41.94	42.50	42.48
武汉	46.35	44.97	43.76	50.51	52.25	58.61	61.93	65.80
西安	47.06	46.19	45.44	47.11	49.29	49.77	52.72	54.57
西宁	14.18	13.68	13.11	13.24	13.60	14.92	18.00	12.01
徐州	20.68	19.93	19.38	18.72	18.66	22.33	23.87	22.98
烟台	31.49	30.87	29.30	32.22	34.11	38.62	42.31	46.96
扬州	15.64	14.89	14.12	13.62	14.34	18.27	24.18	26.08
宜昌	17.00	16.34	15.54	16.20	17.09	18.48	19.30	20.78
银川	21.20	21.33	20.31	19.18	19.84	20.68	20.89	22.03
岳阳	17.67	16.46	17.90	18.83	19.81	23.31	24.01	27.80

续表

城市	2014	2015	2016	2017	2018	2019	2020	2021
湛江	16.51	16.06	17.56	16.12	17.64	19.91	19.54	23.85
长春	32.70	33.79	31.92	29.97	33.70	37.11	37.24	35.81
长沙	33.96	33.59	33.34	33.75	35.64	35.66	38.46	39.85
郑州	33.42	32.14	34.23	36.40	35.77	39.73	46.18	42.37

为了进一步揭示场景与房价之间的匹配性，下文对商品房销售均价标准化数据与 CAS-RES 指数作商，以此反映城市房价的性价比。根据我们的假设，房价指标比场景指标，数值越大则性价比越低，数值越小则性价比越高。例如，2014~2021 年重庆市房价场景匹配性指数都不高于 0.5，则表明重庆市场景与房价之间的匹配性较高。房价场景匹配性指数具体结果见表 3.5。

表 3.5 房价场景匹配性指数

城市	2014	2015	2016	2017	2018	2019	2020	2021
北京	1.42	1.60	1.81	1.75	1.78	1.81	1.78	1.70
上海	1.00	1.08	1.09	1.09	1.09	1.11	1.20	1.05
天津	0.85	0.80	0.86	0.89	0.88	0.88	1.07	0.91
重庆	0.32	0.27	0.22	0.19	0.21	0.20	0.21	0.18
安庆	2.57	2.28	2.06	2.19	2.13	3.37	3.31	2.73
蚌埠	2.35	2.08	1.96	1.97	1.97	1.73	1.80	1.67
包头	1.54	1.43	1.27	1.21	1.24	1.31	1.30	1.23
北海	1.32	1.33	1.31	1.29	1.30	1.85	1.91	1.84
常德	0.83	0.84	0.85	0.86	0.86	1.05	1.08	1.05
大连	0.95	0.82	0.81	0.79	0.80	0.79	1.00	0.99
丹东	1.78	1.64	1.53	1.49	1.51	1.68	1.50	1.43
福州	2.16	1.82	1.62	1.63	1.63	1.56	1.62	1.63
赣州	2.11	1.81	1.67	1.79	1.73	2.37	1.78	1.64
贵阳	1.30	1.10	0.91	0.87	0.89	0.91	0.92	0.84
桂林	1.65	1.44	1.29	1.31	1.30	1.55	1.58	1.62
哈尔滨	0.56	0.52	0.44	0.57	0.51	0.54	0.54	0.88
海口	2.79	2.34	2.18	2.21	2.20	2.53	2.56	2.24
杭州	1.53	1.28	1.14	1.08	1.11	1.16	1.27	1.04
合肥	1.26	1.09	1.03	1.01	1.02	1.16	1.20	1.11
呼和浩特	1.32	1.08	0.94	0.97	0.96	1.14	1.33	1.20

续表

城市	2014	2015	2016	2017	2018	2019	2020	2021
惠州	1.21	1.05	0.98	0.95	0.97	1.08	1.12	0.89
吉林	1.12	1.03	0.86	0.83	0.85	0.82	0.87	0.92
济南	1.03	0.91	0.72	0.82	0.77	0.91	0.92	0.87
济宁	1.71	1.52	1.40	1.35	1.38	1.87	2.02	2.04
锦州	1.83	1.71	1.57	1.52	1.55	1.56	1.51	1.51
昆明	0.89	0.80	0.65	0.63	0.64	0.58	0.60	0.53
兰州	1.28	1.21	1.10	1.06	1.08	1.29	1.38	1.32
泸州	2.32	1.97	1.78	1.69	1.74	1.85	2.02	2.20
洛阳	1.45	1.34	1.22	1.16	1.19	1.47	1.30	0.79
牡丹江	2.27	2.09	1.87	1.77	1.82	2.18	2.20	2.38
南昌	1.23	0.98	0.86	0.79	0.83	0.90	1.08	0.89
南充	2.00	1.72	1.50	1.44	1.47	2.32	2.67	2.47
南京	0.89	0.77	0.77	0.76	0.77	0.85	0.89	0.86
南宁	1.17	1.01	0.87	0.84	0.86	0.96	1.01	0.99
宁波	2.58	2.22	2.00	1.97	1.99	2.37	2.35	2.58
平顶山	1.89	1.75	1.64	1.72	1.68	2.92	2.85	2.29
秦皇岛	1.88	1.70	1.74	1.76	1.75	1.92	1.86	1.70
青岛	1.19	1.05	0.95	0.89	0.92	1.09	1.14	1.02
泉州	2.70	2.27	2.04	2.01	2.03	3.02	3.72	3.44
厦门	2.30	1.91	1.69	1.63	1.66	1.87	1.76	1.57
韶关	3.16	2.91	2.87	2.79	2.83	2.99	3.15	2.92
沈阳	0.61	0.56	0.50	0.48	0.49	0.57	0.63	0.46
太原	0.60	0.53	0.47	0.42	0.45	0.45	0.47	0.50
唐山	1.12	1.08	1.05	1.01	1.03	1.36	1.39	1.48
温州	2.46	2.13	1.94	1.89	1.92	1.65	1.97	2.34
乌鲁木齐	0.72	0.64	0.54	0.48	0.51	0.48	0.48	0.48
无锡	1.18	1.09	1.08	1.10	1.09	1.13	1.14	1.14
武汉	0.68	0.62	0.60	0.65	0.63	0.75	0.80	0.75
西安	0.63	0.56	0.48	0.59	0.54	0.62	0.66	0.64
西宁	2.06	1.84	1.63	1.59	1.61	1.76	2.16	3.24
徐州	1.89	1.72	1.73	1.74	1.74	2.08	2.22	2.31
烟台	0.97	0.86	0.78	0.74	0.76	0.89	0.97	0.87

续表

城市	2014	2015	2016	2017	2018	2019	2020	2021
扬州	2.50	2.30	2.37	2.26	2.32	3.03	4.01	3.72
宜昌	1.85	1.70	1.68	1.59	1.64	1.81	1.89	1.76
银川	1.15	1.01	0.85	0.79	0.82	0.85	0.86	0.82
岳阳	1.41	1.28	1.04	0.98	1.01	1.21	1.27	1.10
湛江	3.02	2.78	2.37	2.56	2.47	3.16	3.10	2.54
长春	0.90	0.77	0.66	0.62	0.64	0.77	0.77	0.80
长沙	0.73	0.63	0.56	0.69	0.63	0.73	0.79	0.76
郑州	0.76	0.70	0.58	0.52	0.55	0.57	0.66	0.72

三、CAS-RES 指数的解读及功能

（一）CAS-RES 指数解读

从 CAS-RES 指数来看，大多数城市的指数值在 2020~2021 年都有所增加，表明地方有利于房地产市场发展的环境有所优化，但哈尔滨、西宁、温州、太原、宁波等城市的 CAS-RES 指数却有所下降，其中哈尔滨下降幅度最大，叠加近年来房地产市场下行压力，说明政策应重点关注这些城市的公共服务、基础设施等市场发展环境的改善。从直辖市来看，2014~2021 年北京的 CAS-RES 指数均超过 100，2014~2018 年重庆的 CAS-RES 指数均接近 100，于 2019 年超过 100，于 2021 年超过北京达到全国最高水平，此外，上海的 CAS-RES 指数于 2021 年突破 100，天津的 CAS-RES 指数也在全国范围内处于较高水平。表明直辖市在科教、文化、卫生、交通、环境方面的发展水平相对优于其他城市。该指数通常与地区经济发展水平密切相关，不同经济发展水平的城市之间的 CAS-RES 指数差异较大。从房价场景匹配性指数来看，表 3.5 中的数据显示，新一线城市中，重庆、西安、长沙、武汉、南京等城市的房价场景匹配性指数小于 1，二线城市中，哈尔滨、沈阳、太原、长春等城市的房价场景匹配性指数小于 1，房屋性价比较高。其中重庆的房价场景匹配性指数一直小于 0.5，表明重庆的居住场景性价比较高，主要有两方面原因：一方面重庆基础设施及场景建设处于全国较高水平；另一方面，重庆商品房销售均价相对便宜。

一线城市内部，北京的房价场景匹配性指数均低于 2，且 2020 年后有所回落，主要有两方面原因：一方面，受强有力的宏观调控政策影响，叠加 2020 年新冠疫情冲击，北京的房地产市场增长趋势逐渐转弱，住房价格上涨态势有所减缓；另一方面，北京近年来城市基础设施建设力度不断增强，场景完善程度有所回升。

根据房价场景匹配性指数结果，发现银川、昆明等中西部大中型城市近年来指数下降趋势相对较为明显，标志着随着我国区域协调发展战略的高速推进，中西部地区的科

教文卫等水平得到显著提高，人民生活水平日益提高。同时2014~2021年，厦门、蚌埠、洛阳、海口、福州等城市的房价场景匹配性指数均在0.5以上，标志着这些城市伴随着大力发展公共服务、民生设施建设，人民生活水平有了较为显著的提高的同时，人口与环境承载力的矛盾同样有所凸显，住房价格成为这些城市发展的突出问题。

另外，根据房价场景匹配性指数结果，发现在60个大中城市中，扬州、泉州、西宁、韶关、安庆等城市房价场景匹配性指数较高，场景与房价之间的匹配性较低。

（二）CAS-RES 指数的功能

CAS-RES 指数能够反映房地产的区位属性，指导房地产业可持续发展。场景因素在我国城市居民居住区位选择集分布中具有重要的影响和作用。尤其在截面意义上，场景水平与房地产发展水平显著相关，CAS-RES 指数较高的地区，房价水平普遍较高，反之较低。我国房地产业所采用的粗放型发展方式已经不可持续，必须改变现有的经营和发展模式，将发展和经营的重点由原来的规模化转向精细化，在绿色、低碳、人文领域实现新的增长和突破。该指数反映了房地产产品的根本属性——区位性，可以为房地产业的精细化经营服务提供借鉴和参照。此外，该指数也在某种程度上体现了区域房地产价格的发展潜力。场景的丰富和完善必将推动房地产及其相关行业的不断发展，而房地产业的发展又将进一步推动周围场景投资的阶跃式增长，从而推动房地产业的进一步发展。

第四节　CAS-REF 指数

一、CAS-REF 指数简介

CAS-REF 指数是由中国科学院大学中国产业研究中心于2013年首度推出的，是反映我国整体房地产金融体系运行情况的综合指数。CAS-REF 指数以2001年2月为基期（2001M2=100），通过观察其变动趋势或与其他相关指标结合分析，可以评判和预测我国整体房地产金融体系的运行情况，甚至在一定程度上可以反映我国潜在的房地产金融风险。

在我国，房地产业是一个高投入、高收益和高风险的资本密集型产业，对金融资本的依赖度很高，而目前我国的房地产金融市场仍处于初级阶段，尚未形成一个健全的、多层次的市场体系。我国房地产金融体系以一级市场为主，二级市场尚未真正建立起来。其中，一级市场又以商业银行为主，相关数据和调查均显示，房产在银行的总贷款额中占比很高。因此，我国房地产金融市场，尤其是商业银行业蕴含着很大的房地产金融风险。但与此同时，我国房地产金融市场又肩负"为房地产开发经营提供资金保障"和"支持居民住房消费能力提高"两大主要使命。

2013年以前，国内学者和相关机构尚未建立专门针对我国房地产金融市场运行情况的指数。已有的相关指数，如金融状况指数，也不足以充分反映我国房地产金融市场的运行情况。鉴于此，中国科学院大学中国产业研究中心建立 CAS-REF 指数，旨在达到两方面的目的：一是考量我国房地产金融体系能否较好地为房地产开发经营提供资金保障和支持居民住房消费能力提高；二是监测我国潜在的房地产金融风险。

二、CAS-REF 指数的指标体系与评价方法

（一）评价指标的选取原则

科学合理地选取评估我国房地产金融状况的指标是构建 CAS-REF 指数的基本前提，由于反映房地产金融状况的指标不易界定，故在构建 CAS-REF 指数的指标体系时按照以下五项基本原则来挑选指标。

第一，全面性。对房地产金融状况的评估应该涵盖房地产金融的主要方面，CAS-REF 指数既要监测我国潜在的房地产金融风险，又要考量我国房地产金融体系能否较好地为房地产开发经营提供资金保障和支持居民住房消费能力提高。因此，对房地产金融状况每一个主要方面的变动都应采用一个或者多个指标进行评估，而且这种评估要能较好地度量变动或影响的程度。

第二，简洁性。一般而言，选取指标的数量越多，越能全面反映房地产金融状况，但是指标太多也容易造成指标的重复，而且并非所有的指标都能达到预期的度量目的，因此在选取指标时要考虑指标的实用性。只有选定的指标体系为完备集中的最小集合，才能避免重复。

第三，可操作性。可操作性一是指所选择的指标必须是可量化的，而且可以通过某些方式取得相应的数据。二是指各个指标数据的长度和频度必须保持一致，对于频度不一致的指标数据，应通过一定的工具和手段进行调整，最终确保所有指标数据具有相同的时间长度和频度。

第四，可比性。为了便于与其他指标或历史数据进行横向或纵向对比，CAS-REF 指数评价指标应在名称和体系结构等方面尽量与现行制度统一，对计算口径和产生历史波动的数据进行相应调整以确保数据连续和相对稳定。此外，对其中的异常点也要进行调整，这样的指标体系才具有实际意义。

第五，预警性。CAS-REF 指数的重要功能就是它的预警功能，这就要求在建立指标体系时应尽量选取具有先行性的指标，或者所选指标能从根本上反映我国房地产金融体系所面临的潜在风险，或者所选指标能预示我国房地产金融体系在多大程度上为房地产开发经营提供资金保障和支持居民住房消费能力提高。

（二）CAS-REF 指数指标体系

基于以上五项指标选取原则，着眼于我国房地产金融体系进行指标选取，共选取了七个指标。具体指标及相应的指标解释如表 3.6 所示。

表 3.6　CAS-REF 指数指标体系

序号	指标	指标解释
1	商品房销售均价	房价的变动与房地产金融风险密切相关，我们选用商品房销售均价（商品房销售额/商品房销售面积）作为衡量房地产金融风险的指标之一
2	上证房地产指数	上证房地产指数是衡量房地产金融状况的指标之一（月数据由日数据加权平均所得）
3	房地产开发国内贷款	衡量房地产金融状况的指标之一（房地产开发资金来源：国内贷款）
4	房地产开发自筹资金	间接衡量房地产金融状况（房地产开发资金来源：自筹资金）
5	银行间同业拆借加权平均利率	同业拆借市场能够迅速反映货币市场的资金供求状况，银行间同业拆借加权平均利率可以作为金融市场利率的代理变量
6	人民币实际有效汇率指数	真正体现一国汇率水平并对宏观经济产生实际影响的应当是实际汇率而不是名义汇率，我们采用人民币实际有效汇率指数（上年=100）作为汇率的代理指标
7	居民消费价格指数	选用居民消费价格指数（上年=100）作为衡量通货膨胀率的指标

（三）CAS-REF 指数的评价方法

1. 向量自回归模型

向量自回归（vector auto regression，VAR）模型是一种常用的计量经济模型，由克里斯托弗·A. 西姆斯（Christopher A. Sims）于 1980 年提出。VAR 模型基于数据的统计性质建立模型，把系统中每一个内生变量作为系统中所有内生变量的滞后值的函数来构造模型，从而将单变量自回归模型推广到由多元时间序列变量组成的"向量"自回归模型。

VAR 模型是对多个相关经济指标进行分析与预测的最容易操作的模型之一，并且在一定的条件下，多元滑动平均（moving average，MA）模型和自回归滑动平均（autoregressive moving-average，ARMA）模型也可转化成 VAR 模型，因此近年来 VAR 模型受到越来越多的经济工作者的重视。

VAR（p）模型的数学表达式是

$$y_t = A_1 y_{t-1} + \cdots + A_p y_{t-p} + BX_t + \varepsilon_t$$

式中，y_t 为 k 维内生变量向量；X_t 为 d 维外生变量向量；p 为滞后阶数；t 为样本个数；$k \times k$ 维矩阵 $A_1, \cdots, A_p$ 和 $k \times d$ 维矩阵 B 为要被估计的系数矩阵；ε_t 为 k 维扰动向量，它们相互之间可以同期相关，但不与自己的滞后值相关，也不与等式右边的变量相关，假设 Σ 是 ε_t 的协方差矩阵，是一个 $k \times k$ 维的正定矩阵。

2. 广义脉冲响应函数

VAR 模型的动态分析一般通过"正交"脉冲响应函数来实现，而正交化通常采用 Cholesky 分解完成，但是 Cholesky 分解的结果严格地依赖于模型中变量的次序。Koop 等提出的广义脉冲响应函数正好克服了上述缺点[①]。

[①] Koop G, Pesaran M H, Potter S M. 1996. Impulse response analysis in nonlinear multivariate models[J]. Journal of Econometrics, 74（1）: 119-147.

运用广义脉冲响应函数后，设响应指标 Z_0 对冲击指标 Z_i 在第 t 期的响应为 λ_{it}，则响应指标 Z_0 对冲击指标 Z_i 在 t 期的加权响应为

$$\lambda_i = \sum_{t=1}^{T} \frac{1}{t} \lambda_{it}, \ i=1,2,\cdots,n$$

则表3.6所示的指标体系内每个指标的权重为

$$w_i = \frac{\lambda_i}{\sum_{i}^{n}|\lambda_i|}, \ i=1,2,\cdots,n$$

综合评价函数为

$$F_t = \sum_{i}^{m} w_i y_{it}, \ i=1,2,\cdots,n$$

选取样本内第一期的值作为基准，设基期的综合评价得分为 F_0，报告期内其他期的综合评价得分为 F_t，设定基期的值为100，则报告期内其他期的值为

$$F_t' = \frac{F_t}{F_0} \times 100, \ i=1,2,\cdots,t$$

（四）CAS-REF 指数的构建

选取表3.6中的指标在2001年1月至2023年12月的数据作为样本，数据来自 Wind 数据库和同花顺 iFinD 数据库。对数据进行插值、季节性调整、剔除通货膨胀影响和平稳性处理，将处理后的数据按照前文的评价方法进行评价，得到的结果如表3.7所示。

表3.7 CAS-REF 指数结果

时间	CAS-REF 指数	时间	CAS-REF 指数	时间	CAS-REF 指数	时间	CAS-REF 指数	时间	CAS-REF 指数
2001-1	100.00	2002-6	124.99	2003-11	101.84	2005-4	110.20	2006-9	105.06
2001-2	188.84	2002-7	118.53	2003-12	103.43	2005-5	83.18	2006-10	115.59
2001-3	38.17	2002-8	113.68	2004-1	124.16	2005-6	134.04	2006-11	157.75
2001-4	92.85	2002-9	116.43	2004-2	62.11	2005-7	117.35	2006-12	136.55
2001-5	137.52	2002-10	109.84	2004-3	201.15	2005-8	287.64	2007-1	203.05
2001-6	70.76	2002-11	100.86	2004-4	118.08	2005-9	123.39	2007-2	292.65
2001-7	89.20	2002-12	114.30	2004-5	162.18	2005-10	148.08	2007-3	−18.01
2001-8	81.65	2003-1	22.35	2004-6	107.18	2005-11	141.19	2007-4	135.88
2001-9	57.47	2003-2	159.86	2004-7	118.21	2005-12	88.69	2007-5	126.33
2001-10	106.26	2003-3	138.59	2004-8	119.18	2006-1	92.93	2007-6	149.42
2001-11	114.11	2003-4	127.94	2004-9	112.41	2006-2	89.26	2007-7	134.70
2001-12	165.64	2003-5	82.79	2004-10	98.51	2006-3	99.29	2007-8	191.35
2002-1	61.67	2003-6	103.83	2004-11	115.00	2006-4	155.12	2007-9	158.18
2002-2	83.70	2003-7	89.53	2004-12	148.56	2006-5	149.54	2007-10	136.80
2002-3	119.89	2003-8	104.52	2005-1	129.79	2006-6	134.50	2007-11	118.87
2002-4	93.82	2003-9	118.77	2005-2	140.98	2006-7	94.33	2007-12	114.40
2002-5	89.63	2003-10	120.42	2005-3	103.08	2006-8	99.92	2008-1	−10.95

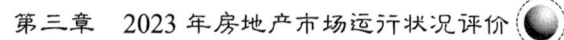

续表

时间	CAS-REF指数	时间	CAS-REF指数	时间	CAS-REF指数	时间	CAS-REF指数	时间	CAS-REF指数
2008-2	67.40	2011-5	101.96	2014-8	97.83	2017-11	119.43	2021-2	259.52
2008-3	50.89	2011-6	102.91	2014-9	116.10	2017-12	165.55	2021-3	113.04
2008-4	92.07	2011-7	125.34	2014-10	145.04	2018-1	137.79	2021-4	73.74
2008-5	126.17	2011-8	110.02	2014-11	86.76	2018-2	102.42	2021-5	85.06
2008-6	125.63	2011-9	110.49	2014-12	157.27	2018-3	287.17	2021-6	−0.34
2008-7	114.52	2011-10	96.01	2015-1	131.87	2018-4	103.13	2021-7	66.72
2008-8	75.17	2011-11	129.71	2015-2	75.08	2018-5	194.28	2021-8	38.77
2008-9	82.18	2011-12	102.15	2015-3	−116.48	2018-6	149.48	2021-9	75.39
2008-10	98.72	2012-1	17.29	2015-4	372.63	2018-7	134.86	2021-10	95.51
2008-11	116.08	2012-2	142.47	2015-5	192.80	2018-8	150.01	2021-11	131.87
2008-12	149.03	2012-3	63.10	2015-6	229.87	2018-9	143.38	2021-12	48.53
2009-1	191.62	2012-4	152.30	2015-7	105.66	2018-10	121.51	2022-1	−222.04
2009-2	267.59	2012-5	242.10	2015-8	116.48	2018-11	166.90	2022-2	−267.50
2009-3	138.72	2012-6	153.76	2015-9	94.60	2018-12	149.25	2022-3	154.49
2009-4	173.65	2012-7	161.77	2015-10	140.50	2019-1	69.99	2022-4	41.46
2009-5	168.43	2012-8	179.30	2015-11	144.57	2019-2	−16.42	2022-5	87.27
2009-6	211.19	2012-9	80.27	2015-12	112.00	2019-3	340.53	2022-6	138.23
2009-7	170.43	2012-10	127.39	2016-1	259.09	2019-4	250.66	2022-7	151.89
2009-8	143.44	2012-11	151.08	2016-2	176.25	2019-5	107.21	2022-8	170.61
2009-9	111.71	2012-12	82.39	2016-3	215.91	2019-6	149.57	2022-9	125.36
2009-10	168.82	2013-1	332.75	2016-4	104.80	2019-7	116.63	2022-10	141.97
2009-11	152.55	2013-2	410.27	2016-5	128.18	2019-8	149.75	2022-11	80.29
2009-12	153.91	2013-3	−71.82	2016-6	95.78	2019-9	121.67	2022-12	186.94
2010-1	143.12	2013-4	153.35	2016-7	161.49	2019-10	114.13	2023-1	125.21
2010-2	347.42	2013-5	75.67	2016-8	146.83	2019-11	135.33	2023-2	−99.76
2010-3	−123.73	2013-6	111.69	2016-9	136.20	2019-12	149.98	2023-3	597.61
2010-4	215.35	2013-7	85.33	2016-10	132.12	2020-1	77.30	2023-4	290.83
2010-5	12.09	2013-8	125.70	2016-11	124.39	2020-2	−33.24	2023-5	208.26
2010-6	26.54	2013-9	129.13	2016-12	105.30	2020-3	43.51	2023-6	−17.61
2010-7	84.82	2013-10	75.01	2017-1	20.89	2020-4	170.45	2023-7	81.77
2010-8	142.76	2013-11	231.89	2017-2	−110.52	2020-5	205.20	2023-8	97.58
2010-9	179.61	2013-12	−15.22	2017-3	535.89	2020-6	231.20	2023-9	42.64
2010-10	202.90	2014-1	87.09	2017-4	64.02	2020-7	199.10	2023-10	100.19
2010-11	109.48	2014-2	54.08	2017-5	88.68	2020-8	188.16	2023-11	98.03
2010-12	104.38	2014-3	26.61	2017-6	159.53	2020-9	199.35	2023-12	77.71
2011-1	284.83	2014-4	198.11	2017-7	102.06	2020-10	112.43		
2011-2	490.79	2014-5	85.29	2017-8	128.64	2020-11	155.72		
2011-3	−186.08	2014-6	89.31	2017-9	145.90	2020-12	151.42		
2011-4	48.85	2014-7	137.24	2017-10	153.45	2021-1	342.87		

三、CAS-REF 指数的解读及功能

（一）CAS-REF 指数解读

从图 3.2 2001~2023 年 CAS-REF 指数趋势图来看，我国房地产金融状况可以大致分成四个阶段，第一阶段为 2008 年以前，第二阶段为 2008~2014 年，第三阶段为 2015~2019 年，第四阶段为 2020~2023 年。

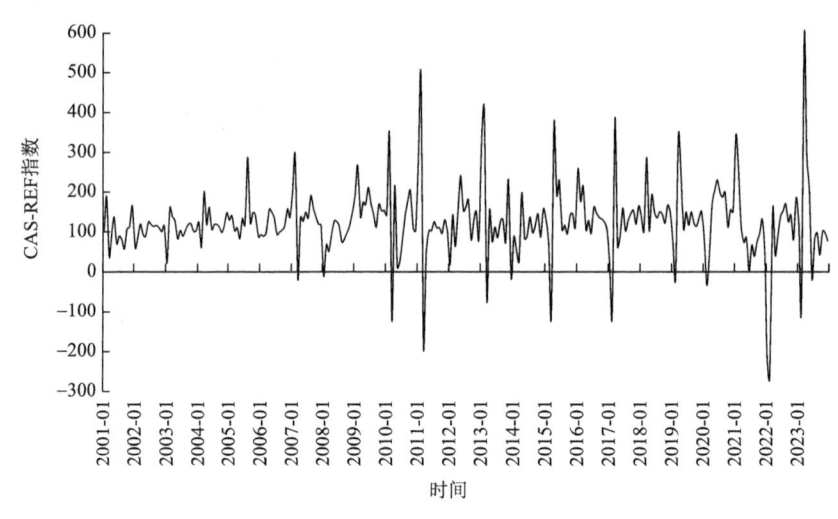

图 3.2 2001~2023 年 CAS-REF 指数趋势图

2001~2008 年，整个房地产金融状况较为平稳，指数波动幅度很小，说明此阶段我国的房地产金融状况良好，房地产市场运行正常。2008 年起房地产 CAS-REF 指数呈现出一定的波动状态，究其原因，主要是我国遭受由美国次贷危机引发的全球经济危机影响，房价大幅下跌，房地产企业面临前所未有的困境，购房者也因房价下跌而出现了还款违约行为，此时的房地产金融状况在不断恶化。之后在政府的经济刺激措施下，房地产金融状况也出现了转好的迹象。2015~2019 年，房地产 CAS-REF 指数又呈现出波动状态，但波动幅度比上一阶段的幅度要小。究其原因，主要是"三去一降一补"（去产能、去库存、去杠杆、降成本、补短板）五大重点任务明确，奠定了未来几年经济金融的重点工作，我国最大的高库存行业就是房地产，高库存意味着房地产企业资产流动性不足，流动性杠杆过高，本质上是高杠杆的一体两面。去库存、去杠杆的推动有利于防范化解房地产领域金融风险。这一阶段为抑制房地产企业粗放式扩张，房地产融资渠道全面收紧，房地产企业融资压力增大。2020~2022 年是偿债高峰期，由于房企可能存在资金流断裂的风险，加之受疫情冲击，2020 年房地产 CAS-REF 指数呈现出剧烈波动状态，随后在疫情防控措施的有力实施下呈回温趋势。2021 年以后，新冠疫情反复，对经济的影响已经转变为一场持久战，导致不少经济主体开始面临资产负债表受损问题（特指经济中有相当部分经济主体的资产增长明显减速或出现下滑，资产增长速度赶不上负债增长速度，甚至已经出现资不抵债的情况）。一方面，"三道红线"政策管控下融资成本持续

上升，房企对新开工计划和进度持审慎态度；另一方面，房企再融资压力加大，进一步加速行业风险的积聚，近年市场上已出现部分由房企引起的商业信用风险及银行信贷风险。房企融资环境收紧将导致信用风险事件增加，市场避险情绪升温。房地产调控继续从严，房地产金融收紧趋势未变，多地强化对房地产市场的管控。图3.3展示了2017~2023年CAS-REF指数趋势图，可以看出，房地产市场自2021年下半年以来得到持续深度调整，2022年上半年，受多地疫情反复等超预期因素影响，加之宏观经济下行、前期调控政策对市场传导的滞后作用，全国房地产市场经历了重大挑战，商品房销售规模大幅下降，房地产开发投资累计同比首次出现负增长。中央多次释放维稳信号，表态要求各地落实"三稳"（稳增长、稳就业、稳物价）目标，将"保交楼"作为重点工作之一，设立地产纾困基金，通过资产处置、资源整合和重组等方式帮助困难房企纾困并盘活问题楼盘。2023年以来，在确保实现房地产市场平稳发展的目标下，提振供需两端市场信心的政策不断落地。2023年10月30日至31日，中央金融工作会议明确："促进金融与房地产良性循环，健全房地产企业主体监管制度和资金监管，完善房地产金融宏观审慎管理，一视同仁满足不同所有制房地产企业合理融资需求，因城施策用好政策工具箱，更好支持刚性和改善性住房需求，加快保障性住房等'三大工程'建设，构建房地产发展新模式。"[①]2023年12月，中央经济工作会议明确未来政策方向，一是继续强调"坚决守住不发生系统性风险的底线"，"积极稳妥化解房地产风险，一视同仁满足不同所有制房地产企业的合理融资需求，促进房地产市场平稳健康发展"，二是进一步明确"加快推进保障性住房建设、'平急两用'公共基础设施建设、城中村改造等'三大工程'"，同时提出"完善相关基础性制度，加快构建房地产发展新模式"[②]。"先立后破"的政策基调也给房地产政策带来了更强的优化预期。

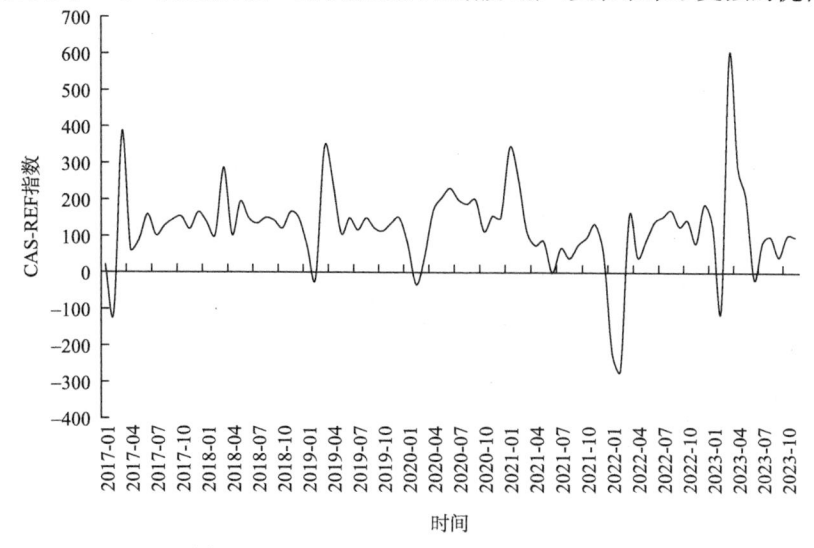

图3.3 2017~2023年CAS-REF指数趋势图

[①] 《中央金融工作会议在北京举行 习近平李强作重要讲话》，https://www.gov.cn/yaowen/liebiao/202310/content_6912992.htm，2023-10-31。

[②] 《中央经济工作会议在北京举行 习近平发表重要讲话》，https://www.gov.cn/yaowen/liebiao/202312/content_6919834.htm，2023-12-12。

CAS-REF 指数对我国潜在的房地产金融风险也有一定的监测作用。CAS-REF 指数以月度数据为样本数据，其对我国房地产金融状况的变化较为敏感。以 CAS-REF 指数历史期的标准差来衡量我国房地产金融市场面临的潜在风险。从图 3.4 中可以看出，我国潜在的房地产金融风险呈现上升趋势。2010 年之前我国房地产金融风险状况较为稳定，风险水平基本维持在 50 以下。2010 年开始，我国潜在的房地产金融风险呈持续上升趋势。近年来，房地产市场调控持续深化，中央多次强调"三稳"目标和"房住不炒"定位，加快发展租赁住房市场并落实用地、税收等支持工作。

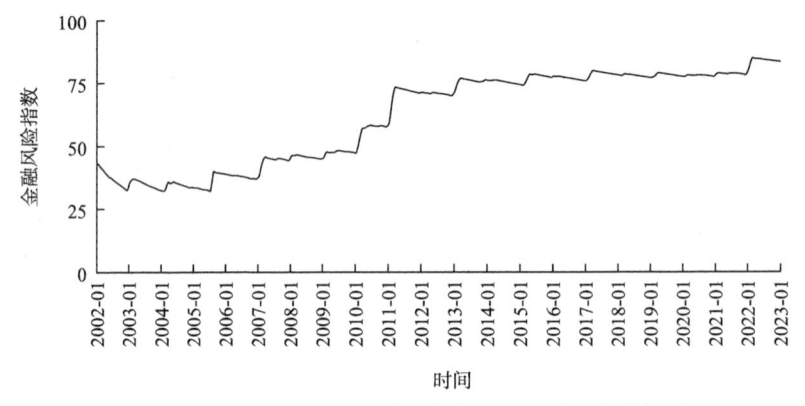

图 3.4 2002~2023 年我国潜在的房地产金融风险趋势图

从图 3.5 中可以看出，以 2017 年为节点，我国潜在的房地产金融风险呈现上升趋势。2022 年之后我国潜在的房地产金融风险大幅上升，亟须在坚持"房住不炒"定位、全面落实"三稳"目标的基础上，适度加大对房地产业的金融支持，如支持银行业金融机构发行金融债券，募集资金用于保障性租赁住房贷款投放，促进房地产市场平稳健康发展。2023 年中央经济工作会议对房地产相关领域做出如下表述。持续有效防范化解重点领域风险。要统筹化解房地产、地方债务、中小金融机构等风险，严厉打击非法金融活动，坚决守住不发生系统性风险的底线。积极稳妥化解房地产风险，一视同仁满足不同所有制房地产企业的合理融资需求，促进房地产市场平稳健康发展。加快推进保障性住房建设、"平急两用"公共基础设施建设、城中村改造等"三大工程"。完善相关基础性制度，加快构建房地产发展新模式。统筹好地方债务风险化解和稳定发展，经济大省要真正挑起大梁，为稳定全国经济做出更大贡献。

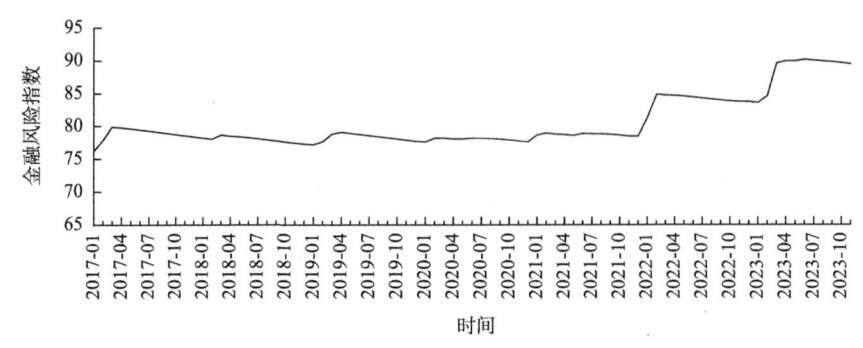

图 3.5 2017~2023 年我国潜在的房地产金融风险趋势图

（二）CAS-REF 指数的功能

从前文构建 CAS-REF 指数的过程及解读来看，CAS-REF 指数有利于对我国房地产金融体系的整体运行情况进行科学、客观的评估。其主要具有三方面的功能：一是评估我国房地产金融体系运行情况；二是预测我国房地产金融市场走势；三是监测我国潜在的房地产金融风险。

1. 评估我国房地产金融体系运行情况

2001 年我国房地产金融市场相对稳定，CAS-REF 指数以 2001 年 2 月为基期（2001M2=100），通过比较报告期与基期数值的差距可以评估我国房地产金融体系在报告期内的运行情况。同时，通过观察报告期内 CAS-REF 指数的变化也有助于各界人士深化对我国房地产金融市场变化趋势的认识，政府亦可以通过该指数来评估房地产相关调控政策的实施效果，探析当前我国房地产金融市场面临的问题，并以此为依据来颁布或调整相应房地产金融调控政策。

2. 预测我国房地产金融市场走势

CAS-REF 指数具有先行性，通过观察其走势，可以预测未来我国房地产金融体系的运行趋势。对于房地产开发商和购房者而言，准确预测我国房地产金融市场的运行趋势，有助于其较好地调整自己的经营策略和消费方式。CAS-REF 指数恰好可以为房地产开发商和购房者选择更合适的经营策略和消费方式提供参考，从而最终间接促进我国房地产市场的发展。

3. 监测我国潜在的房地产金融风险

CAS-REF 指数以月度数据为样本数据，其对我国房地产金融状况的变化较为敏感。中国科学院大学中国产业研究中心采用 CAS-REF 指数历史期的标准差来衡量我国房地产金融市场面临的潜在风险。通过前文的分析，可以看出 CAS-REF 指数对我国潜在的房地产金融风险确实具有监测作用，通过观察 CAS-REF 指数历史期的标准差趋势图（我国潜在的房地产金融风险趋势图），可以评估我国房地产金融风险的变化趋势及变化程度。此外，结合 CAS-REF 指数历史期的标准差趋势图，也可以在一定程度上对我国宏观调控政策的效果进行评估。

第四章 重点城市房地产市场运行情况

第一节 北京市2023年1~12月房地产市场分析

一、北京市经济形势概况

2023年，面对外部压力和内部困难，在以习近平同志为核心的党中央坚强领导下，全市认真贯彻落实党中央、国务院和市委、市政府决策部署，坚持稳中求进工作总基调，完整、准确、全面贯彻新发展理念，坚持"五子"联动①服务和融入新发展格局，全力稳增长、抓改革、强创新、保民生、防风险，生产需求逐步改善，民生保障坚实有力，发展质量不断提升，经济保持回升向好态势。

根据地区生产总值统一核算结果，全年实现地区生产总值43 760.7亿元，按不变价格计算，比上年增长5.2%。分产业看，第一产业实现增加值105.5亿元，下降4.6%；第二产业实现增加值6525.6亿元，增长0.4%；第三产业实现增加值37 129.6亿元，增长6.1%。

1. 粮食、蔬菜生产保持稳定，休闲农业和乡村旅游持续复苏

2023年，全市实现农林牧渔业总产值252.5亿元，按可比价格计算，比上年下降4.6%。其中，实现农业（种植业）产值135.6亿元，增长5.1%，粮食播种面积134.2万亩②、产量47.8万吨，分别增长16.6%和5.3%；蔬菜及食用菌播种面积79.5万亩，与上年基本持平，产量207.5万吨，增长4.3%；受2022年新一轮百万亩造林绿化工程收官、基数较高影响，林业实现产值65.9亿元，下降20.6%。全市休闲农业和乡村旅游接待游客2210.1万人次，比上年增长23.6%，实现收入36.2亿元，增长12.7%。

2. 工业生产稳步回升，电力、装备、汽车行业增势较好

2023年，全市规模以上工业增加值按可比价格计算，比上年增长0.4%，扭转年内下降态势；剔除新冠疫苗生产因素，增长3.1%。重点行业中，电力、热力生产和供应业增长7.9%，五大装备制造业③增长10.6%，汽车制造业增长5.2%，计算机、通信和其他电子设备制造业下降0.9%，医药制造业下降21.7%（剔除新冠疫苗生产因素，下降4.3%），电

---

① "五子"联动是指建设国际科技创新中心、"两区"建设、数字经济、以供给侧结构性改革引领和创造新需求、深入推动京津冀协同发展。
② 1亩＝666.7平方米。
③ 包括通用设备制造业，专用设备制造业，铁路、船舶、航空航天和其他运输设备制造业，电气机械和器材制造业，仪器仪表制造业5个行业。

子和医药行业降幅均逐步收窄。高端或新兴领域产品生产快速增长，风力发电机组、液晶显示模组、新能源汽车、医疗仪器设备及器械产量分别增长68.8%、39.2%、35.6%和26.7%。

3. 服务业运行向好，重点行业、接触性服务业共同带动

2023年，全市第三产业增加值按不变价格计算，比上年增长6.1%。其中，金融业实现增加值8663.1亿元，增长6.7%；信息传输、软件和信息技术服务业实现增加值8514.4亿元，增长13.5%；接触性行业明显恢复，交通运输、仓储和邮政业实现增加值1065.3亿元，增长20.3%；住宿和餐饮业实现增加值453.1亿元，增长21.1%。

4. 固定资产投资稳定增长，创新投资保持活跃

2023年，全市固定资产投资（不含农户）比上年增长4.9%。其中，基础设施投资增长0.9%，房地产开发投资增长0.4%，反映企业提高生产能力的设备购置投资增长24.4%。分产业看，第一产业投资下降45.7%；第二产业投资下降1.1%；第三产业投资增长6.0%，其中，信息传输、软件和信息技术服务业，文化、体育和娱乐业，交通运输、仓储和邮政业投资分别增长47.1%、11.4%和10.1%。高技术产业投资增长16.2%，其中，高技术服务业投资增长36.1%。

2023年末，全市房屋施工面积12 531.3万平方米，比上年末下降6.0%，其中，住宅施工面积6255.5万平方米，下降6.8%。全年商品房销售面积1122.6万平方米，增长7.9%，其中，住宅销售面积811.1万平方米，增长9.3%。

5. 市场消费持续回暖，服务性消费、升级类商品消费快速增长

2023年，全市市场总消费额比上年增长10.2%。其中，服务性消费额在交通、文体娱乐等领域的带动下增长14.6%；实现社会消费品零售总额14 462.7亿元，增长4.8%。社会消费品零售总额中，按消费形态分，商品零售13 148.1亿元，增长2.7%，餐饮收入1314.6亿元，增长32.5%；按商品类别分，限额以上批发和零售业中，金银珠宝类、体育娱乐用品类、服装鞋帽针纺织类商品零售额分别增长35.0%、29.8%和23.4%，汽车类商品零售额增长13.5%，其中，新能源汽车零售额增长38.0%。

6. 居民消费价格平稳运行，工业生产者价格同比下降

2023年，全市居民消费价格比上年上涨0.4%。其中，消费品价格下降0.3%，服务价格上涨1.2%。八大类商品和服务项目中，其他用品及服务类价格上涨4.2%，教育文化娱乐类价格上涨2.8%，衣着类价格上涨0.6%，居住类价格上涨0.3%，生活用品及服务类价格上涨0.3%，医疗保健类价格上涨0.2%，食品烟酒类价格上涨0.1%，交通通信类价格下降1.7%。12月，居民消费价格同比下降0.5%，环比上涨0.1%。

2023年，全市工业生产者出厂价格比上年下降0.8%，购进价格比上年下降1.3%。12月，工业生产者出厂价格同比下降0.6%，环比下降0.4%；购进价格同比下降1.1%，环比上涨0.2%。

7. 就业形势总体稳定，居民收入稳步增加

2023年，全市城镇调查失业率均值为4.4%，比上年下降0.3个百分点；12月，全市城镇调查失业率为4.2%。

2023年，全市居民人均可支配收入81 752元，比上年名义增长5.6%，扣除价格因素实际增长5.2%。其中，工资性收入增长8.1%，经营净收入增长13.6%，转移净收入增长2.9%，财产净收入下降1.1%。城镇居民人均可支配收入88 650元，比上年增长5.5%，农村居民人均可支配收入37 358元，比上年增长7.5%。

2023年，全市居民人均消费支出47 586元，比上年增长11.5%，其中，城镇居民人均消费支出50 897元，增长11.6%，农村居民人均消费支出26 277元，增长10.7%。

总的来看，2023年全市经济持续回升向好，是政策措施落地显效、经济内生动力不断增强共同作用的结果，反映出北京市经济韧性强、潜力足，经济运行中的积极因素积累增多。但也要看到，外部环境的复杂性、严峻性、不确定性上升，国内经济发展仍面临一些困难和挑战。下阶段，要坚持以习近平新时代中国特色社会主义思想为指导，全面贯彻落实党的二十大和二十届二中全会精神，按照中央经济工作会议和市委十三届四次全会部署，坚持稳中求进、以进促稳、先立后破，着力扩内需、优结构、增活力、防风险、提信心，巩固和增强经济回升向好势头，持续推动首都经济高质量发展。

二、北京市房地产市场概况

1. 房地产开发投资情况

2023年，北京市房地产开发投资保持平稳。2023年1~12月，北京市房地产累计开发投资额为4195.67亿元，同比增长0.4%。其中住宅累计开发投资额为2713.21亿元，同比增长1.7%，如图4.1所示。2023年下半年，北京市房地产累计开发投资额同比增速和住宅累计开发投资额同比增速逐渐放缓，趋于平稳。

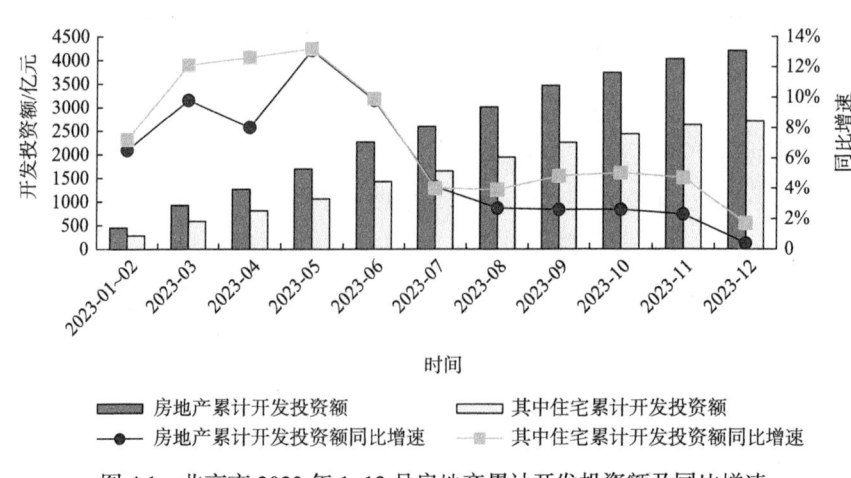

图4.1 北京市2023年1~12月房地产累计开发投资额及同比增速

2. 房地产开发建设情况

2023年北京市商品房累计施工面积为12 531.34万平方米，同比下降6.0%。其中住宅累计施工面积为6255.50万平方米，同比下降6.8%，如图4.2所示。

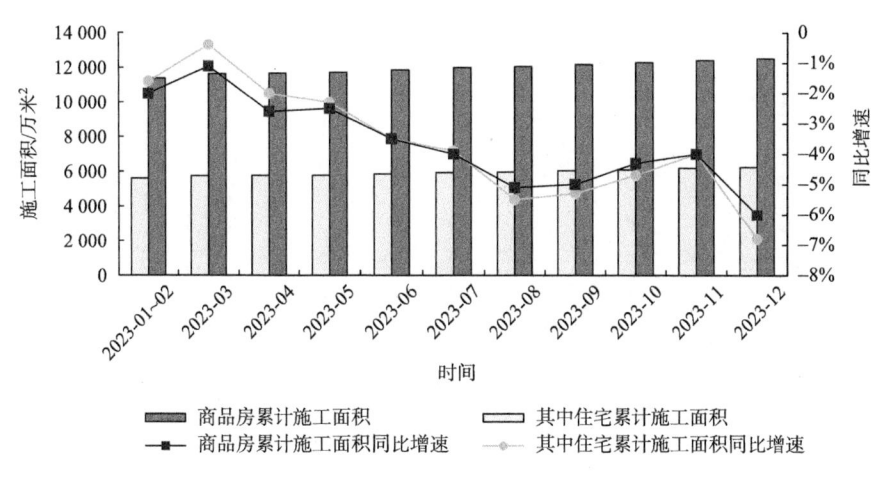

图 4.2　北京市 2023 年 1~12 月商品房累计施工面积及同比增速

2023 年北京市商品房累计新开工面积为 1257.14 万平方米，同比下降 29.2%，降幅较为明显。其中住宅累计新开工面积为 715.06 万平方米，同比下降 26.9%，如图 4.3 所示。

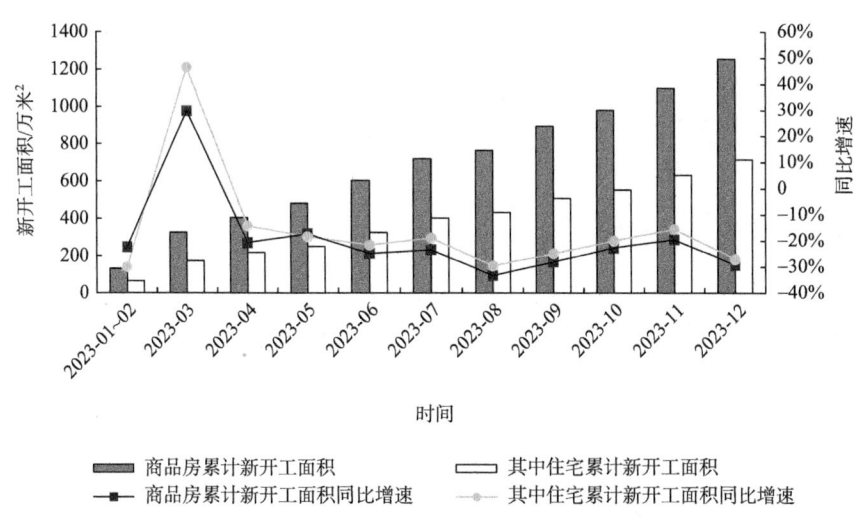

图 4.3　北京市 2023 年 1~12 月商品房累计新开工面积及同比增速

2023 年北京市商品房累计竣工面积为 2042.25 万平方米，同比上升 5.4%，其中住宅累计竣工面积为 1135.88 万平方米，同比上升 3.6%，如图 4.4 所示。整体来看，2023 年北京市商品房累计竣工面积保持增长，增速趋于平稳。

3. 房地产市场销售情况

2023 年北京市商品房累计销售面积保持同比增长状态，增速在第二季度迎来峰值，整体保持稳定。如图 4.5 所示，2023 年北京市商品房累计销售面积为 1122.64 万平方米，同比增长 7.9%。其中住宅累计销售面积为 811.11 万平方米，同比增长 9.3%。

图 4.4　北京市 2023 年 1~12 月商品房累计竣工面积及同比增速

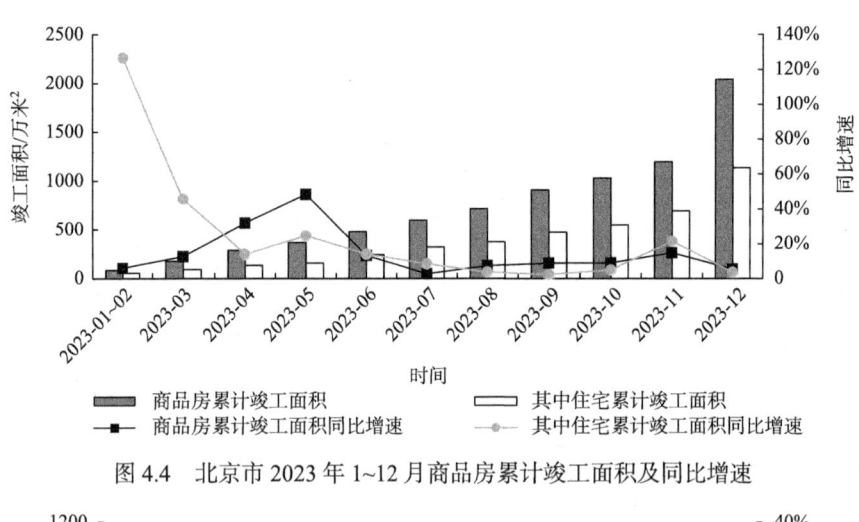

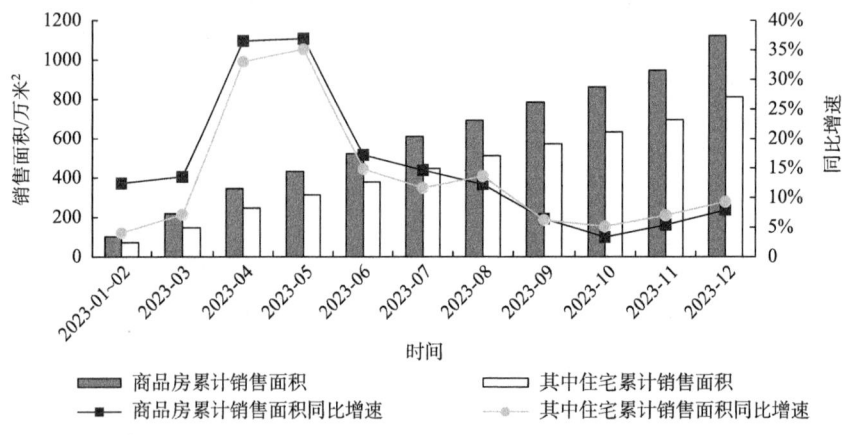

图 4.5　北京市 2023 年 1~12 月商品房累计销售面积及同比增速

2023 年北京市商品房累计销售额为 4233.19 亿元，同比增长 6.4%。其中住宅累计销售额为 3809.29 亿元，同比增长 7.4%，如图 4.6 所示。

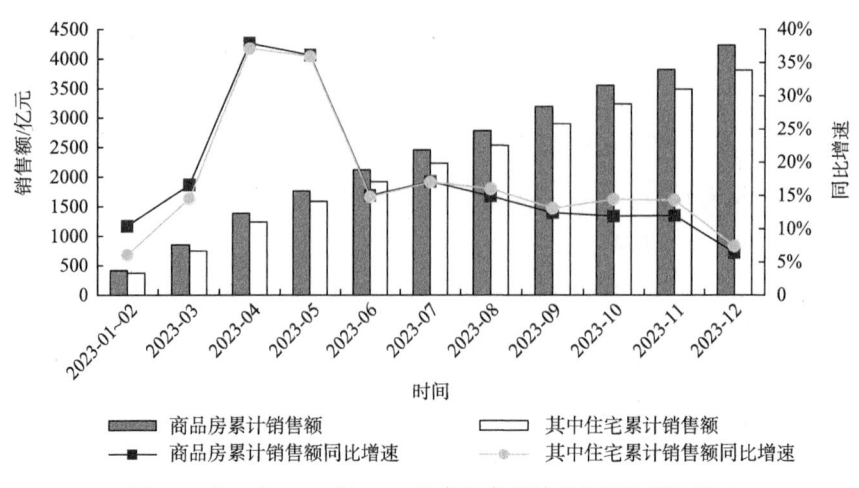

图 4.6　北京市 2023 年 1~12 月商品房累计销售额及同比增速

4. 商品房交易价格情况

2023年1~12月北京市新建商品住宅价格指数保持相对稳定，整体呈现下降趋势；二手住宅价格指数呈现逐月下降趋势（图4.7）。整体来看，2023年北京市二手住宅价格指数上升1.6%，小于新建商品住宅价格指数3.5%的增长幅度。

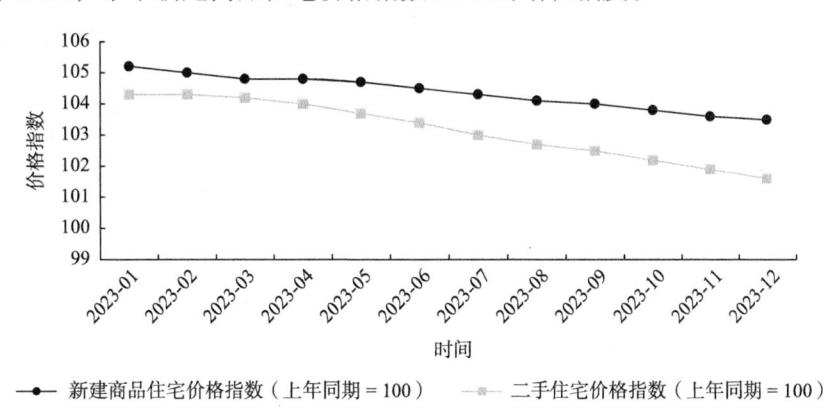

图4.7 北京市2023年1~12月新建商品住宅与二手住宅价格指数

三、政策建议

2023年，北京市经济增长势头良好，北京市房地产市场呈现房价小幅波动趋势。一线热点城市的房价调控，关键在于坚持"房住不炒"、坚持租购并举，引导好市场预期，继续推进保障性住房建设，统筹推进住房需求侧管理和供给侧结构性改革，确保房价基本稳定，以更好保障民生和防范金融风险。

1. 引导好市场预期

2023年12月，北京市住房和城乡建设委员会、中国人民银行北京市分行等五部门联合印发了《关于调整优化本市普通住房标准和个人住房贷款政策的通知》，提出调整普通住房标准，下调新发放房贷最低首付款比例等。未来，北京市要从支持合理住房消费角度出发，继续出台有力政策，巩固和推进房地产市场的企稳向好发展态势。

2. 统筹推进住房需求侧管理

实现一线热点城市住房供需再平衡，必须加强住房需求侧管理。需求侧管理要处理好有为政府和有效市场的关系，降低扭曲程度和对需求的抑制程度，理顺分配机制，真正释放潜在的需求。未来，北京市要推进商品房市场的房地产税的立法、试点改革，以及保障性住房的相关改革，做好房地产市场的需求侧管理。

3. 完善租购并举的新住房制度

构建租购并举格局下，住房租赁管理服务新体系《北京市住房租赁条例》于2022年9月起正式实施。北京市住房和城乡建设委员会继续面向北京市全域广泛征集保租房意向实施项目，于2023年6月印发《北京市住房和城乡建设委员会关于面向社会广泛征集我市保障性租赁住房意向实施项目的通知》。住房租赁是实现"住有所居"、解决大城市住房问题，以及满足新市民、青年人，特别是从事城市基本公共服务人员等群体的住房需求的重要途径。《北京市住房租赁条例》坚持发展与规范并重，坚持"房住不炒"、租购并举，支持居民通过租赁方式解决住房问题、改善居住条件。北京是首个将"住有所居、房住不炒、租购并举、职住平衡"等写入地方立法的城市。未来，北京市要进一步加强住房租赁市场监管调控和应急处置，建立纠纷多元化解机制，完善租购并举的新住房制度。

第二节 上海市2023年1~12月房地产市场分析

一、上海市经济形势概况

2023年，面对复杂严峻的国际环境和艰巨繁重的改革发展任务，全市以习近平新时代中国特色社会主义思想为指导，认真落实党中央、国务院决策部署和市委、市政府工作要求，坚持稳中求进工作总基调，精准有力落实宏观政策调控，着力提振信心、扩大需求、优化结构、促进发展，全市经济运行稳步恢复，供给需求逐步改善，就业物价总体稳定，高质量发展持续推进。

根据地区生产总值统一核算结果，2023年，全市实现地区生产总值47 218.66亿元，按不变价格计算，比上年增长5.0%。分产业看，第一产业增加值96.09亿元，下降1.5%；第二产业增加值11 612.97亿元，增长1.9%；第三产业增加值35 509.60亿元，增长6.0%。

1. 工业生产运行平稳，重点装备制造业较快增长

2023年，全市规模以上工业增加值比上年增长1.5%；规模以上工业总产值39 399.57亿元，下降0.2%。分行业看，汽车制造业总产值增长12.0%，电气机械和器材制造业总产值增长11.6%，铁路、船舶、航空航天和其他运输设备制造业总产值增长14.6%。分产品看，半导体存储盘产量增长1.0倍，3D打印设备产量增长29.4%。2023年，全市工业战略性新兴产业中，新能源汽车产业产值比上年增长32.1%，新能源产业产值增长21.3%。

2. 服务业较快增长，信息、商务和文化服务业增势良好

2023年，全市第三产业增加值比上年增长6.0%。其中，金融业增加值8646.86亿元，增长5.2%；信息传输、软件和信息技术服务业增加值4732.03亿元，增长11.3%；房地产业增加值3555.18亿元，下降0.3%；租赁和商务服务业增加值3220.27亿元，增长8.1%；交通运输、仓储和邮政业增加值2331.48亿元，增长15.6%；批发和零售业增加值5094.52亿元，增长2.3%。1~11月，全市规模以上服务业企业营业收入44 799.91亿元，比上年同期增长2.5%。其中，信息传输、软件和信息技术服务业，租赁和商务服务业，文化、体育和娱乐业营业收入分别增长17.7%、12.4%、31.6%。

3. 固定资产投资快速增长，建筑业产值增速较快

2023年，全市固定资产投资比上年增长13.8%。其中，房地产开发投资增长18.2%，城市基础设施投资增长3.3%，工业投资增长5.5%。制造业投资增长6.7%。其中，成套设备制造业增长16.6%，电子信息产品制造业投资增长9.6%，生物医药制造业投资增长

9.6%。民间投资增长 6.9%，占全市投资比重为 29.3%。其中，工业民间投资增长 18.1%，房地产开发民间投资增长 3.8%。全市新建商品房销售面积 1808.03 万平方米，下降 2.4%。

2023 年，全市资质以内建筑业企业完成总产值比上年增长 8.9%。分经济类型看，国有、个体私营、外资分别增长 7.4%、17.7%、1.6%。

4. 消费市场持续恢复，住宿和餐饮业增长显著

2023 年，全市社会消费品零售总额 18 515.50 亿元，比上年增长 12.6%。其中，批发和零售业零售额 17 010.24 亿元，增长 11.1%。分类别看，限额以上企业的服装鞋帽针纺织品类零售额增长 24.4%，金银珠宝类零售额增长 14.4%，日用品类零售额增长 15.4%，通信器材类零售额增长 16.4%。

2023 年，限额以上住宿和餐饮业营业额 1565.65 亿元，比上年增长 32.9%。其中，住宿业营业额增长 49.0%，餐饮业营业额增长 28.5%。

5. 金融市场稳健运行，地方财政收入保持增长

2023 年，全市金融市场成交额 3373.63 万亿元，比上年增长 15.0%。其中，上海证券交易所有价证券成交额增长 11.2%，银行间市场成交额增长 17.9%。原保险保费收入增长 17.9%。12 月末，全市中外资金融机构本外币存款余额 20.44 万亿元，增长 6.3%；贷款余额 11.18 万亿元，增长 7.3%。

2023 年，全市地方一般公共预算收入 8312.50 亿元，比上年增长 9.3%；地方一般公共预算支出 9638.51 亿元，增长 2.6%。

6. 货物进出口总体平稳，消费品进口枢纽地位巩固

2023 年，全市货物进出口总额 4.21 万亿元，比上年增长 0.7%。其中，货物出口 1.74 万亿元，增长 1.6%；货物进口 2.47 万亿元，增长 0.1%。

2023 年，全市消费品进口额比上年增长 7.3%，占货物进口额的 22.7%。其中，乘用车进口额增长 7.5%，箱包及类似容器进口额增长 16.5%。铁矿砂及其精矿、煤及褐煤等大宗资源类商品进口额分别增长 13.0%、21.0%。

7. 居民消费价格温和上涨，工业生产者价格小幅下降

2023 年，全市居民消费价格比上年上涨 0.3%。其中，消费品价格下降 1.0%，服务价格上涨 1.8%。分类别看，食品烟酒类价格下降 1.2%，衣着类价格上涨 2.0%，居住类价格上涨 0.2%，生活用品及服务类价格上涨 0.4%，交通通信类价格下降 0.9%，教育文化娱乐类价格上涨 3.6%，医疗保健类价格上涨 0.2%，其他用品及服务类价格上涨 4.8%。12 月，居民消费价格同比下降 0.3%，环比上涨 0.2%。

2023 年，全市工业生产者出厂价格比上年下降 0.3%，购进价格下降 1.1%。12 月，工业生产者出厂价格和购进价格同比均下降 0.7%，环比分别下降 0.2%和 0.3%。

8. 居民收入稳步增加，就业形势总体稳定

2023 年，全市居民人均可支配收入 84 834 元，比上年名义增长 6.6%；扣除价格因素，实际增长 6.3%。其中，城镇常住居民人均可支配收入 89 477 元，名义增长 6.5%，实际增长 6.2%；农村常住居民人均可支配收入 42 988 元，名义增长 8.2%，实际增长 7.9%。

2023年，全市城镇调查失业率平均值为4.5%。

总的来看，2023年，全市经济总体保持稳中有进、稳中向好态势，高质量发展扎实推进。同时也要看到，当前外部环境复杂性、严峻性、不确定性上升，经济发展仍面临一些困难和挑战。下阶段，要继续坚持以习近平新时代中国特色社会主义思想为指导，全面贯彻落实党的二十大和二十届二中全会精神，按照中央经济工作会议部署，深入贯彻习近平总书记考察上海重要讲话精神，坚持稳中求进、以进促稳、先立后破，在加快"五个中心"①建设、强化"四大功能"②上持续发力，更好统筹扩大内需和深化供给侧结构性改革，切实增强活力、提振信心、稳定预期，巩固和增强经济恢复向好态势，持续推动经济实现质的有效提升和量的合理增长，在中国式现代化进程中当好开路先锋。

二、上海市房地产市场概况

1. 房地产开发投资情况

2023年1~12月，上海市房地产开发投资保持平稳增长。2023年12月，上海市房地产开发投资稳步增长，完成投资5885.79亿元，同比增长18.2%。

从图4.8中可以看出，2023年，上海市房地产累计开发投资额同比增速起初保持增长态势，后面出现下降趋势，增速逐渐放缓。第二季度房地产累计开发投资额实现大幅度增长，同比增速最高达到40.7%；上半年房地产累计开发投资额增长37.5%。住宅累计开发投资额同比增速在上半年同样增长较为迅速，但是在下半年逐渐放缓，并且呈现出下降趋势。2023年1~12月，住宅累计开发投资额同比增速始终高于房地产累计开发投资额同比增速。

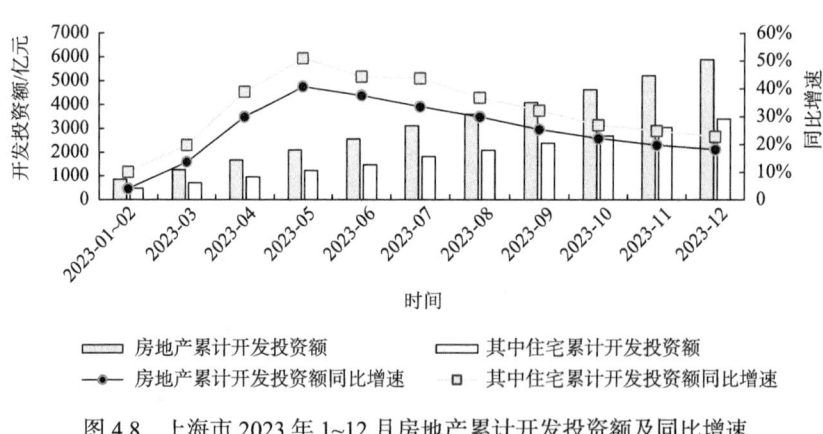

图4.8 上海市2023年1~12月房地产累计开发投资额及同比增速
资料来源：国家统计局

2. 房地产开发建设情况

2023年上海市商品房累计施工面积为17 215.73万平方米，同比增长3.2%。其中住

---

① 即国际经济中心、金融中心、贸易中心、航运中心、科技创新中心。
② 即全球资源配置功能、科技创新策源功能、高端产业引领功能、开放枢纽门户功能。

宅累计施工面积为 8020.72 万平方米，同比增长 3.4%。具体如图 4.9 所示。

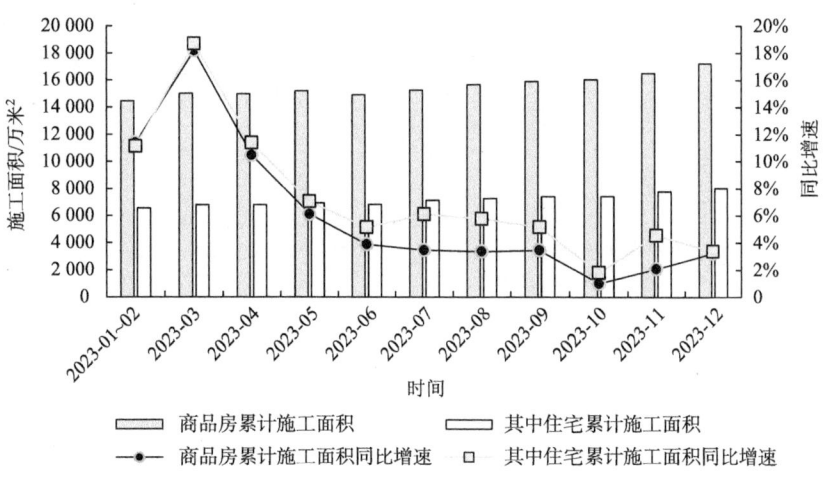

图 4.9　上海市 2023 年 1~12 月商品房累计施工面积及同比增速

资料来源：国家统计局

2023 年上海市商品房累计新开工面积为 2373.6 万平方米，同比减少 19.3%，增幅有较大回落。其中住宅累计新开工面积为 1356.33 万平方米，同比减少 15.3%，具体如图 4.10 所示。

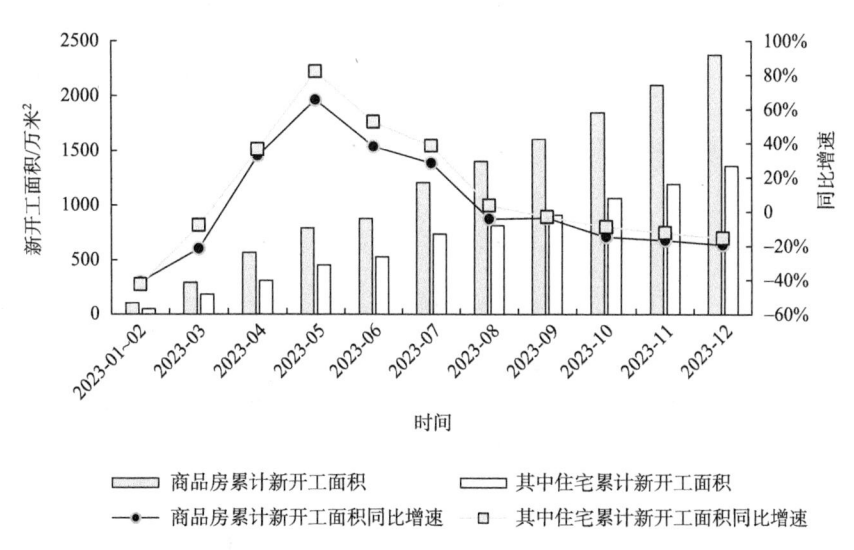

图 4.10　上海市 2023 年 1~12 月商品房累计新开工面积及同比增速

资料来源：国家统计局

2023 年 1~12 月，上海市商品房累计竣工面积为 2096.36 万平方米，同比增长 25.1%，其中住宅累计竣工面积为 1173.45 万平方米，同比增长 25.5%。2023 年 1~5 月，商品房累计竣工面积同比增速持续上升，8 月出现大幅度下跌，之后保持增长态势，具体如图 4.11 所示。

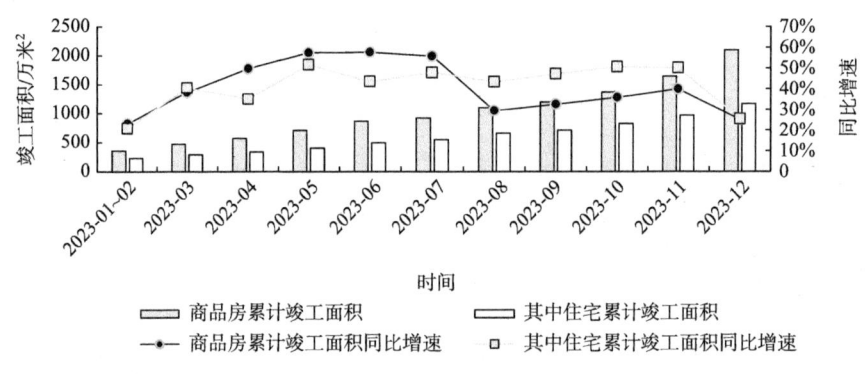

图 4.11　上海市 2023 年 1~12 月商品房累计竣工面积及同比增速
资料来源：国家统计局

3. 房地产市场销售情况

2023 年上海市商品房累计销售面积在 4~11 月保持同比增长状态，增速由迅速到逐渐放缓，但是最后出现了下降状态。2023 年 1~12 月，上海市商品房累计销售面积为 1808.03 万平方米，同比下降 2.4%。其中住宅累计销售面积为 1454.02 万平方米，同比下降 6.9%，具体如图 4.12 所示。

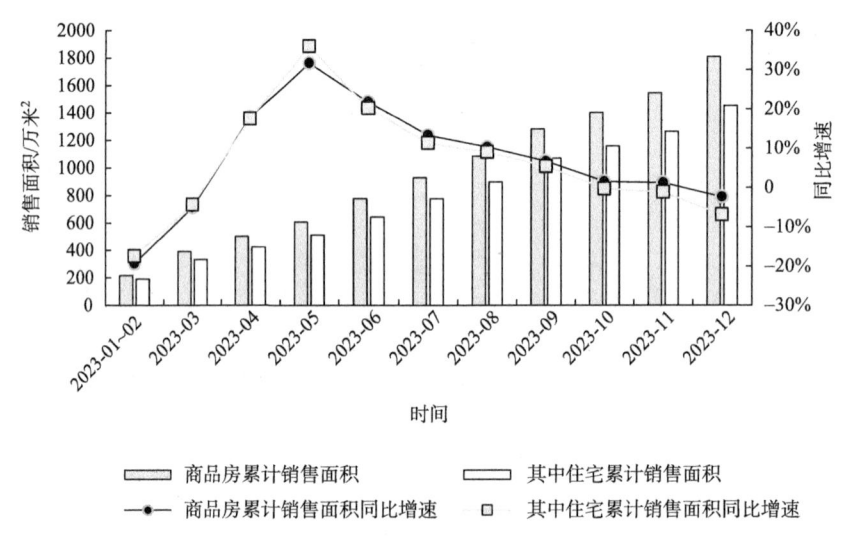

图 4.12　上海市 2023 年 1~12 月商品房累计销售面积及同比增速
资料来源：国家统计局

2023 年上海市商品房累计销售额为 7259.99 亿元，同比下降 2.8%。其中住宅累计销售额为 6685.19 亿元，同比下降 3.6%，具体如图 4.13 所示。

4. 商品房交易价格情况

如图 4.14 所示，2023 年上海市新建商品住宅价格指数保持了较为平稳的发展趋势，二手住宅价格指数先增后降，整体来看，2023 年上海市二手住宅价格指数呈现出了下降的趋势。

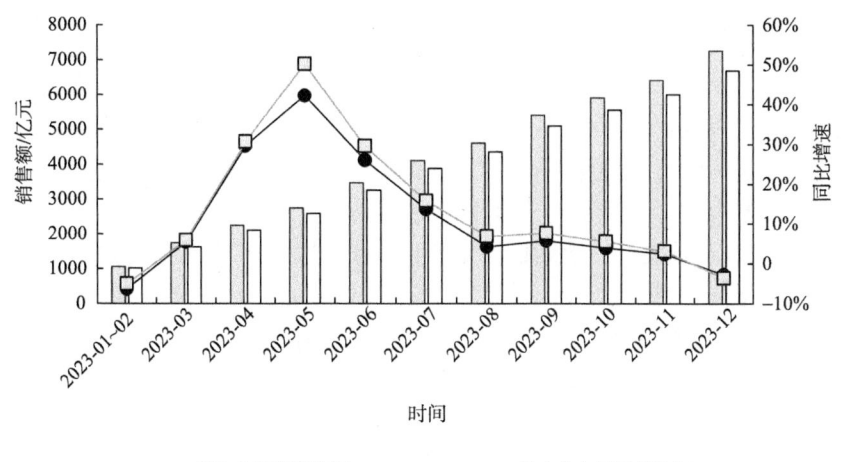

图 4.13　上海市 2023 年 1~12 月商品房累计销售额及同比增速
资料来源：国家统计局

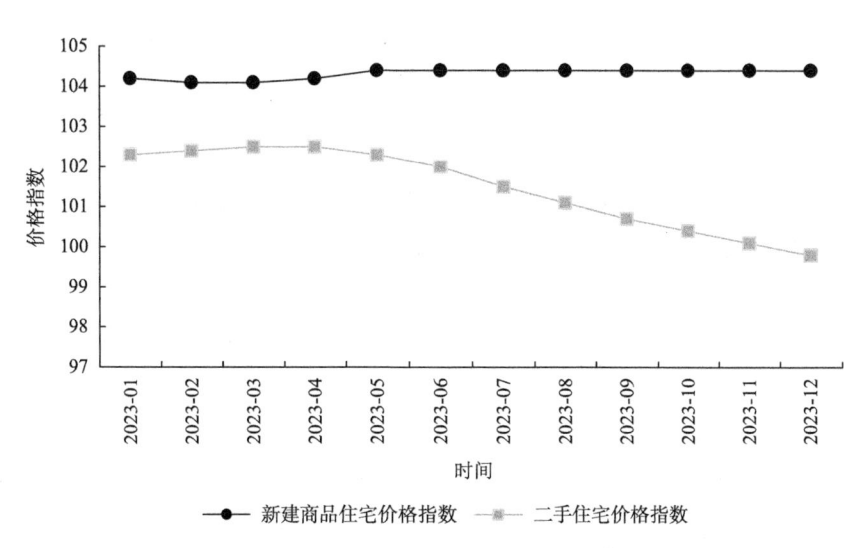

图 4.14　上海市 2023 年 1~12 月新建商品住宅与二手住宅价格指数
资料来源：国家统计局

三、政策建议

1. 保持新旧动能转换态势，提高防范意识

2023 年中央经济工作会议提到了要"先立后破"，在新旧动能转换的过程中要谨防大起大落，当前要严防楼市趋势性下行的压力，从当前上海楼市发展阶段来看，基本已进入以改善需求为主导的阶段，但两地仍在严格执行楼市比较火热阶段的一些政策，所以有必要对原有政策进行优化调整，降低改善性客群置换的门槛。

2. 提升住房保障水平，优化保障性住房运营管理

根据城市发展及人口居住实际需求，细化住房保障准入标准和供应方式。确保保障性住房用地供应，完善保障性住房用地规划布局。按照供需匹配的原则，在确保保障性住房供应总量的前提下，完善商品房配建保障性住房政策。要统筹化解房地产、地方债务、中小金融机构等风险，严厉打击非法金融活动，坚决守住不发生系统性风险的底线。积极稳妥化解房地产风险，一视同仁满足不同所有制房地产企业的合理融资需求，促进房地产市场平稳健康发展。

3. 建立健全住房租赁体系，加强住房租赁市场管理

通过政府引导，筹措供应集中式新建租赁住房项目，建立平台，加强供需对接、协调分配，发挥保障性租赁住房的托底保障功能，优化人才租房支持政策。同时，关注住房租赁企业发展，引导企业结合社会发展趋势、住房需求演变规律和企业自身优势，参与社区养老、老旧小区改造、物业管理服务等领域的活动，实现多元化转型。

建立住房租赁市场风险防范机制，强化住房租赁资金监管，严控"租金贷"业务。健全住房租赁纠纷调处机制，加大违法违规行为查处整治力度，加大对住房租赁市场相关主体合法权益的保护力度。未来希望按照"因区施策"原则，优化限购政策，进一步提高非核心区域进一步放宽限购政策的可能性。

第三节 广州市2023年1~12月房地产市场分析

一、广州市经济形势概况

2023年，广州市坚持稳中求进工作总基调，全力以赴推动稳增长政策发力见效，形成共促高质量发展合力。一年来，全市经济大盘运行平稳向好，生产形势稳步改善，重点领域需求有效恢复，城市活力持续释放，发展动能不断积蓄，民生保障扎实有力，全年经济在动能转换中推动高质量发展迈出新步伐。

根据广东省地区生产总值统一核算结果，2023年，广州市地区生产总值为30 355.73亿元，同比增长4.6%。其中，第一产业增加值为317.78亿元，同比增长3.5%；第二产业增加值为7775.71亿元，同比增长2.6%；第三产业增加值为22 262.24亿元，同比增长5.3%。

1. 农业生产形势稳定，稳产保供成效明显

2023年，全市实现农林牧渔业总产值582.79亿元，同比增长4.2%。主导行业中，种植业、渔业同比分别增长3.1%和1.3%。农业生产服务加快发展，农林牧渔专业及辅助性活动产值同比增长10.2%。重点农产品中，生猪产能持续释放，实现出栏量同比增长9.4%。水果和淡水产品稳步增产，实现产值同比分别增长3.4%和5.9%。特色农产品增势较好，观赏鱼、花卉实现产值同比分别增长25.7%和9.4%。

2. 工业生产企稳改善，新质生产力增长较好

2023年，全市规模以上工业增加值同比增长1.4%，增速比前三季度提高2.4个百分点。主导产业中汽车、电子产品制造业增速均实现转正，对工业企稳发挥支撑作用，全年实现增加值同比分别增长1.5%和0.4%。生物医药产业加快集聚，剔除新冠检测试剂生产影响后，医药制造业增加值同比增长20.9%。代表新质生产力的部分产品快速产出，新能源汽车、太阳能电池（光伏电池）、风力发动机组产量同比分别增长1.1倍、80.0%和38.2%；工业机器人、服务机器人、显示器、集成电路等新一代信息技术产品产量分别增长47.1%、43.8%、29.3%和21.6%。消费升级下部分智能化、绿色化及健康类消费品制造保持较快增长势头，智能电视、影像投影仪等视听设备产量同比分别增长29.5%和15.1%；家用房间空气清洁装置、家用湿度调节器、家用电冰箱等家电产品产量增长均超20%；营养保健食品、精制茶产量同比分别增长16.6%和39.2%。

3. 规上服务业持续向好，高端专业领域带动作用强

2023年1~11月（错月数据），全市规模以上服务业营业收入同比增长11.0%，增速升至年内最高。主要行业中，互联网、软件和信息技术服务业同比增长5.8%。租赁和商务服务业持续向好，实现营业收入同比增长15.4%。其中，各类大型展会接连举办，带动会议展览及相关服务业加快恢复，同比增长1.2倍。文旅业火爆"出圈"，文化体育和娱乐业实现营业收入同比增长31.9%，其中演艺经济持续火爆，带动文化艺术业、娱乐业营业收入分别增长1.2倍和54.9%；需求释放带动旅游业复苏提速，旅行社及相关服务同比增长1.3倍。两业融合加速推进，科学研究和技术服务业稳定增长7.2%；广告服务、专业设计服务、电子商务服务等生产生活性专业服务领域展现活力，同比分别增长26.5%、23.9%和18.5%。

4. 消费市场稳中有升，升级类消费潜能释放

2023年，全市社会消费品零售总额11 012.62亿元，同比增长6.7%。其中，新能源汽车类商品持续热销，实现零售额同比增长35.1%。时尚消费活力激发，限额以上化妆品类、服装鞋帽针纺织品类商品零售额同比分别增长15.8%和15.3%。绿色智能类家居家电消费潜力释放，限额以上家用电器和音像器材类零售额同比增长8.6%，其中可穿戴设备、智能家用电器和音像器材、智能手机零售额分别增长73.8%、11.0%和9.9%。"人间烟火"持续升温，住宿和餐饮业实现零售额同比增长23.3%。分业态看，线上消费持续活跃，限上批发零售业实物商品网上零售额在连续多年较快增长的基础上继续保持较好增势，同比增长8.9%，住宿餐饮企业通过公共网络实现餐费收入增长27.3%。

5. 固定资产投资稳中趋优，高技术制造业投资增势良好

2023年，全市完成固定资产投资同比增长3.6%。分领域看，工业投资增长较快，同比增长21.4%，其中，工业技改投资同比增长25.9%。高技术制造业投资增势较好，同比增长19.2%，其中电子及通信设备制造业、医药制造业两大重点行业投资持续保持良好增长态势，同比分别增长15.5%和26.6%。基础设施投资增长稳定，同比增长12.2%。

房地产开发投资同比下降8.7%。民间资本对实体经济的投入加大，民间工业投资同比增长20.6%，占全部工业投资的比重接近一半。

6. 进出口贸易总体平稳，贸易结构持续优化

2023年，全市外贸进出口总值10 914.28亿元，同比增长0.1%。其中，出口6502.64亿元，同比增长5.8%；进口4411.64亿元，同比下降7.2%。各种贸易方式中，一般贸易进出口增长态势良好，增长7.1%，占进出口总值的比重为69.1%，比2022年提高5.0个百分点。汽车（含底盘）出口形势较好，同比增长1.9倍。

7. 金融市场运行稳健，信贷持续助力实体经济

2023年，全市金融业保持较快增长势头，实现增加值同比增长7.5%。12月末，全市金融机构本外币存贷款余额16.33万亿元，同比增长8.9%。其中存款余额8.66万亿元、贷款余额7.67万亿元，同比分别增长7.6%和10.5%。中长期贷款余额保持较快增长，住户、企事业单位中长期贷款余额同比分别增长10.1%和13.6%。实体经济、产业发展的信贷支持力度较大，制造业贷款余额同比增长16.3%，租赁和商务服务业、科学研究和技术服务业、教育等现代服务业贷款余额同比分别增长14.0%、34.6%和22.9%。

8. 交通运输业快速恢复，客运量回升明显

2023年，全市交通运输、仓储和邮政业快速恢复，实现增加值同比增长12.2%。在各类出行需求持续释放的带动下，全年实现客运量3.05亿人次，同比增长76.3%。其中，航空枢纽建设成效显著，全年白云机场完成旅客吞吐量迈上6000万人次台阶，为6317.35万人次，同比增长1.4倍；铁路客运量1.31亿人次，同比增长95.2%；公路客运量7838万人次，同比增长17.9%。货运增长稳定，全年货运量9.29亿吨，同比增长2.6%，其中，铁路、航空货运量增长态势较好，分别增长7.0%和21.1%。港口生产稳步恢复，全年港口货物吞吐量、集装箱吞吐量同比分别增长2.9%和2.2%。

9. 居民收入稳步提高，民生保障扎实有力

2023年，广州城镇居民人均可支配收入80 501元，同比增长4.8%；农村居民人均可支配收入38 607元，同比增长6.4%。城乡居民人均收入比值为2.09，比2022年缩小0.03。民生保障投入持续发力，财政支出优先保障民生，全市民生领域的支出占一般公共预算支出比重近七成；重点公共服务、公共设施建设扎实推进，卫生和社会工作、水利环境和公共设施管理业投资同比分别增长14.9%和15.2%。

总的来看，2023年，广州市锚定高质量发展持续发力，新兴领域不断成长壮大，经济增长内生动力稳步增强，主要指标向好态势不断显现。然而，当前经济运行面临的内外压力仍然较大，产业转型升级的结构性问题依然突出，经济回升向好的基础仍待夯实。下阶段，要深刻把握经济工作的总体要求和政策导向，坚持稳中求进、以进促稳、先立后破，持之以恒稳定市场预期强信心，加大招商引资稳主体，优化产业结构育动能，激发消费潜能扩需求，力促有效投资蓄后劲，提升城市能级强功能，不断筑稳做强高质量发展底基底盘，巩固和增强经济回升向好态势。

二、广州市房地产市场概况

1. 房地产开发投资情况

如图 4.15 所示，2023 年 1~12 月，广州市房地产累计开发投资额为 3134.40 亿元，同比增速为 –8.7%。全年累计开发投资额稳定增长，每月增长额保持在 150 亿元以上，其中 6 月新增投资额最多，为 400.3 亿元。但房地产开发投资延续了 2022 年以来的下行趋势，全年房地产累计开发投资额同比增速均为负值，最低为 5 月的 –9%，最高为 8 月的 –3.4%。

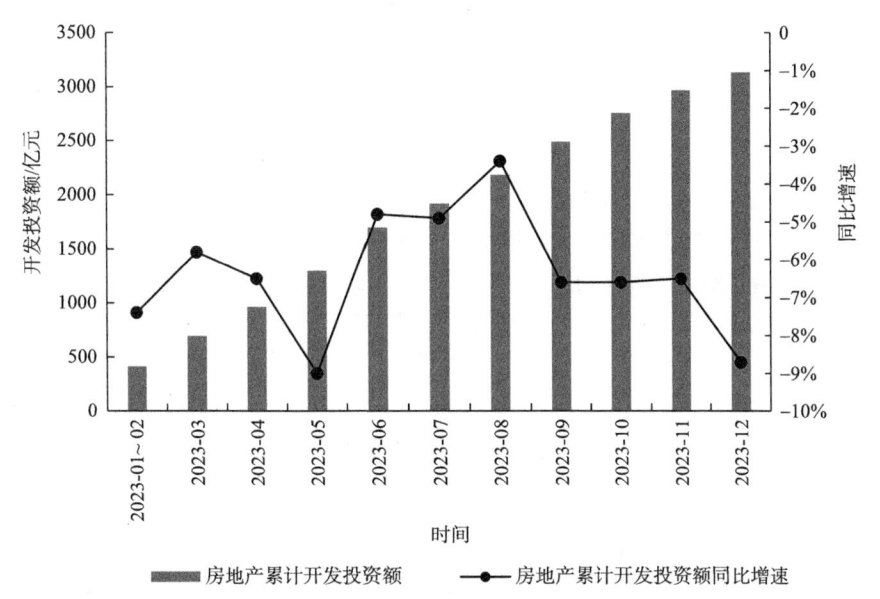

图 4.15　广州市 2023 年 1~12 月房地产累计开发投资额及同比增速
资料来源：广州市统计局

2. 房地产开发建设情况

如图 4.16 所示，2023 年 1~12 月，广州市商品房累计施工面积为 12 739.37 万平方米，同比增速为 –1.6%，其中住宅累计施工面积为 7377.82 万平方米，同比增速为 –2.5%。与 2022 年同期相比，全年商品房累计施工面积均呈下降趋势，且降速逐渐加快，其中住宅累计施工面积同比增速与商品房累计施工面积同比增速变动趋势大致相同，且在 5 月及之后其下降速度均高于商品房累计施工面积同比增速的下降速度。

如图 4.17 所示，2023 年 1~12 月，广州市商品房累计竣工面积为 908.36 万平方米，同比增速为 –32.8%，其中住宅累计竣工面积为 475.01 万平方米，同比增速为 –44.2%。广州市 2023 年商品房累计竣工面积在 1~2 月下降最快，此后同比增速呈上升趋势，但除 7 月以外，商品房累计竣工面积与 2022 年同期相比均有所下降。相比商品房累计竣工面积同比增速，住宅累计竣工面积同比增速更低，但整体趋势相同，在 1~2 月下降最快，达到 –73.4%，之后呈上升趋势，其中 7 月最高，为 –14.5%。

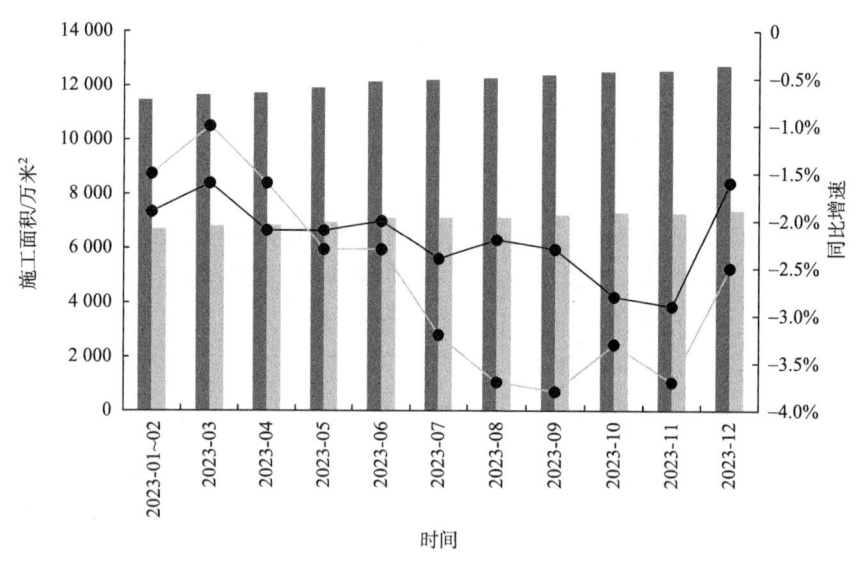

图 4.16　广州市 2023 年 1~12 月商品房累计施工面积及同比增速
资料来源：广州市统计局

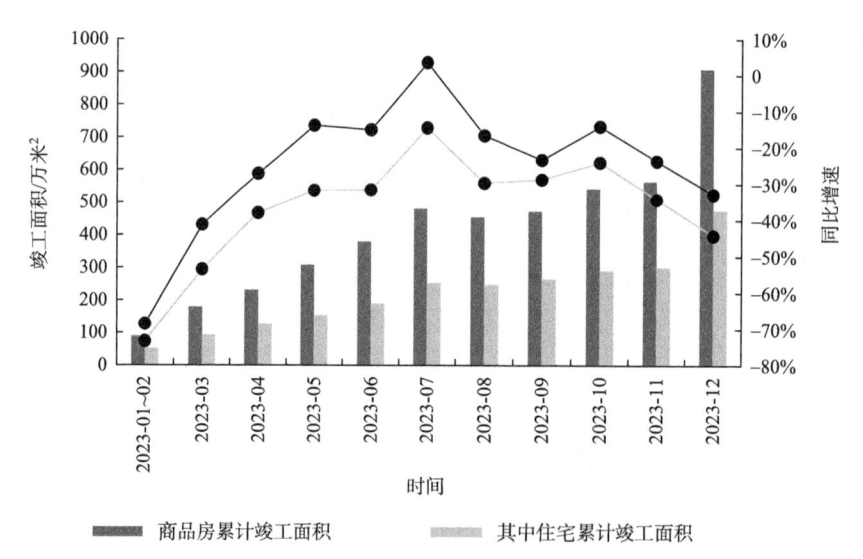

图 4.17　广州市 2023 年 1~12 月商品房累计竣工面积及同比增速
资料来源：广州市统计局

3. 房地产市场销售情况

如图 4.18 所示，2023 年 1~12 月，广州市商品房累计销售面积为 1100.81 万平方米，同比增速为 5.2%。全年销售面积分布较为平均，整体市场销售情况较为平稳，其中 3 月销售面积最大，为 146.23 万平方米，4~7 月累计销售面积与 2022 年同期相比有所上升。

同比增速呈现先上升后下降的趋势，在 1~4 月逐渐上升，在 4 月达到最高，为 33.8%，之后逐渐下降。

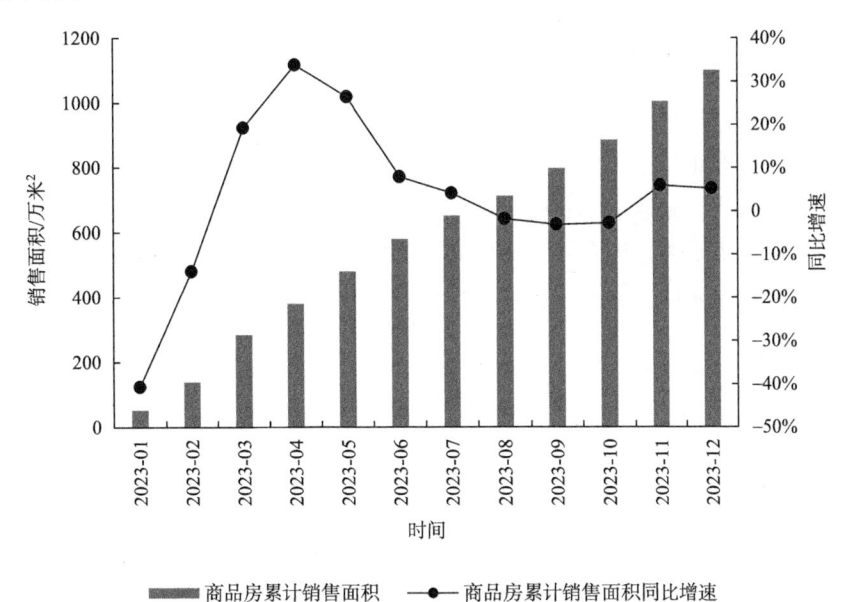

图 4.18 广州市 2023 年 1~12 月商品房累计销售面积及同比增速
资料来源：广州市统计局

如图 4.19 所示，2023 年 1~12 月，全市商品房可售面积达 2354.17 万平方米，同比增速为 2.7%。其中住宅可售面积为 1171.04 万平方米，同比增速为-7.74%。从同比增速上看，全年住宅可售面积同比增长趋势与商品房可售面积整体趋势基本相同，其中 1~3 月商品房

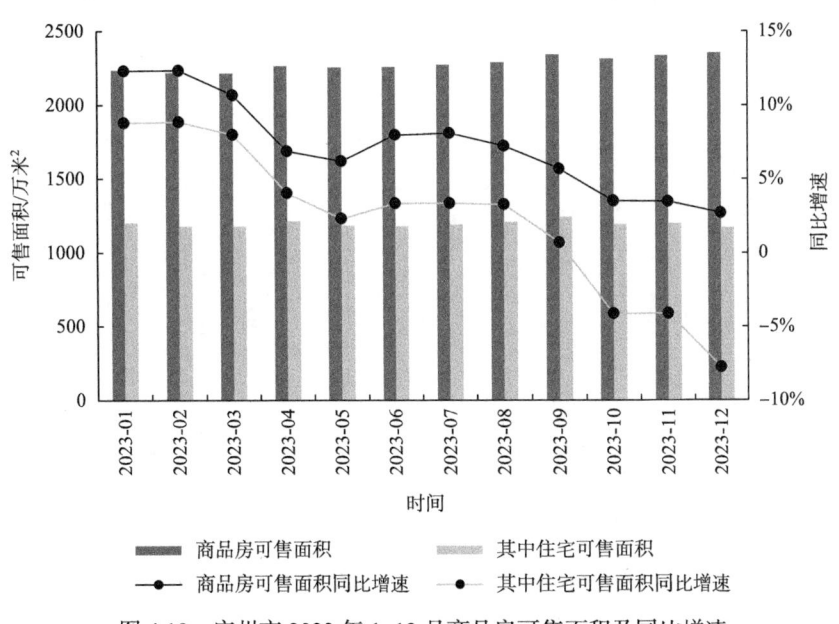

图 4.19 广州市 2023 年 1~12 月商品房可售面积及同比增速
资料来源：广州市统计局

和住宅的可售面积相比上年增长较快，达到 8%以上，之后整体呈下降趋势，相比于商品房可售面积，住宅可售面积下降速度更快。从可售面积上看，2023 年销售市场相对较为活跃，而施工情况恢复缓慢，商品房和住宅可售面积全年变化不大，恢复情况较为稳定，全年房地产市场供应端存在一定压力。

4. 商品房交易价格情况

如图 4.20、图 4.21 所示，2023 年 1~12 月，广州市新建商品住宅价格指数同比增速负增长，且呈下行趋势，截至 12 月达到–3%。环比变化整体趋势与同比相同，上半年大多为正增长，但增速逐步放缓，从 6 月开始出现负增长，截至 12 月达到–1%。二手住宅价格指数变化趋势与新建商品住宅基本一致。交易价格基本保持平稳波动，相比上年呈下降趋势。

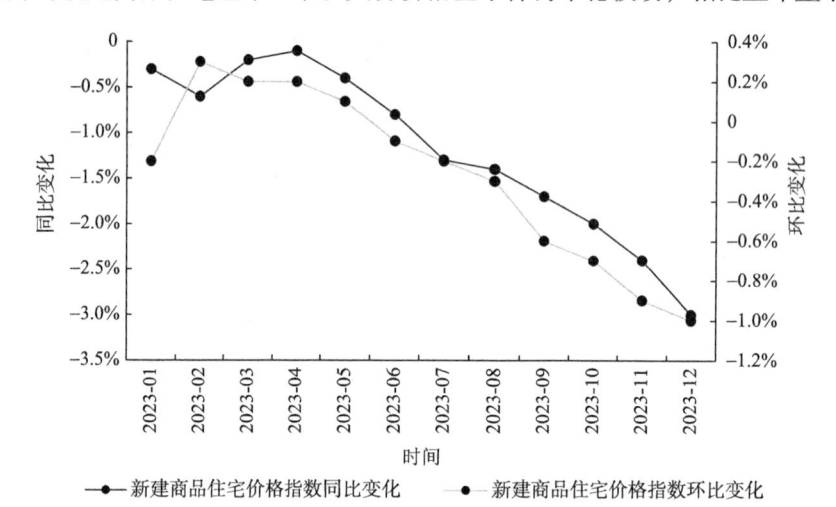

图 4.20 广州市 2023 年 1~12 月新建商品住宅价格指数同比及环比变化情况
资料来源：国家统计局

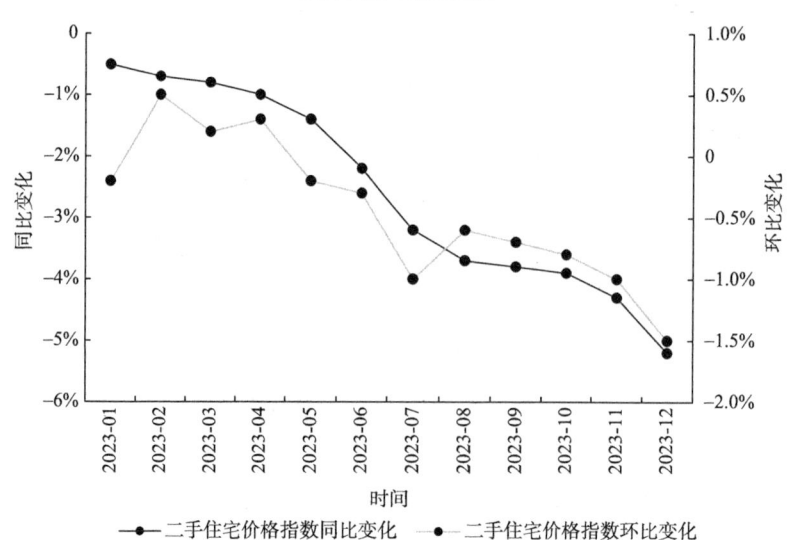

图 4.21 广州市 2023 年 1~12 月二手住宅价格指数同比及环比变化情况
资料来源：国家统计局

三、政策建议

1. 继续坚持"房住不炒",注重政策的稳定性与连续性

广州市作为粤港澳大湾区的经济核心城市之一,应继续坚持"房住不炒"的定位,切实保障购房者合理住房需求,推动房地产市场健康长效发展。同时在当前房地产市场逐渐走弱的背景下,应加强预期引导,注重政策的稳定性与连续性,引导房地产企业积极探索新发展模式,引导购房者的消费观念,促进房地产业良性循环,促进房地产市场健康发展,避免房价的非理性波动。

2. 以化解风险为重点,促进房地产市场平稳健康发展

坚决贯彻落实 2023 年中央经济工作会议要求,确保房地产市场平稳发展,会议以"持续有效防范化解重点领域风险"为切入点,强调要积极稳妥化解房地产风险,一视同仁满足不同所有制房地产企业的合理融资需求,促进房地产市场平稳健康发展。要切实防范化解重点领域风险,适应我国房地产市场供求关系发生重大变化的新形势,适时调整优化房地产政策,因城施策用好政策工具箱,更好满足居民刚性和改善性住房需求,促进房地产市场平稳健康发展。

3. 加快推进"三大工程",带动房地产投资消费

2023 年下半年,中央政治局会议、中央金融工作会议、中央经济工作会议都对加快推进保障性住房建设、"平急两用"公共基础设施建设、城中村改造等"三大工程"做出了重大决策部署。加快推进保障性住房建设的重点是拓展配售型保障性住房的新路径,最终是实现政府保障基本需求、市场满足多层次住房需求,建立租购并举的住房制度。同时应担负起主体责任,解决好人民群众的住房问题,尤其是新市民、青年人的住房问题。"平急两用"公共基础设施建设是统筹发展与安全、提高城市韧性的重大举措,关键是平时用得着、急时用得上。所以应加快推进"三大工程",有利于带动房地产相关投资消费,稳定宏观经济大盘。城中村改造是解决群众问题的重大民生工程,重点是消除安全风险隐患,改善居住环境,扩大内部需求,促进产业转型升级,推动城市高质量发展。

第四节 深圳市 2023 年 1~12 月房地产市场分析

一、深圳市经济形势概况

2023 年,面对复杂严峻的国际环境和艰巨繁重的国内改革发展稳定任务,深圳市坚持以习近平新时代中国特色社会主义思想为指导,学习贯彻党的二十大和二十届二中全会精神,深入贯彻落实习近平总书记对广东省、深圳市系列重要讲话和重要指示精神,按照党中央、国务院决策部署以及省委、省政府工作要求,坚持稳中求进工作总基调,完整、准确、全面贯彻新发展理念，加快构建新发展格局，着力推动高质量发展，全市经济持续恢复、回升向好，质量效益进一步提升。

根据广东省地区生产总值统一核算结果，2023年全市地区生产总值为 34 606.40 亿元，同比增长6.0%。其中，第一产业增加值为24.71亿元，同比增长2.6%；第二产业增加值为 13 015.32 亿元，同比增长6.5%；第三产业增加值为 21 566.38 亿元，同比增长5.6%。

深圳市经济运行主要呈现以下特点。

1. 工业生产平稳增长

2023 年 1~12 月，全市规模以上工业增加值同比增长 6.2%，比 2023 年 1~11 月高出 0.7 个百分点。从行业门类看，规模以上采矿业、制造业、电力热力燃气及水生产和供应业增加值分别增长 4.4%、5.6%、19.2%。主要行业大类中，规模以上汽车制造业增加值增长 47.3%，金属制品业增加值增长 23.2%，电力、热力生产和供应业增长 14.7%。主要高技术产品产量持续快速增长态势，其中，新能源汽车、服务机器人产量分别增长 104.2%、36.0%。

2. 固定资产投资持续稳定快速增长

2023 年，全市固定资产投资同比增长 11.0%。分产业看，第二产业投资增长 43.1%，第三产业投资增长 3.7%。其中，工业投资增势强劲，增长 43.0%。分领域看，制造业投资拉动作用显著，增长 53.8%；房地产开发投资增长 10.6%。高技术产业投资活跃，高技术制造业投资增长 64.0%，其中，电子及通信设备制造投资增长 70.6%。社会领域投资快速增长，其中，文化、体育和娱乐业投资增长 29.4%，公共管理、社会保障和社会组织投资增长 27.1%。

3. 市场销售较快恢复

2023 年，全市社会消费品零售总额首次实现破万亿元，达 10 486.19 亿元，同比增长 7.8%。分消费类型看，商品零售增长 7.0%；餐饮收入增长 15.2%。基本生活类商品销售良好，其中，限额以上单位粮油食品类零售额增长 13.3%。消费升级类商品保持较快增长，其中，限额以上单位通信器材类、家用电器和音像器材类零售额分别增长 19.4%、13.6%。网上零售额持续快速增长，限额以上单位通过互联网实现的商品零售额增长 26.1%。

4. 进出口增长态势向好

2023 年，全市进出口总额 38 710.70 亿元，同比增长 5.9%。其中，出口 24 552.08 亿元，增长 12.5%；进口 14 158.62 亿元，下降 4.0%。其中，一般贸易进出口增长 14.4%，占进出口总额的 53.6%，比重较上年增加 4.0 个百分点。

5. 金融机构存贷款余额保持较快增长

12 月末，全市金融机构（含外资）本外币存款余额 133 350.52 亿元，同比增长 8.1%。金融机构（含外资）本外币贷款余额 92 140.89 亿元，同比增长 8.3%。

6. 居民消费价格小幅上涨

1~12 月，全市居民消费价格比上年同期上涨 0.8%。其中，食品烟酒类价格上涨 1.9%，衣着类价格上涨 3.9%，居住类价格上涨 0.1%，生活用品及服务类价格上涨 0.1%，交通通信类价格下降 2.7%，教育文化娱乐类价格上涨 2.9%，医疗保健类价格上涨 0.3%，其他用品及服务类价格上涨 2.0%。

总的来看，2023 年全市经济持续回升向好，高质量发展扎实推进。同时也要看到，当前外部环境复杂性、严峻性、不确定性上升，经济发展仍面临一些困难和挑战。下阶段，深圳市将坚持以习近平新时代中国特色社会主义思想为指导，全面贯彻落实党的二十大和二十届二中全会精神，按照中央经济工作会议部署，落实省委十三届四次全会暨省委经济工作会议部署，完整、准确、全面贯彻新发展理念，加快构建新发展格局，着力推动高质量发展，坚持稳中求进、以进促稳、先立后破，统筹高质量发展和高水平安全，切实增强经济活力、防范化解风险、改善社会预期，巩固和增强经济回升向好态势，持续推动经济实现质的有效提升和量的合理增长，坚决在推进中国式现代化建设中走在前列、勇当尖兵，为强国建设、民族复兴伟业做出深圳市最大程度贡献。

二、深圳市房地产市场概况

1. 房地产开发投资情况

如图 4.22 所示，2023 年 1~12 月，深圳市房地产累计开发投资额同比增长 10.6%。与 2022 年同期数据相比，2023 年房地产累计开发投资额显著提高，同比增速均大于 10%。其中，第二季度同比增速表现突出，1~5 月的累计开发投资额同比增速最高达到 25.3%。

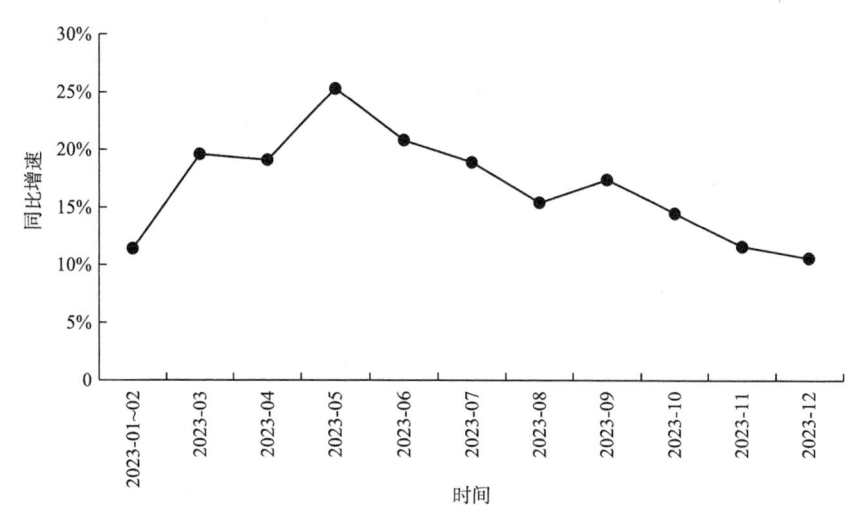

图 4.22　深圳市 2023 年 1~12 月房地产累计开发投资额同比增速
资料来源：深圳市统计局

2. 房地产开发建设情况

如图 4.23 所示，2023 年 1~12 月，深圳市商品房累计施工面积达 11 195.74 万平方米，同比增长 2.2%。其中住宅累计施工面积达到 5983.63 万平方米，同比增长 4.3%。深圳市商品房累计施工面积逐月稳定增加，5 月同比增速达到最大值 4.7%，其后逐渐放缓，11 月同比增速跌至 1.8%。住宅累计施工面积同比增速与商品房累计施工面积同比增速波动趋势基本一致，在年初与年末形成对称性上升与下落趋势。

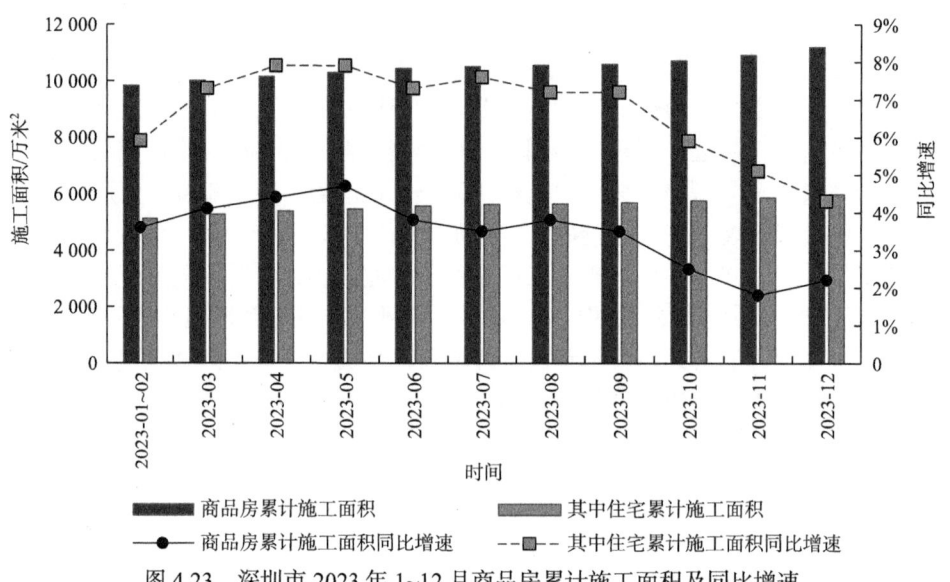

图 4.23　深圳市 2023 年 1~12 月商品房累计施工面积及同比增速
资料来源：深圳市统计局

从商品房竣工情况来看，2023 年 1~12 月，深圳市商品房累计竣工面积达到 922.85 万平方米，实现同比增长 24.6%。其中住宅累计竣工面积达 492.80 万平方米，同比增长 26.3%，如图 4.24 所示。商品房累计竣工面积同比持续大幅度增长，4~8 月累计竣工面积同比增速超过 70%，9~12 月下降到 40% 及以下。1~5 月，住宅累计竣工面积同比增速基本保持在 300% 以上，6~8 月和 9~11 月出现大幅回落和小幅回升，年末时回归到 26.3%。

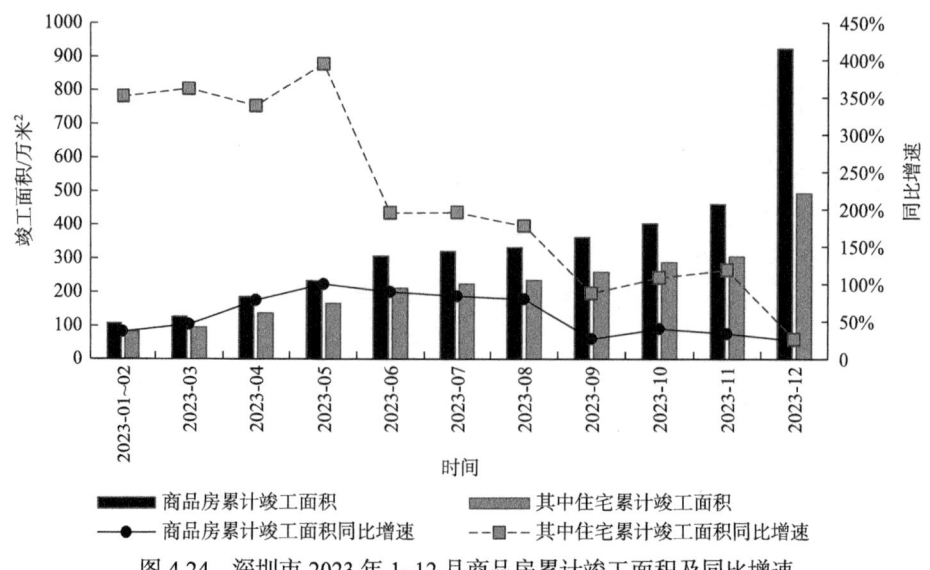

图 4.24　深圳市 2023 年 1~12 月商品房累计竣工面积及同比增速
资料来源：深圳市统计局

3. 房地产市场销售情况

如图 4.25 所示，2023 年 1~12 月，深圳市商品房累计销售面积为 783.31 万平方米，同比增长 12.8%。2023 年商品房销售市场整体较为乐观，3~5 月累计销售面积同比增速突破 30%，6 月回落至 22.2%，下半年同比增速在 10%~20% 范围内小幅波动。

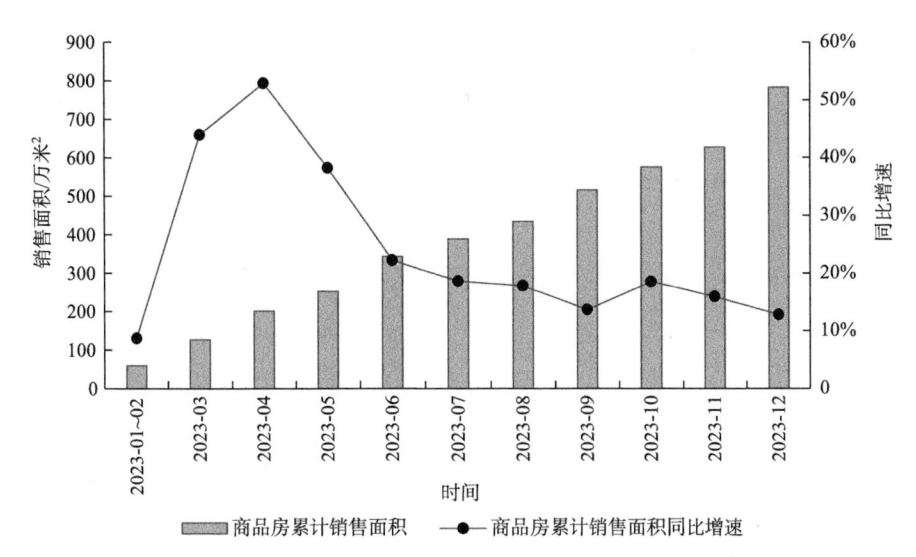

图 4.25　深圳市 2023 年 1~12 月商品房累计销售面积及同比增速

资料来源：深圳市统计局

4. 商品房交易价格情况

如图 4.26 所示，从同比视角来看，深圳市 2023 年 1~12 月各月新建商品住宅价格指

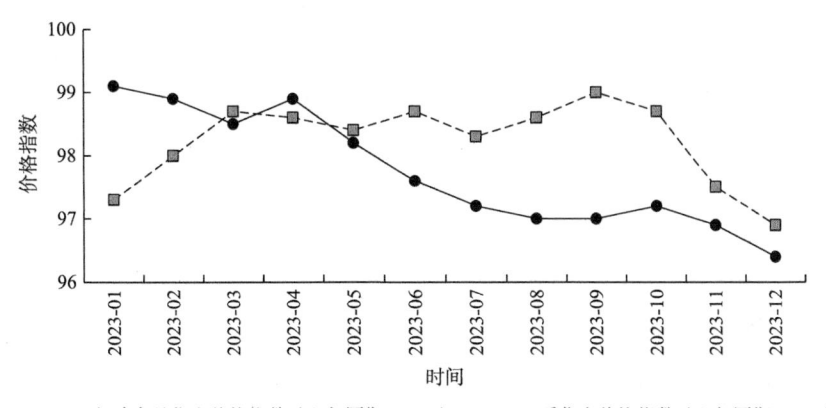

图 4.26　深圳市 2023 年 1~12 月新建商品住宅与二手住宅价格指数（同比）

资料来源：深圳市统计局

数较 2022 年同期明显下降，5~8 月价格指数明显回落，9 月开始有所回升；二手住宅价格指数与 2022 年同期相比也有所下降，3~10 月在 98.6 附近小幅波动，年末则回落到与年初相近的 97 左右。

如图 4.27 所示，从环比视角来看，深圳市 2023 年 1~12 月新建商品住宅价格指数在第一季度上升，随后整体呈下降趋势，在 12 月达到最低水平。二手住宅价格指数波动较为明显，整体围绕 100 上下波动，在 11 月跌至最低点 98.5。

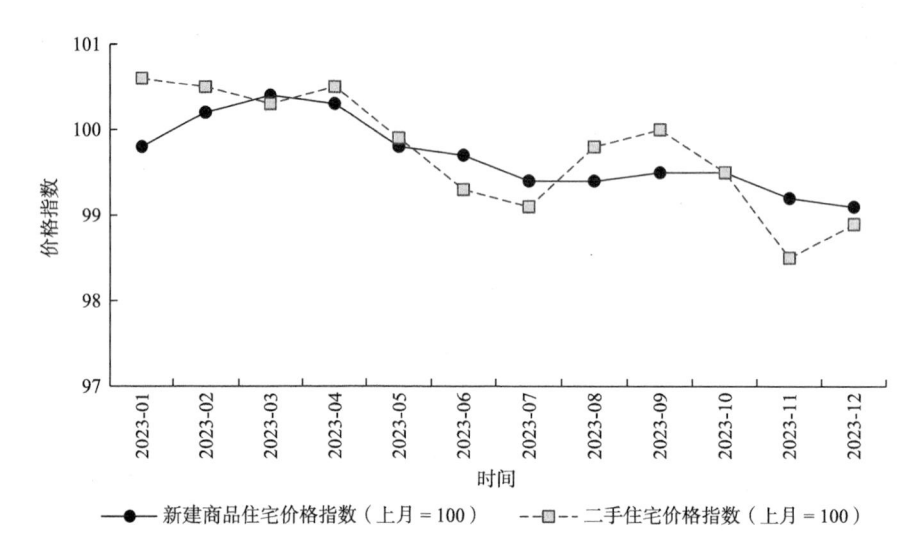

图 4.27　深圳市 2023 年 1~12 月新建商品住宅与二手住宅价格指数（环比）
资料来源：深圳市统计局

三、政策建议

1. 健全住房市场体系和住房保障体系

坚持房子是用来住的、不是用来炒的定位，着力稳地价、稳房价、稳预期，支持刚性和改善性住房需求，多措并举促进房地产市场平稳健康发展。出台保障性住房规划建设和公共租赁住房、保障性租赁住房、共有产权住房管理办法，增加保障性住房投资，加大保障性租赁住房建设力度。启动保障性住房"租购同权"试点工作，继续推进老旧小区改造。帮助新市民、青年人等群体缓解住房困难。

2. 加强二手房市场监管，规范房地产市场秩序

加快建立多主体供给、多渠道保障、租购并举的住房供应与保障体系。坚持租购并举，推进保障性住房建设，支持商品房市场更好满足购房者的合理住房需求。为减少深圳市房地产市场中刚需房源供应紧缺、房价过高等问题，可从一级的土地市场和城市更新项目着手，加快推进安居型商品房建设和住宅配建，以此来满足普通购房群体的住房需求。

第五节　热点城市 2023 年 1~12 月房地产市场分析

一、重庆市房地产市场运行情况

（一）经济形势概况

2023 年，在以习近平同志为核心的党中央坚强领导下，全市上下全面贯彻落实党的二十大精神和习近平总书记对重庆的重要指示批示精神，认真落实市委、市政府决策部署，坚持稳中求进工作总基调，完整、准确、全面贯彻新发展理念，转型升级扎实推进，市场需求持续改善，人民福祉持续增进，现代化新重庆建设迈出坚实步伐。

根据地区生产总值统一核算结果，全年全市实现地区生产总值 30 145.79 亿元，比上年增长 6.1%。其中，第一产业实现增加值 2074.68 亿元，增长 4.6%；第二产业实现增加值 11 699.14 亿元，增长 6.5%；第三产业实现增加值 16 371.97 亿元，增长 5.9%。

1. 农业生产保持平稳，畜牧业生产总体稳定

全年全市粮食产量 1095.9 万吨，比上年增长 2.1%。蔬菜生产稳中有进，全年蔬菜播种面积 1243.5 万亩，增长 2.1%；产量 2362 万吨，增长 3.9%。特经作物较快增长，油菜籽产量 60.7 万吨，增长 10.9%；园林水果产量 585 万吨，增长 10.4%。

全年全市生猪出栏 1974.9 万头，比上年增长 3.7%；牛出栏 62.4 万头，增长 4.7%；羊出栏 450.6 万只，下降 0.2%；家禽出栏 25 018.6 万只，增长 3.2%；禽蛋产量 53.1 万吨，增长 5.1%。

2. 工业生产稳步增长，高新技术产品增长较快

全年全市规模以上工业增加值比上年增长 6.6%。分三大门类看，采矿业增长 9.6%，制造业增长 6.4%，电力、热力、燃气及水生产和供应业增长 8.1%。从主要支柱产业看，材料和汽摩产业引领全市工业增长，分别增长 10.3% 和 9.9%；能源、消费品、装备和电子产业分别增长 9.7%、6.4%、4.8% 和 0.8%，医药产业下降 9.1%。

工业新产品产量继续保持较快增长，其中，太阳能工业用超白玻璃增长 5.6 倍，智能手表增长 44.6%，新能源汽车增长 30.3%，服务机器人增长 59.1%，工业机器人增长 25.7%，光伏电池增长 27.6%，液晶显示屏增长 13.6%，为全市工业转型升级注入新动力。

3. 服务业发展持续向好，互联网和服务消费行业发展较快

1~11 月，全市规模以上服务业企业实现营业收入 5178.78 亿元，同比增长 9.2%。有四个行业门类增速超过 10%，其中居民服务、修理和其他服务业增长 17.9%，文化、体育和娱乐业增长 16.3%，交通运输、仓储和邮政业增长 15.8%，科学研究和技术服务业增长 10.8%。

1~11 月，规模以上互联网和相关服务业实现营业收入 236.83 亿元，同比增长 26.1%。

其中，规模以上互联网科技创新平台增长 3.1 倍，互联网生活服务平台、互联网其他信息服务分别增长 44.2%、31.1%。1~11 月，会议、展览及相关服务，电影放映，娱乐业营业收入分别增长 104.1%、46.5%、20.1%，旅行社及相关服务、游览景区管理分别增长 1.5 倍、44%。

4. 消费市场延续复苏态势，新型消费快速发展

全年全市实现社会消费品零售总额 1.51 万亿元，比上年增长 8.6%。按经营单位所在地分，城镇消费品零售额 1.29 万亿元，增长 7.9%；乡村消费品零售额 2279.12 亿元，增长 13.1%。按消费类型分，商品零售 1.28 万亿元，增长 6.7%；餐饮收入 2310.66 亿元，增长 20.6%。

全年全市限额以上批零单位通过互联网实现的商品零售额增长 24.1%，高于全市限上单位商品零售额增速 16.3 个百分点。新能源汽车零售额增长 67.7%，占全市限上汽车类商品的比重为 31.2%，较上年提高 11 个百分点。

5. 固定资产投资运行平稳，新动能投资持续增强

全年全市固定资产投资比上年增长 4.3%。从三大领域看，工业、基础设施投资分别增长 13.3%和 7%，房地产开发投资下降 13.2%。分产业看，第一产业投资增长 17.4%，第二产业投资增长 13.1%，第三产业投资增长 0.6%。

全年全市高技术产业投资比上年增长 12.7%。分行业看，高技术制造业投资增长 11.3%，其中航空航天器及设备制造业、医药制造业、信息化学品制造业投资分别增长 32.9%、28.4%、49.3%；高技术服务业投资增长 16.1%，其中检验检测、专业技术、研发设计服务投资分别增长 62.7%、111.9%、66.1%。

6. 居民消费价格总体平稳，工业生产者价格同比下降

全年全市居民消费价格比上年下降 0.3%，扣除食品和能源价格的核心居民消费价格上涨 0.5%。从结构上看，八大类商品和服务价格"五涨三降"，其中，其他用品和服务类、教育文化和娱乐类、衣着类、医疗保健类、居住类价格分别上涨 2.4%、1.3%、1.0%、0.2%、0.2%；食品烟酒类、交通和通信类、生活用品及服务类价格分别下降 1.4%、1.2%、0.2%。

全年全市工业生产者出厂价格比上年下降 2.2%，购进价格下降 3%。

7. 居民收入稳步提升，就业形势保持稳定

全年全体居民人均可支配收入 37 595 元，比上年名义增长 5.4%，扣除价格因素实际增长 5.7%。按常住地分，城镇居民人均可支配收入 47 435 元，比上年名义增长 4.2%，扣除价格因素实际增长 4.5%；农村居民人均可支配收入 20 820 元，比上年名义增长 7.8%，扣除价格因素实际增长 8.1%。城乡收入比进一步缩小，由上年的 2.36∶1 下降为 2.28∶1。

全年全市就业形势总体稳定，城镇调查失业率平均值为 5.4%。

8. 常住人口总量有所减少，城镇化率稳步提高

年末全市常住人口 3191.43 万人，比上年末减少 21.91 万人。全年出生人口 17.88 万人，人口出生率为 5.58‰；死亡人口 28.5 万人，人口死亡率为 8.9‰；人口自然增长率为-3.32‰。从城乡构成看，城镇常住人口2287.45万人，乡村常住人口903.98万人，城镇常住人口占全市常住人口比重（城镇化率）为71.67%。

总体来看，2023年全市经济运行主要指标加快回升，多领域积极因素累积增多，高质量发展扎实推进。但也要看到，外部环境的复杂性、严峻性、不确定性依然较多，有效需求仍显不足，产业转型升级仍需提速，经济回升向好基础还需巩固。2024年是实现"十四五"规划目标任务的关键之年，是现代化新重庆建设从全面部署到纵深推进的重要之年，是改革攻坚突破的奋斗之年。全市上下要全面贯彻党的二十大和中央经济工作会议精神，全面落实市委六届四次全会和市委经济工作会议部署，保持定力、增强信心，牢牢把握稳进增效、除险固安、改革突破、惠民强企工作导向，巩固提升优势产业竞争力，全力扩大有效投资促进消费升级，持续增进民生福祉，加快建设社会主义现代化新重庆。

（二）房地产市场概况

1. 房地产开发投资情况

2023年，重庆市房地产累计开发投资额和住宅累计开发投资额同比2022年呈现下降态势。全年重庆市房地产累计完成开发投资2792.42亿元，比上年下降13.2%。其中住宅累计开发投资额为2105.89亿元，同比下降12.7%，如图4.28所示。

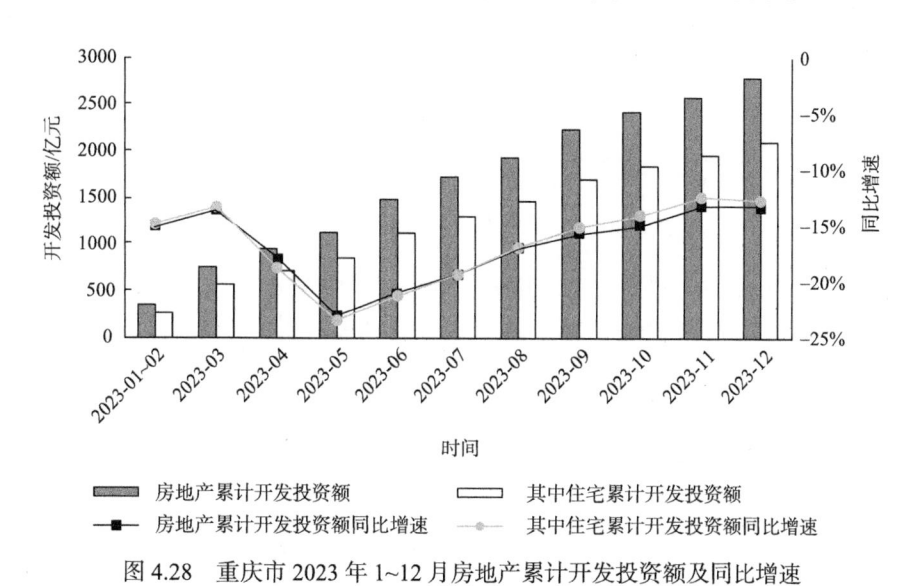

图4.28 重庆市2023年1~12月房地产累计开发投资额及同比增速

2. 房地产开发建设情况

2023年，重庆市商品房累计施工面积为20 529.5万平方米，同比下降9.3%。其中住宅累计施工面积为13 608.2万平方米，同比下降9.2%。具体如图4.29所示。

2023年，重庆市商品房累计新开工面积为1970.51万平方米，同比下降11.3%。其中住宅累计新开工面积为1359.84万平方米，同比下降11.6%，如图4.30所示。

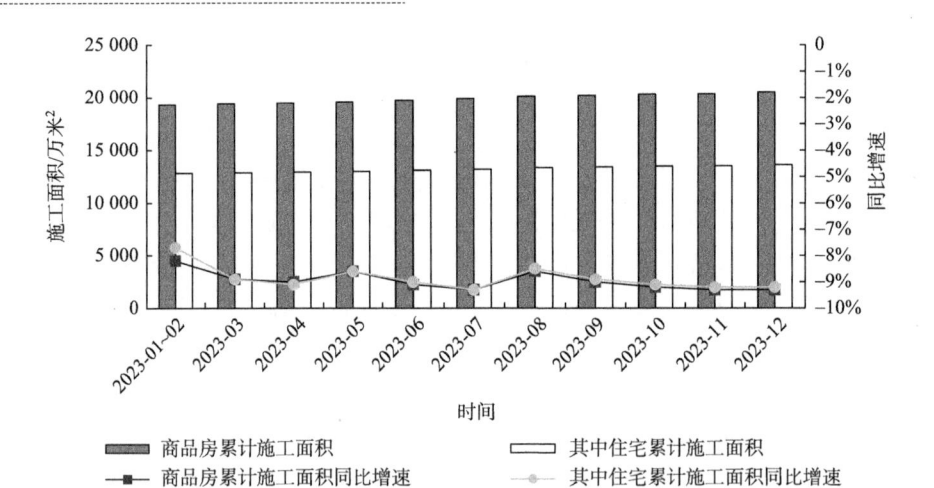

图 4.29　重庆市 2023 年 1~12 月商品房累计施工面积及同比增速

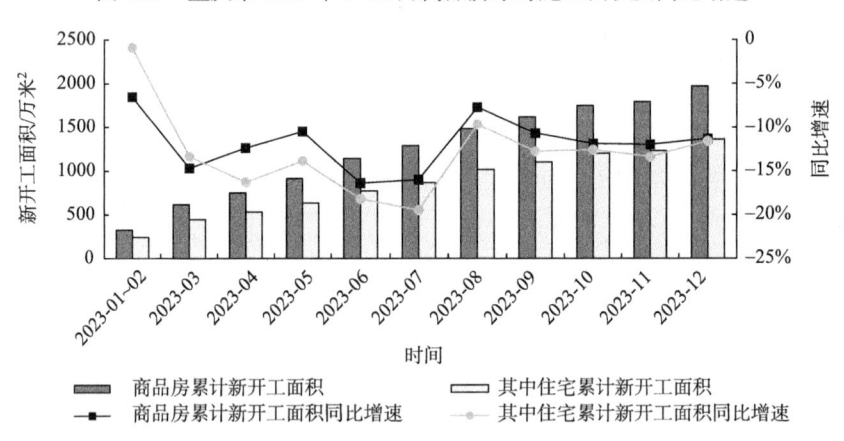

图 4.30　重庆市 2023 年 1~12 月商品房累计新开工面积及同比增速

2023 年重庆市商品房累计竣工面积为 3257.26 万平方米，同比上升 16.6%，其中住宅累计竣工面积为 2279.87 万平方米，同比上升 19.1%，如图 4.31 所示。

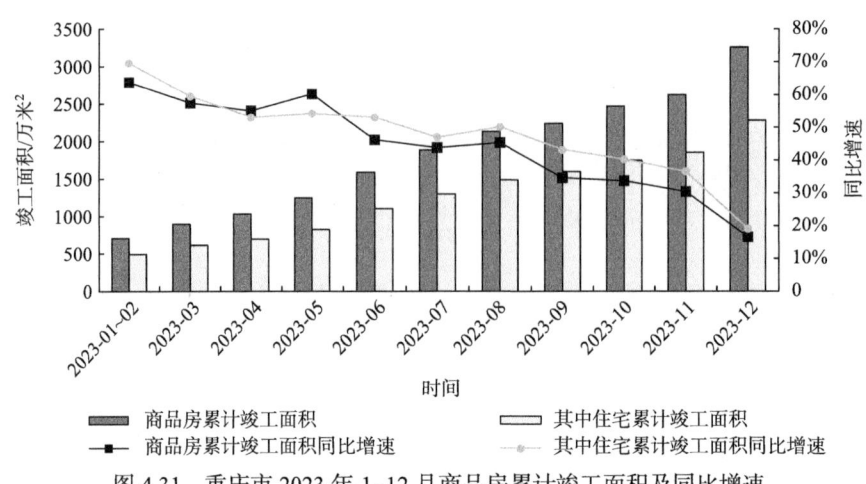

图 4.31　重庆市 2023 年 1~12 月商品房累计竣工面积及同比增速

3. 房地产市场销售情况

2023年1~12月，重庆市商品房累计销售面积为3572.35万平方米，同比下降13.8%。其中住宅累计销售面积为2268.89万平方米，同比下降16.7%，如图4.32所示。

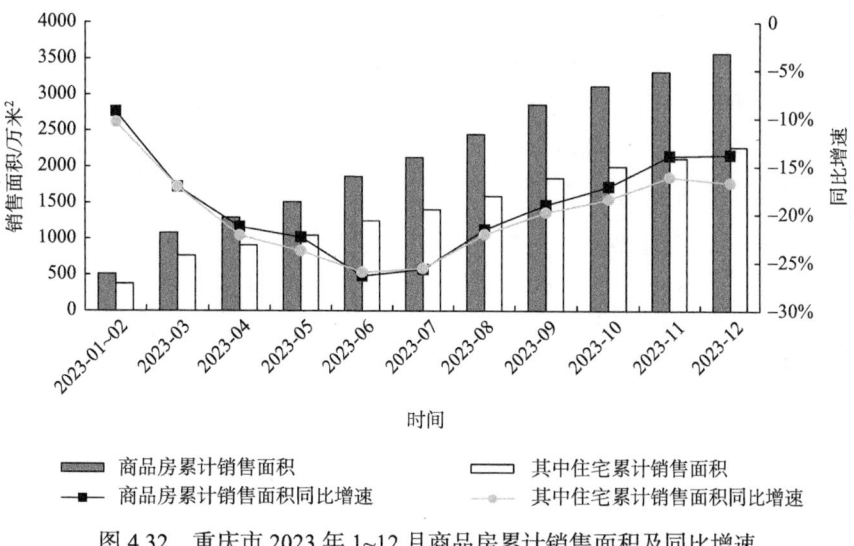

图4.32　重庆市2023年1~12月商品房累计销售面积及同比增速

4. 商品房交易价格情况

如图4.33所示，2023年重庆市新建商品住宅价格指数呈现上升趋势，二手住宅价格指数先增后降。整体来看，2023年重庆市二手住宅价格指数降低3.5%，而新建商品住宅价格指数则有1.1%的增长幅度。

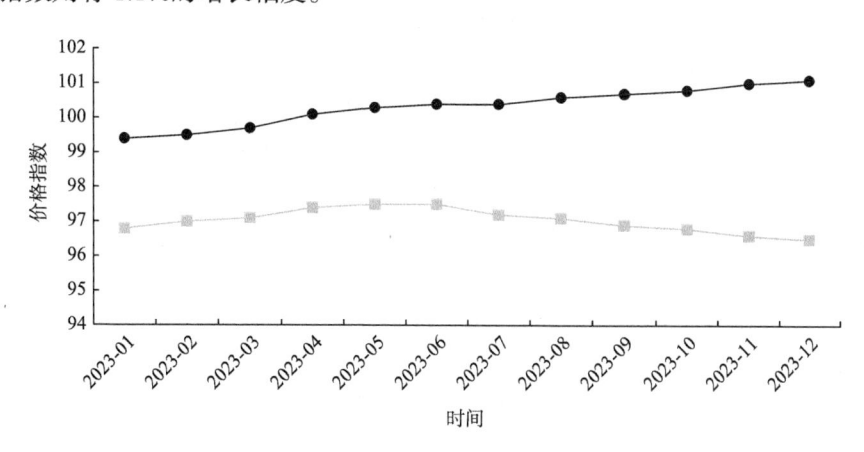

图4.33　重庆市2023年1~12月新建商品住宅与二手住宅价格指数

（三）政策建议

2023年以来，重庆市经济稳步复苏，持续向好。但受全国大环境影响，重庆市房地产市场持续冷淡，未来，重庆市应继续坚持"房住不炒"的定位，统筹利用存量土地和空间资源，完善住房信贷政策和公积金政策，提升重庆市住房环境对人才的吸引力。

1. 加快推进中心城区旧城改造工作

2023年12月25日，重庆市促进房地产平稳健康发展领导小组办公室印发了《关于加快推进中心城区旧城改造工作的通知》。重庆市政府高度重视棚户区（城市危旧房）改造、城中村改造、城镇老旧小区改造和城市更新等工作，该通知提出要优化土地供应、强化规划赋能、加大财政和金融支持。未来，重庆市要进一步做好存量土地和空间资源的统筹利用，激活低效用地效能，更好满足群众对居住条件和环境的改善需求。

2. 优化住房公积金使用政策

2023年8月，为更好地支持住房公积金缴存人的刚性和改善性住房需求，通过租购并举助力解决新市民、青年人的住房问题，促进重庆市房地产市场平稳健康发展，重庆市住房公积金管理中心印发《关于进一步优化住房公积金使用政策的通知》。该通知在坚持无住房公积金贷款记录的基础上，适当放宽了住房公积金置换贷款住房套数的认定标准。该通知规定："异地缴存住房公积金且在我市工作、创业、生活的新市民、青年人，在渝购房可申请住房公积金个人住房贷款。"未来，重庆市要继续因地制宜、因城施策用好政策工具箱，更好满足居民刚性和改善性住房需求，促进房地产市场平稳健康发展。

二、杭州市房地产市场运行情况

（一）经济形势概况

2023年，杭州市坚持以习近平新时代中国特色社会主义思想为指导，深入贯彻落实习近平总书记考察浙江重要讲话精神，坚持稳中求进工作总基调，完整、准确、全面贯彻新发展理念，强力推进三个"一号工程"和"十项重大工程"，全市经济稳中向好，经济总量跃上2万亿元新台阶，产业基础不断夯实，民生保障有力有效，"亚（残）运攻坚仗""经济翻身仗"实现"两仗"全赢，筑就杭州发展新里程碑。

根据地区生产总值统一核算结果，全年地区生产总值20 059亿元，按不变价格计算，比上年增长5.6%。其中，第一产业增加值347亿元，比上年增长3.7%；第二产业增加值5667亿元，增长1.8%；第三产业增加值14 045亿元，增长7.2%。三次产业增加值结构为1.7∶28.3∶70.0。

1. 农业生产提效，重要农产品保供能力增强

2023年，全市农林牧渔业总产值534亿元，比上年增长3.8%。四大行业中，种植业、林业、畜牧业、渔业产值分别为337亿元、63.4亿元、55.5亿元和52.0亿元，分别比上年增长2.5%、6.8%、7.7%和4.8%。粮食播种总面积93.3千公顷，增长0.2%，总产量55.2万吨，增长4.2%；蔬菜种植面积103千公顷，总产量360万吨，增长2.6%；生猪出栏145万头，增长10.3%。

2. 工业稳步回升，新产品增长较快

2023年，全市规模以上工业增加值4355亿元，比上年增长2.4%，比第一季度、上半年分别回升4.5个和1.1个百分点。主要行业中，计算机通信和其他电子设备制造业增加值增长3.8%，电气机械和器材制造业、汽车制造业分别增长16.3%和9.7%。主要产业中，装备制造业、节能环保制造业增加值分别增长7.8%和16.9%，高于规模以上工业5.4个和14.5个百分点；数字经济核心产业制造业增加值增长4.5%。主要产品中，工业机器人、锂离子电池、太阳能电池等新产品产量分别增长118.6%、39.8%和147.2%。

3. 服务业贡献突出，重点行业活力激发

2023年，全市服务业增加值14 045亿元，比上年增长7.2%，拉动GDP增长4.9个百分点，对经济增长的贡献率达89.0%，成为经济回升的主要动力。其中，以信息软件业为主体的营利性服务业增加值增长9.3%，比上年加快7.7个百分点；接触性、集聚性行业加速回补，交通运输、仓储和邮政业增加值增长25.0%，住宿餐饮业增加值增长11.0%；金融业增加值增长7.7%。1~11月，全市规模以上服务业（不含批发零售业、住宿餐饮业、金融业和房地产开发业）营业收入17 050亿元，增长9.5%，其中租赁商务服务业、文体娱乐业、水利环境和公共设施管理业、居民服务修理业营业收入增速超两位数，分别增长16.1%、14.8%、14.7%和19.3%。

4. 消费持续恢复，升级类消费保持活跃

2023年，全市社会消费品零售总额7671亿元，比上年增长5.2%。按消费类型分，商品零售6350亿元，增长3.7%；餐饮收入1321亿元，增长12.8%。从主要商品类别看，升级类商品增势较好，家用电器和音像器材类、金银珠宝类零售额分别增长24.2%和19.6%，智能绿色产品增长较快，可穿戴智能设备、智能家用电器和音像器材零售额分别增长93.7%和20.8%，新能源汽车零售额增长18.9%。

5. 投资结构优化，高新产业投资较快增长

2023年，全市固定资产投资比上年增长2.8%。高新技术产业投资增长24.5%，其中，高新技术制造业投资增长39.3%，高技术服务业投资增长6.5%。工业投资增长29.9%，分行业看，计算机通信和其他电子设备制造业、电气机械及器材制造业、专用设备制造业投资分别增长73.3%、27.0%和22.4%。民间投资增长5.4%，扣除房地产开发投资，民间项目投资增长8.6%。

6. 出口份额提升，新动能持续壮大

2023年，全市货物进出口总额8030亿元，比上年增长6.1%。其中，出口5339亿元，增长3.7%，占全国份额提升至2.25%；进口2691亿元，增长11.3%。从出口产品看，电动载人汽车、锂离子蓄电池、太阳能电池等"新三样"出口分别增长557.9%、37.3%和55.0%。从出口市场看，对共建"一带一路"国家出口增长11.4%，高于全部出口7.7个百分点；对俄罗斯出口增长38.6%。

7. 财政收支增长，金融市场运行稳健

2023 年，全市一般公共预算收入 2617 亿元，比上年增长 6.8%。一般公共预算支出 2636 亿元，增长 3.7%，教育、社会保障和就业、住房保障支出分别增长 12.0%、8.7% 和 7.3%，民生投入占比保持在 75% 以上。

2023 年末，全市金融机构本外币存款余额 77 589 亿元，增长 11.5%，其中住户存款增长 18.3%，非金融企业存款增长 10.3%。金融机构本外币贷款余额 68 642 亿元，增长 9.5%，其中企事业贷款余额增长 12.8%，高于全部贷款增速 3.3 个百分点。

8. 居民收入增加，城乡收入倍差缩小

2023 年，全市居民人均可支配收入 73 797 元，比上年增长 5.0%。从收入来源看，居民人均工资性收入、经营净收入、财产净收入、转移净收入分别增长 5.1%、5.5%、4.3%、4.9%。按常住地分，城镇居民人均可支配收入 80 587 元，增长 4.6%；农村居民人均可支配收入 48 180 元，增长 6.6%。城乡居民收入倍差为 1.67，较上年缩小 0.04。

2023 年，全市居民人均消费支出 50 129 元，比上年增长 7.9%，食品烟酒消费支出占人均消费支出的比重（恩格尔系数）为 24.4%，比上年下降 0.7 个百分点。按常住地分，城镇居民人均消费支出 54 103 元，增长 7.5%；农村居民人均消费支出 35 133 元，增长 9.9%。

9. 居民消费价格基本平稳，工业生产者价格同比下降

2023 年，全市居民消费价格比上年上涨 0.2%。八大类商品及服务价格五涨二跌一持平：衣着类价格上涨 2.0%，生活用品及服务类上涨 0.4%，教育文化娱乐类上涨 3.1%，医疗保健类上涨 1.5%，其他用品及服务类上涨 3.0%；居住类、交通通信类分别下跌 0.5% 和 2.3%；食品烟酒类持平。12 月，居民消费价格环比下降 0.2%，同比持平。

2023 年，全市工业生产者出厂价格、购进价格比上年分别下降 1.2% 和 5.1%。12 月，工业生产者出厂价格环比下降 0.2%，同比下降 1.0%；购进价格环比上涨 0.4%，同比下降 4.7%。

总的来看，2023 年，全市顶住内外部压力，经济持续恢复，高质量发展取得新成效，城市能级实现新提升，发展迈上了新起点。当前，经济发展仍面临一些困难和挑战，外部环境复杂性、严峻性、不确定性上升，回升向好的基础仍待夯实。进入新的发展阶段，全市上下要坚持以习近平新时代中国特色社会主义思想为指导，深入贯彻落实习近平总书记考察浙江重要讲话精神，把握"稳中求进、以进促稳、先立后破"要求，扎实推进后亚运"十大攀登行动"，增强经济活力、培育产业动能、改善社会预期，推动高质量发展行稳致远，在"勇当先行者、谱写新篇章"中勇攀高峰、勇立潮头开新局。

（二）房地产市场概况

1. 房地产开发建设情况

如图 4.34 所示，2023 年 11 月末，全市房地产开发企业商品房累计施工面积达到 14 027.49 万平方米，同比增长 7.2%。其中住宅累计施工面积 7160.02 万平方米，同比增长 5.3%。

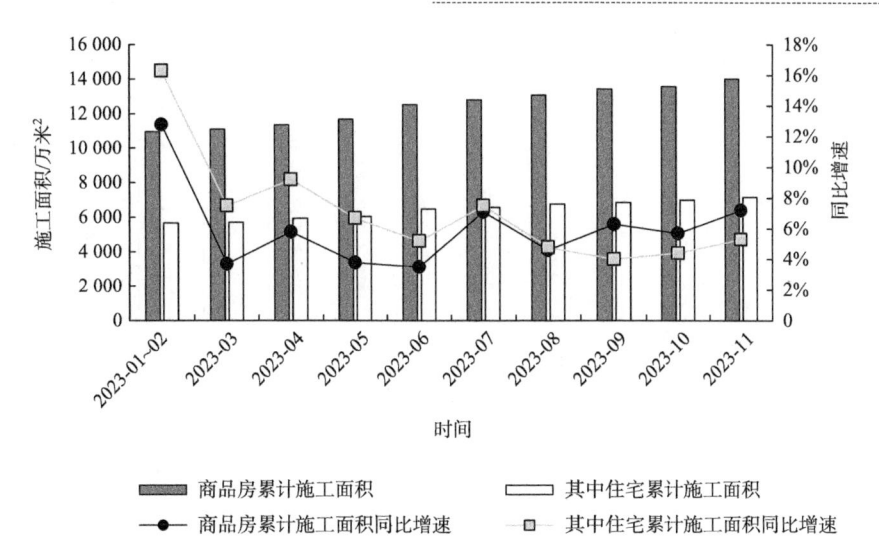

图 4.34　杭州市 2023 年 1~11 月商品房累计施工面积及同比增速

资料来源：杭州市统计局

杭州市 12 月的数据并未及时披露

从新开工面积来看，如图 4.35 所示，2023 年 11 月末，全市房地产开发企业商品房累计新开工面积 1739.1 万平方米，同比下降 9.9%。其中住宅累计新开工面积 926.1 万平方米，同比下降 19.7%。

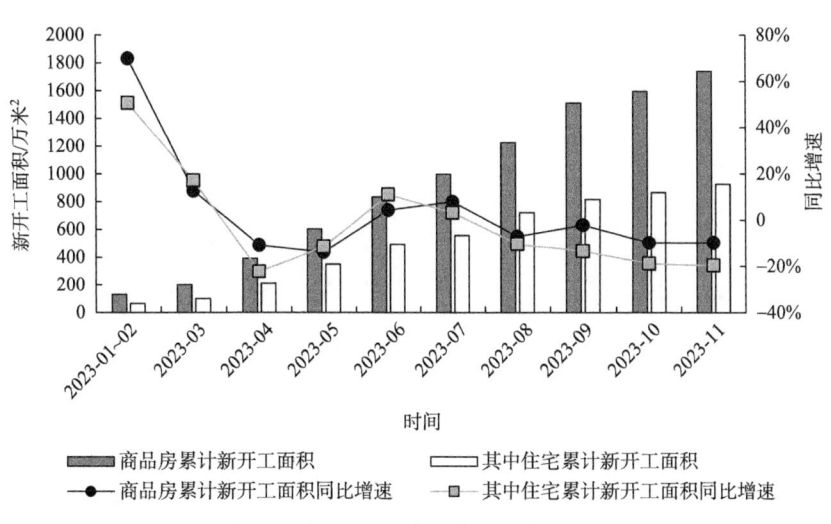

图 4.35　杭州市 2023 年 1~11 月商品房累计新开工面积及同比增速

资料来源：杭州市统计局

从竣工情况来看，如图 4.36 所示，2023 年 11 月末，全市房地产开发企业商品房累计竣工面积 1311.86 万平方米，同比增长 102.4%。其中住宅累计竣工面积 718.49 万平方米，同比增长 106.4%。

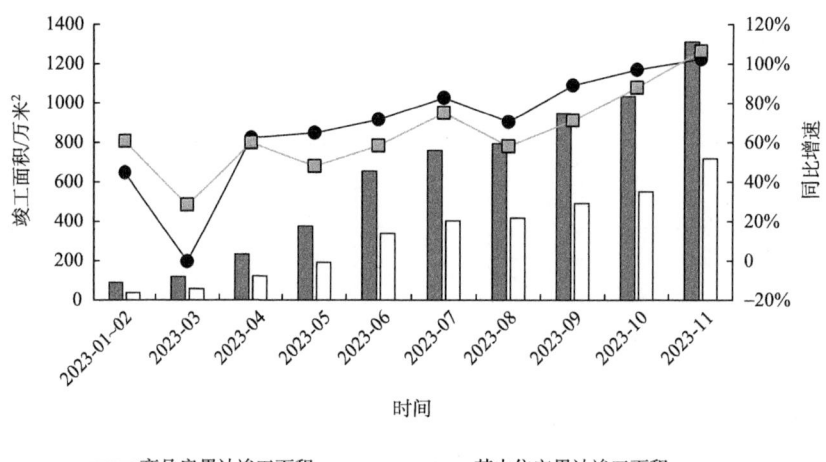

图 4.36　杭州市 2023 年 1~11 月商品房累计竣工面积及同比增速

资料来源：杭州市统计局

2. 房地产市场销售情况

如图 4.37 所示，2023 年 11 月末，全市商品房累计销售面积为 1271.52 万平方米，同比增长 2%。其中住宅累计销售面积为 1071.86 万平方米，同比增长 2.8%。

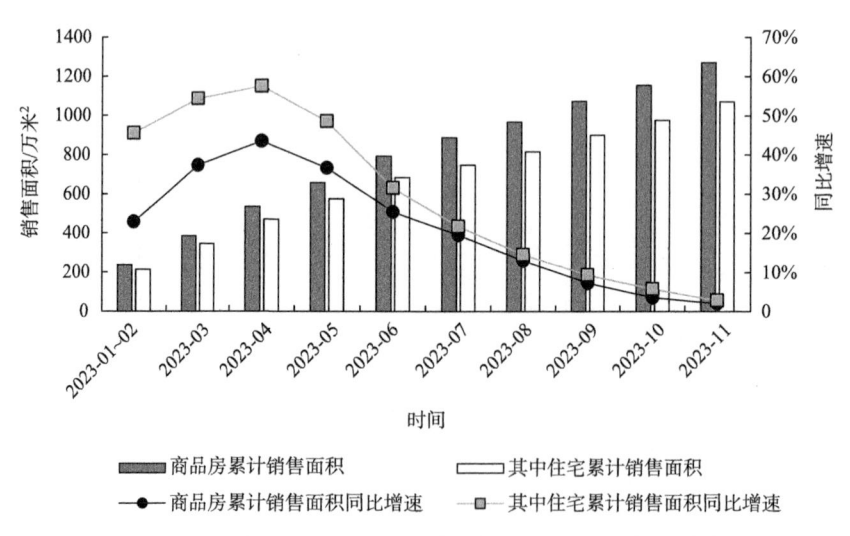

图 4.37　杭州市 2023 年 1~11 月商品房累计销售面积及同比增速

资料来源：杭州市统计局

如图 4.38 所示，2023 年 11 月末，全市商品房累计销售额为 4034.22 亿元，同比下降 1.1%。其中住宅累计销售额为 3545.70 亿元，同比增长 0.4%。

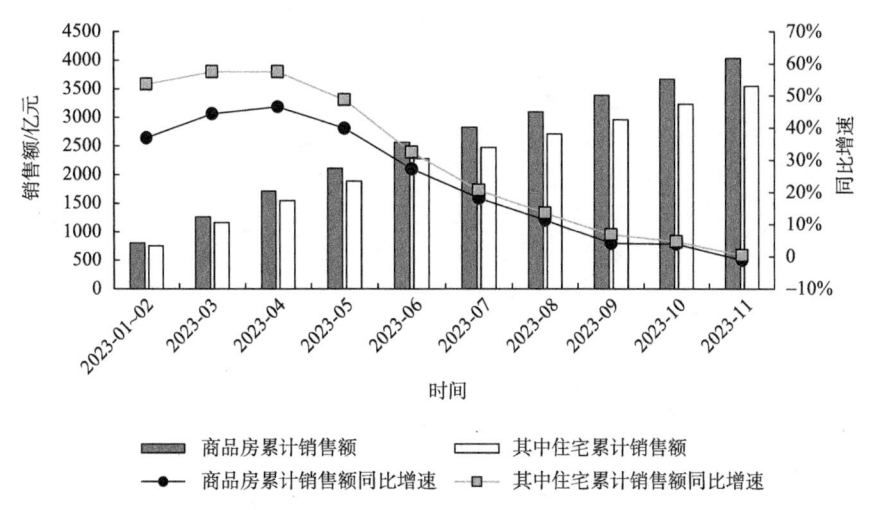

图 4.38　杭州市 2023 年 1~11 月商品房累计销售额及同比增速
资料来源：杭州市统计局

3. 商品房交易价格情况

2023 年，杭州市新建商品住宅环比价格指数呈现出了上升的趋势，同比价格指数也呈现出了上升趋势，但相对不是很明显，如图 4.39 所示。

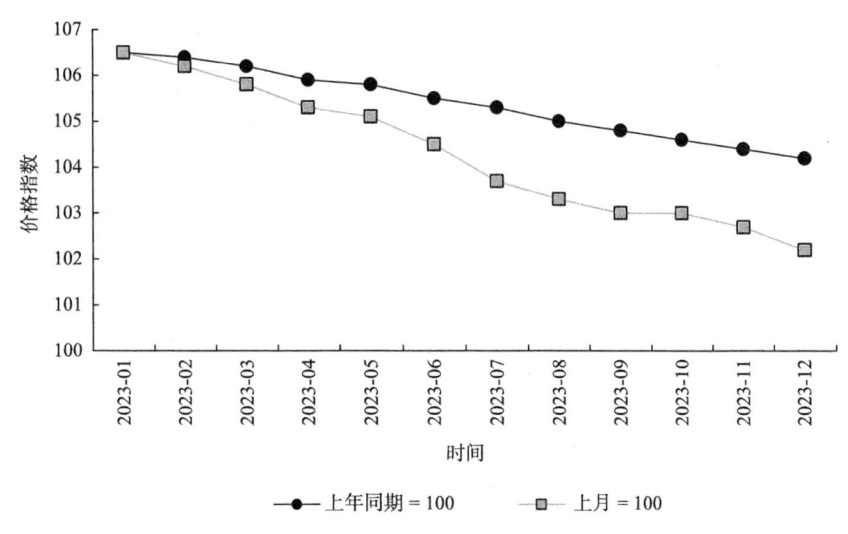

图 4.39　杭州市 2023 年 1~12 月新建商品住宅价格指数
资料来源：国家统计局

2023 年，杭州市二手住宅同比价格指数从 1 月的 98.5 先小幅上升后下降至 12 月的 98.3，环比价格指数总体呈现出了波动的趋势，如图 4.40 所示。

（三）政策建议

2023 年以来，杭州市经济稳中加固，稳中向好，强韧性高质量发展态势明显，高新技术产业发展强劲。但此前杭州市由于落户门槛低且落户即可买房等一系列原因，房地产

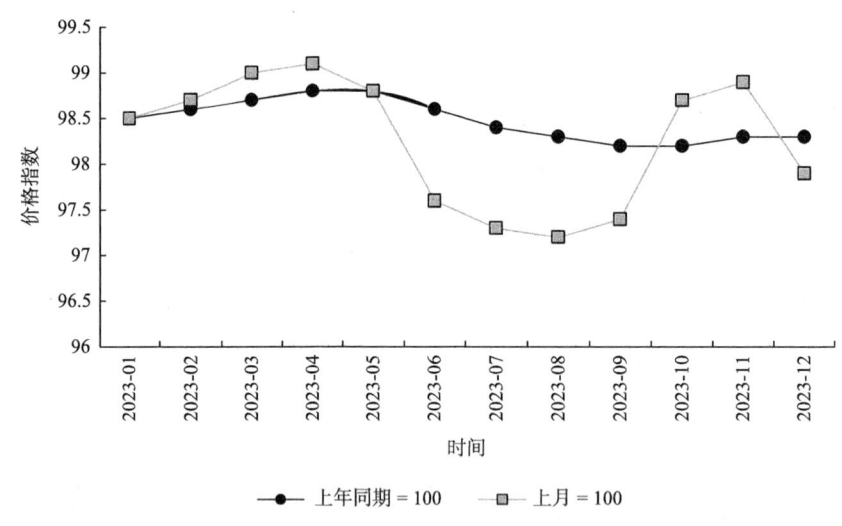

图 4.40　杭州市 2023 年 1~12 月二手住宅价格指数
资料来源：国家统计局

市场存在套利漏洞。杭州市购房补贴政策于 2015 年正式实行，在 2023 年得到了进一步完善。根据政策，购买符合条件的新建商品住房、二手房及存量房等可以获得不同额度的购房补贴，最高可达 10 万元。此外，还可以享受杭州市提供的其他购房优惠政策。未来，杭州市应继续坚持"房住不炒"的定位，参考一线城市经验，进一步加强住房限购，完善新建商品住房销售管理，规范市场秩序，从而促进房地产市场平稳健康发展。

三、青岛市房地产市场运行情况

（一）青岛市经济形势概况

2023 年，面对复杂严峻的国际环境和艰巨的国内经济恢复发展任务，全市上下深入学习贯彻党的二十大精神，在市委、市政府的坚强领导下，牢牢把握高质量发展这一首要任务，完整、准确、全面贯彻新发展理念，持续推动经济实现质的有效提升和量的合理增长，全市经济运行持续回升向好，高质量发展扎实推进。

根据市级生产总值统一核算结果，2023 年全年青岛市生产总值 15 760.34 亿元，按不变价格计算，比上年增长 5.9%。分产业看，第一产业增加值 492.75 亿元，比上年增长 4.1%；第二产业增加值 5268.39 亿元，增长 5.6%；第三产业增加值 9999.20 亿元，增长 6.1%。

1. 农业生产稳步向好，粮食生产实现"三增"

全年农林牧渔业总产值 955.9 亿元，比上年增长 5.0%。粮食播种面积、单产、总产实现"三增"，全年粮食播种总面积 723.2 万亩，增长 0.1%；粮食平均亩产 440.6 公斤，增长 2.2%；粮食总产量 318.6 万吨，增长 2.4%。全年猪牛羊禽肉、牛奶、禽蛋、水产品产量分别为 53.0 万吨、29.6 万吨、28.6 万吨和 103.2 万吨。全年生猪出栏 244.5 万头，年末生猪存栏 136.1 万头。

2. 工业生产继续改善，装备制造业增长较快

全年规模以上工业增加值比上年增长 5.8%。分行业看，35 个大类行业中，21 个行业实现增长，增长面为 60.0%。装备制造业增势良好，规模以上装备制造业增加值增长 10.1%，对规模以上工业增加值增长的贡献率达到 80.6%。其中，计算机、通信和其他电子设备制造业，通用设备制造业，仪器仪表制造业分别增长 31.6%、13.2%和 10.5%。充电桩、虚拟现实设备产品产量分别增长 34.1 倍和 98.1%。1~11 月，全市规模以上工业企业实现利润总额 541.8 亿元，增长 8.8%。

3. 现代服务业增势良好，聚集性服务业恢复较快

全年服务业增加值比上年增长 6.1%。其中，批发和零售业增加值增长 9.7%，金融业增加值增长 6.5%。现代服务业增势良好，1~11 月，规模以上信息传输、软件和信息技术服务业，租赁和商务服务业，科学研究和技术服务业营业收入分别增长 16.3%、10.4%和 7.9%。聚集性服务业恢复较快，住宿和餐饮业增加值增长 17.5%，航空、铁路、水路和公路客运量分别增长 120.4%、161.7%、307.0%和 28.3%。1~11 月，规模以上文化、体育和娱乐业营业收入增长 26.0%，其中电影放映营业收入增长 65.3%，艺术表演场馆营业收入增长 191.2%。

4. 消费市场加快回暖，网络消费规模不断扩大

全年社会消费品零售总额 6318.9 亿元，比上年增长 7.3%。基本生活类商品消费稳定增长，限额以上单位服装鞋帽针纺织品类，粮油、食品类商品零售额分别增长 10.0%和 7.3%。升级类商品消费较快增长，限额以上单位新能源汽车，家用电器和音像器材类商品零售额分别增长 30.1%和 11.4%。网络消费规模不断扩大，限额以上实物商品网上零售额 716.1 亿元，增长 12.0%，拉动全市限额以上单位零售额增长 3.6 个百分点。全年快递业务量增长 26.3%。

5. 固定资产投资稳中有升，重点领域投资成效明显

全年固定资产投资比上年增长 5.0%。分产业看，第一产业投资下降 2.5%，第二产业投资增长 11.1%，第三产业投资增长 2.8%。重点领域投资增势良好，基础设施、高技术产业、战略性新兴产业、制造业投资分别增长 38.0%、27.6%、24.5%和 10.8%。民间投资增长 4.5%。全市在建项目 7209 个，比上年增加 151 个。其中，产业类项目 5895 个，增加 217 个。

6. 进出口增速保持平稳，贸易结构继续优化

全年外贸进出口总值 8759.7 亿元，比上年增长 4.6%。其中，出口 4713.6 亿元，增长 0.3%；进口 4046.1 亿元，增长 10.1%。进出口相抵，贸易顺差 667.5 亿元。一般贸易进出口增长 5.7%，占全市进出口总值的比重为 64.9%。民营企业进出口增长 10.4%，占进出口总值的比重为 70.9%。对共建"一带一路"国家进出口增长 4.4%，占进出口总值的比重为 51.7%。机电产品出口增长 4.5%，占出口总值的比重为 48.5%。

7. 财政金融运行稳健，民生支出保障有力

全年一般公共预算收入 1337.8 亿元，比上年增长 5.1%。其中，税收收入 1006.0 亿元，

增长14.2%，占一般公共预算收入的比重为75.2%，比上年提高1.5个百分点。一般公共预算支出1718.9亿元。其中，民生支出1286.3亿元，占一般公共预算支出的比重为74.8%，比上年提高1.1个百分点。12月末，全市本外币各项存款余额2.71万亿元，同比增长8.3%，比年初增加2076亿元，同比少增557亿元；本外币各项贷款余额3.01万亿元，同比增长11.7%，比年初增加3157亿元，同比多增403亿元。

8. 就业形势总体稳定，居民消费价格低位运行

全年城镇新增就业36.8万人，比上年增长0.9%，完成全年目标任务的105.1%。其中，民营经济吸纳就业31.7万人，占就业总量的86.1%。全年居民消费价格同比上涨0.5%。其中，服务价格上涨1.5%，消费品价格下降0.2%。分类别看，食品烟酒类价格上涨0.5%，衣着类价格上涨0.7%，居住类价格上涨0.6%，生活用品及服务类价格持平，交通通信类价格下降2.1%，教育文化娱乐类价格上涨3.0%，医疗保健类价格上涨0.3%，其他用品及服务类价格上涨4.4%。扣除食品和能源价格后的核心居民消费价格上涨0.9%。12月，居民消费价格同比下降0.1%，环比上涨0.4%。

9. 居民收入稳定增长，农村居民收入增速快于城镇

全年居民人均可支配收入56 961元，比上年增长6.0%。按常住地分，城镇居民人均可支配收入65 751元，增长5.1%；农村居民人均可支配收入29 736元，增长7.3%，快于城镇居民2.2个百分点。城乡居民收入倍差为2.21，比上年缩小0.05。从收入来源看，全市居民人均工资性收入、经营净收入、财产净收入、转移净收入分别增长5.9%、4.4%、5.8%和8.9%。

总的来看，2023年全市经济总体回升向好，质量效益加快提升，发展后劲不断增强，风险防范积极有效，民生福祉持续增进，现代化国际大都市建设迈出坚实步伐。同时也要看到，当前外部环境复杂性、严峻性、不确定性上升，经济发展仍面临一些困难和挑战。下阶段，要坚持以习近平新时代中国特色社会主义思想为指导，全面贯彻落实党的二十大和二十届二中全会精神，按照中央、省委和市委经济工作会议部署，聚焦高质量发展这一首要任务，坚持稳中求进、以进促稳、先立后破，持续推动全市经济实现质的有效提升和量的合理增长。

（二）青岛市房地产市场概况

1. 房地产开发投资情况

如图4.41所示，2023年1~11月，青岛市房地产累计开发投资额达1350.8亿元，其中住宅累计开发投资额达1017.9亿元，房地产累计开发投资额和住宅累计开发投资额同比增速变化趋势基本一致，且呈下降趋势。除3月外，2023年各月房地产开发投资额较2022年同期均有所下降。2023年2月，青岛市房地产累计开发投资额同比下降6.8%，其中住宅累计开发投资额同比下降8.6%，到11月，房地产累计开发投资额同比下降20.0%，其中住宅累计开发投资额同比下降18.1%。

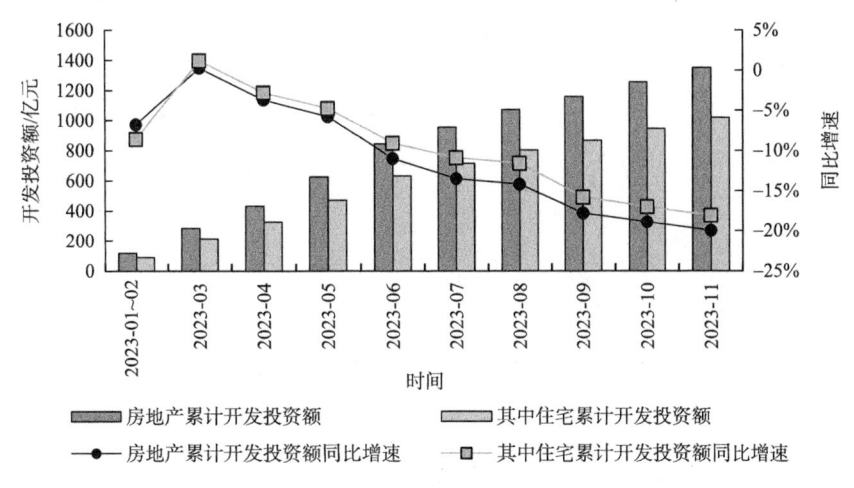

图 4.41　青岛市 2023 年 1~11 月房地产累计开发投资额及同比增速
资料来源：青岛市统计局

2. 房地产开发建设情况

如图 4.42 所示，2023 年 1~11 月，青岛市商品房累计施工面积达到 10 366.8 万平方米，其中累计新开工面积达 849.9 万平方米。商品房累计施工面积同比增速整体上呈下降趋势，2023 年 1~11 月商品房累计施工面积与 2022 年同期相比均有所下降；累计新开工面积同比增速呈先下降后有所回升的趋势，2023 年 4 月同比增速达到最低，为 -42.4%，到 11 月，累计新开工面积同比增速为 -32.5%。

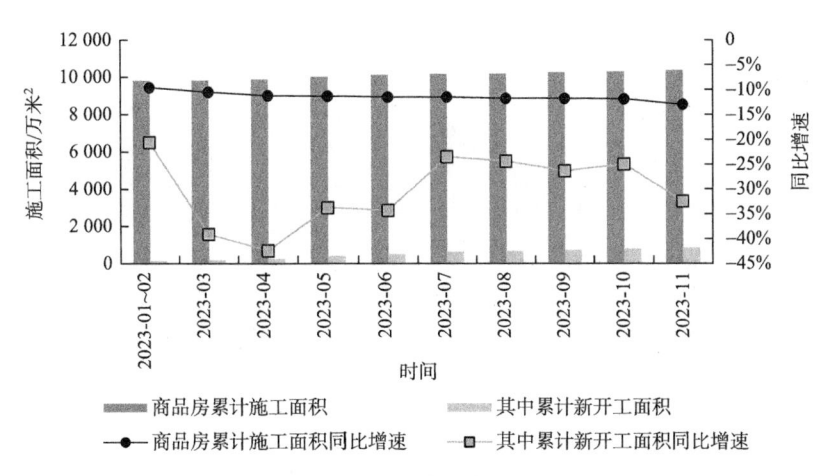

图 4.42　青岛市 2023 年 1~11 月商品房累计施工面积及同比增速
资料来源：青岛市统计局

如图 4.43 所示，从商品房竣工的情况来看，2023 年 1~11 月，青岛市商品房累计竣工面积同比增速总体上呈上升的趋势，各个月份商品房累计竣工面积与 2022 年同期相比均有所上升，其中，2023 年 11 月青岛市商品房累计竣工面积达 1224.2 万平方米，5 月商品房累计竣工面积同比增速最高，为 55.1%。

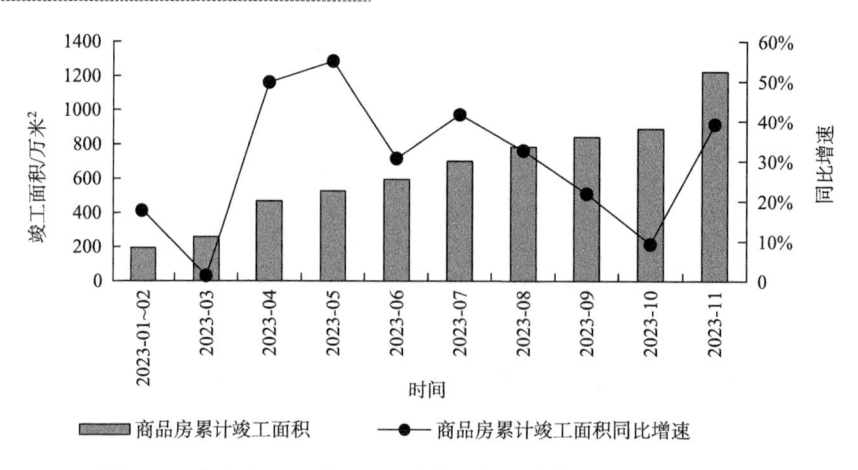

图 4.43　青岛市 2023 年 1~11 月商品房累计竣工面积及同比增速
资料来源：青岛市统计局

3. 房地产市场销售情况

如图 4.44 所示，2023 年 1~11 月，青岛市商品房累计销售面积达 1326.4 万平方米，同比增速为 –6.6%。总体来看，青岛市房地产销售市场高开低走，第一季度商品房累计销售面积同比增速高涨，3 月同比增速最高，达 8.1%，随后呈逐步下降趋势，除 4 月、6 月以外，商品房累计销售面积同 2022 年同期相比均有所下降，其中 11 月商品房累计销售面积同比增速最低。

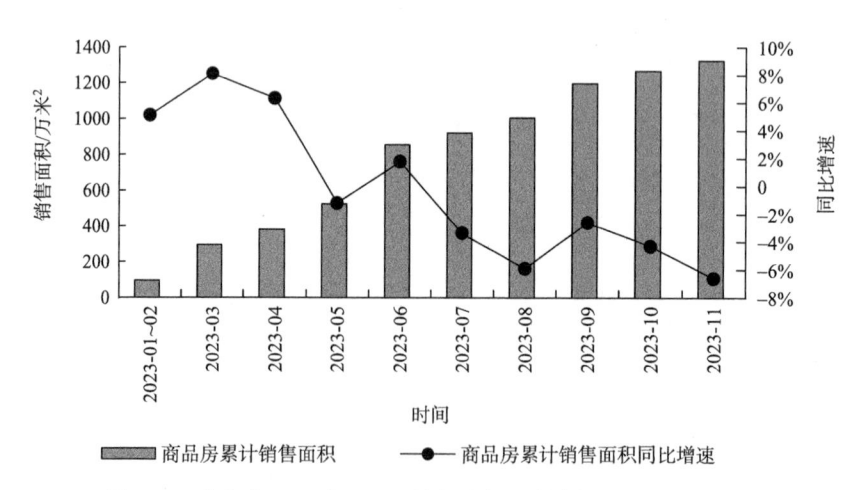

图 4.44　青岛市 2023 年 1~11 月商品房累计销售面积及同比增速
资料来源：青岛市统计局

如图 4.45 所示，2023 年 1~11 月，青岛市商品房累计销售额同比增速整体上先上升后下降，2023 年上半年，商品房累计销售额与 2022 年同期相比均有所上升，2023 年 4 月，商品房累计销售额同比增速最高，为 5%。下半年，商品房累计销售额与 2022 年同期相比均有所下降，截至 11 月，商品房累计销售额达 1845.4 亿元，同比增速为 –5.7%。

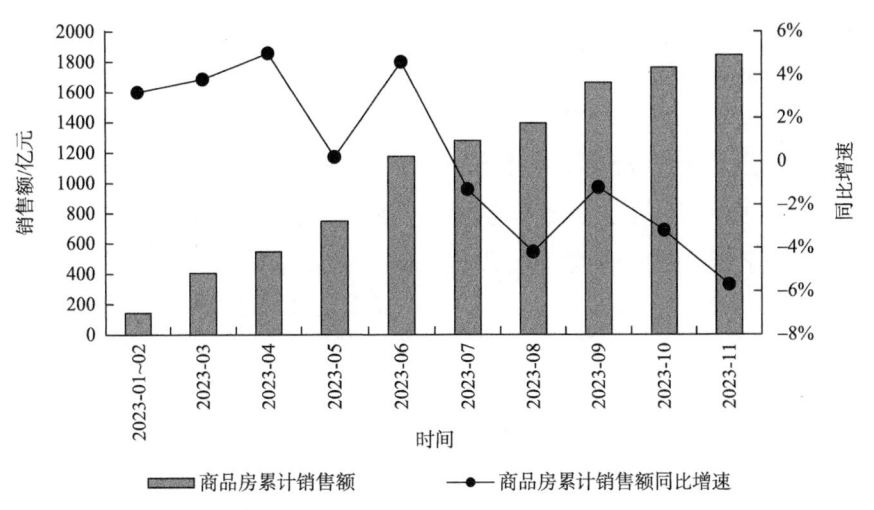

图 4.45　青岛市 2023 年 1~11 月商品房累计销售额及同比增速

资料来源：青岛市统计局

4. 商品房交易价格情况

如图 4.46 所示，2023 年 1~12 月，青岛市新建商品住宅价格指数与二手住宅价格指数总体上呈先上升再下降的趋势，新建商品住宅价格指数始终高于二手住宅价格指数，且二者之间的差距逐渐增大。2023 年 1 月，新建商品住宅与二手住宅价格指数分别为 101.5 和 96.6，同年 12 月，新建商品住宅与二手住宅价格指数分别为 101.6 和 96.2。

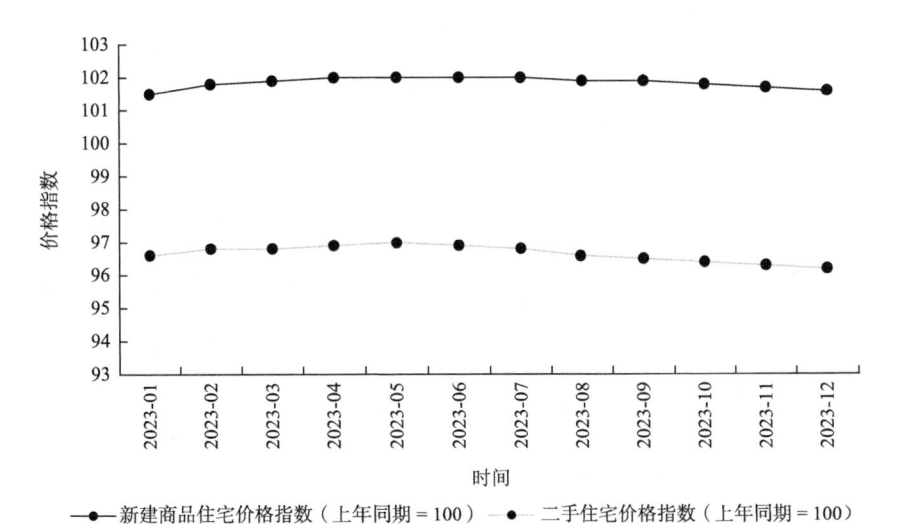

图 4.46　青岛市 2023 年 1~12 月新建商品住宅与二手住宅价格指数（同比）

资料来源：国家统计局

（三）政策建议

1. 继续坚持"房住不炒"，满足合理购房需求，稳定房地产市场

青岛市需要继续坚持"房住不炒"的总原则，坚决抑制房地产投机需求，促进房地

产市场长效健康发展。同时，可以看到2023年青岛市房地产出现恢复乏力的现象，应针对市场需求不足的情况进行合理引导，满足居民的合理住房需求，稳定房地产市场，精准施策，满足刚性和改善性住房需求，优化房地产政策，持续抓好"保交楼、保民生、保稳定"工作，稳妥处置房企风险，整治房地产市场秩序。

2. 实施好住房信贷政策，满足各类房地产企业合理融资需求

当前的房地产市场尚处于复苏阶段，风险还未完全出清，部分房企仍可能存在债务问题，青岛市应坚决贯彻落实2023年中央经济工作会议要求，一视同仁满足不同所有制房地产企业的合理融资需求，对正常经营的房地产企业不惜贷、抽贷、断贷。既要继续用好"第二支箭"支持民营房地产企业发债融资，支持房地产企业通过资本市场合理股权融资，也要"加快推进保障性住房建设、'平急两用'公共基础设施建设、城中村改造等'三大工程'"[①]等。此外，要用好政策工具箱，更好支持刚性和改善性住房需求。

3. 加快构建房地产发展新模式

房企应成为探索新模式的重要主体，房企应该在加快构建房地产发展新模式中发挥主动性，做好相关工作。比如，结合新发展模式的新要求，对于企业的定位和发展战略需要有新的认识，尤其是要把企业盈利经营和社会责任等进行结合，真正在新一轮改革发展中找准定位。同时，向新发展模式转型不仅仅是企业行为，政府要积极发挥引导作用。在房地产开发模式上，引导企业从增量开发转向存量运营，提高运营能力，逐渐摆脱高杠杆、高负债、高周转的开发模式，实现轻资产运营。引导企业在产品品质上下功夫，满足市场对改善居住环境的需求。政府要将房地产发展模式转型与防范风险放在同等重要的地位。

四、苏州市房地产市场运行情况

（一）苏州市经济形势概况

2023年，全市上下坚持以习近平新时代中国特色社会主义思想为指导，深入学习贯彻习近平总书记对江苏、苏州工作重要讲话重要指示精神，认真贯彻落实党中央、国务院决策部署和省委、省政府工作要求，坚持稳中求进工作总基调，完整、准确、全面贯彻新发展理念，落实落细各项稳增长政策，全力以赴推动经济平稳健康发展。

根据省统计局统一核算，2023年全市实现地区生产总值24 653.4亿元，按可比价格计算比上年增长4.6%。其中，第一产业增加值195.2亿元，增长3.1%；第二产业增加值11 541.4亿元，增长3.6%；第三产业增加值12 916.8亿元，增长5.5%。

苏州经济运行主要呈现以下特点。

---

① 《中央经济工作会议在北京举行 习近平发表重要讲话》，https://www.gov.cn/yaowen/liebiao/202312/content_6919834.htm?mc_cid=fe48ea3315&mc_eid=0498420851，2023-12-12。

1. 粮食生产丰产丰收，现代农业加快建设

全市实现农林牧渔业总产值354.8亿元，按可比价计算，比上年增长3.0%。全年粮食总产量95.1万吨，比上年增长2.9%，粮食产量创7年新高，其中夏粮产量26.9万吨，增长6.8%；秋粮产量68.2万吨，增长1.5%。全年猪牛羊禽肉产量2.37万吨，比上年增长31.5%，其中猪肉产量2.15万吨，增长40.0%。蔬菜产量203.8万吨，增长1.0%。预计水产品产量14.6万吨，增长1.7%。年末地产生猪存栏22.4万头，全年地产生猪出栏27.1万头，比上年增长33.6%。全年新建和改造提升高标准农田13.6万亩。年末全市拥有绿色食品、有机农产品和农产品地理标志分别达841个、223个和17个。

2. 工业产值迈上新台阶，集群发展成效显著

全市规模以上工业总产值迈上4.4万亿元新台阶，达到44 343.9亿元。规模以上工业增加值比上年增长3.6%。全市装备制造业和电子信息行业产值分别达1.42万亿元、1.34万亿元。汽车制造业全年产值突破3000亿元，达3075.4亿元。汽车制造业、电气机械和器材制造业、专用设备制造业产值分别比上年增长6.3%、3.2%和3.4%。先进材料入选首批省级战略性新兴产业融合集群试点示范，电子氟材料、多肽类生物药入选国家级中小企业特色产业集群。全市民营工业产值突破2万亿元，达到2.07万亿元，占规模以上工业总产值比重达46.7%，比上年提高3.3个百分点。全市百强企业实现产值15 377.9亿元，比上年增长8.0%，拉动规模以上工业总产值增长2.6个百分点。智能手机、传感器、3D打印设备、智能电视等新一代信息技术产品产量分别比上年增长51%、62.8%、16.2%和10.9%。

3. 服务业较快增长，文旅服务贡献突出

（1）全市服务业增加值占地区生产总值比重达52.4%，比上年提高1.5个百分点。服务业增加值比上年增长5.5%，增速高于地区生产总值0.9个百分点，其中租赁和商务服务业增加值增长19.6%。

（2）生产性服务业平稳发展。全市规模以上生产性服务业营业收入比上年增长5.4%，其中信息服务业营业收入达1165.6亿元，增长4.9%，研发设计与其他技术服务业营业收入增长10.6%。

（3）文化旅游贡献突出。全市规模以上租赁和商务服务业营业收入比上年增长30%，其中旅行社及相关服务业营业收入增长97%；规模以上文化、体育和娱乐业营业收入增长34.7%。

（4）交通物流转型发展。全市交通运输、仓储和邮政业增加值比上年增长11.2%，高于服务业增加值增速5.7个百分点。全年全社会快递业务量27.9亿件，比上年增长14.7%，全社会快递业务收入277.8亿元，增长11.6%。苏州入选全国综合型流通支点城市。

4. 固定资产投资稳健增长，重点领域拉动明显

有效投资不断扩大，投资结构持续优化。全市完成固定资产投资6031.2亿元，比上年增长5%。其中，第一产业投资4.6亿元，增长4.8%；第二产业投资1884亿元，增长

9.9%，其中工业投资1881.2亿元，增长10.1%，拉动固定资产投资增长3个百分点；第三产业投资4142.6亿元，增长2.9%。

重大项目支撑有力，全市亿元以上项目3153个，比上年增长11.8%，亿元以上项目完成投资3126.6亿元，比上年增长14.7%。43个省重大、468个市重点项目均超额完成年度计划投资。在轨道交通、电网扩容等项目带动下，全年完成基础设施投资888.8亿元，比上年增长25.9%，拉动固定资产投资增长3.2个百分点。全市完成房地产开发投资2591.9亿元，比上年下降3.7%，第四季度降幅比前三季度收窄3.7个百分点。

5. 转型发展动力优化，科技创新成效显现

大力实施创新驱动发展战略，加快推进高水平科技自立自强，为转型升级注入新动能。科技力量取得新突破，苏州实验室加快建设，成功获批5家全国重点实验室。创新主体规模壮大，年末高新技术企业15 717家，全市高新技术产业产值占规模以上工业总产值的比重达52.7%，比上年提高0.2个百分点；国家级科技型中小企业达到25 418家，国家级专精特新"小巨人"企业401家，国家级专精特新"小巨人"企业完成产值比上年增长7.6%；年末全球"灯塔工厂"增至7家。创新人才加速集聚，全年新增国家级人才215人，入选省双创人才186人，累计达1571人。

6. 消费市场持续恢复，改善型消费加快释放

持续打响"五五""双12""夜ZUI苏州"等购物节品牌，开展多轮汽车、家电促消费活动，大宗消费提振明显。全年实现社会消费品零售总额9582.9亿元，比上年增长6.4%。住餐消费需求回升，全市住宿和餐饮业零售额比上年增长18.6%，高于批发和零售业零售额增速13.2个百分点。汽车促消费政策取得较好市场反响，全年新能源汽车零售额比上年增长47.5%。升级类商品消费需求进一步释放，全年通信器材类、体育娱乐用品类、文化办公用品类、金银珠宝类商品零售额分别增长65.9%、29.5%、12.7%和10.4%。网络零售平稳增长，全市限上批零业通过公共网络实现零售额比上年增长6.0%。

7. 金融信贷稳健运行，市场主体保持活力

全市金融业增加值比上年增长11.5%，金融业增加值占地区生产总值比重首次突破10%，达10.1%，比上年提高0.8个百分点。

年末全市金融机构本外币存款余额53 638.5亿元，比年初增长13.1%，金融机构本外币贷款余额52 589.9亿元，比年初增长11.5%。年末制造业本外币贷款余额9729.7亿元，比年初增长15.2%。制造业本外币贷款余额占行业贷款余额比重达29.8%。

年末全市拥有企业数为92.5万家，比上年增长5.4%。全年新增境内外上市公司23家，其中境内A股上市公司20家，列全国第三。年末上市公司总数达263家，其中境内A股上市公司217家，列全国第五；科创板上市公司55家，列全国第三。

8. 居民收入稳步增长，民生保障持续改善

（1）居民收入水平稳步提高。全年全体居民人均可支配收入74 076元，比上年增长4.6%，其中城镇居民人均可支配收入82 989元，增长4.3%；农村居民人均可支配收入46 385元，增长5.9%。

（2）民生保障有力有效。全年城乡公共服务支出占一般公共预算支出的比重达81.1%。全市城镇新增就业23.2万人。市区城乡居民基本养老保险基础养老金标准提高到655元/月。全市城乡居民最低生活保障标准提高到1115元/月。

（3）物价水平保持平稳。全年市区居民消费价格比上年上涨0.2%，八大类商品及服务价格"七升一降"，其中食品烟酒类价格上涨0.6%，衣着类价格上涨2.2%，居住类价格上涨0.5%，生活用品及服务类价格上涨0.4%，教育文化和娱乐类价格上涨0.7%，医疗保健类价格上涨4.8%，其他用品及服务类价格上涨4.0%，交通通信类价格下降5.3%。

总的来看，2023年全市顶住压力、迎难而上，经济保持稳定恢复向好走势，高质量发展迈出坚实步伐。同时也要看到，当前外部环境复杂性、严峻性、不确定性上升，经济持续恢复的基础仍不牢固。下阶段，要坚持以习近平新时代中国特色社会主义思想为指导，全面贯彻落实党的二十大精神和习近平总书记对江苏、苏州工作重要讲话重要指示精神，聚焦经济建设这一中心工作和高质量发展这一首要任务，坚持稳中求进工作总基调，强化科技创新引领，全力推进新型工业化，加快形成新质生产力，着力扩投资、促消费、稳外贸，促进经济运行稳中提质、行稳致远，奋力谱写"强富美高"新江苏现代化建设新篇章。

（二）苏州市房地产市场概况

1. 房地产开发投资情况

如图4.47所示，2023年1~12月，苏州市房地产累计开发投资额达2591.91亿元，比上年同期下降3.7%。其中住宅累计开发投资额为2220.78亿元，较上年同期下降4.7%，占房地产累计开发投资额的比重为85.7%。从月度时间来看，房地产累计开发投资额与住宅累计开发投资额仅在4月时比上年同期有所增长，此后持续加速下降，直到9月才逐渐减慢下降速度。

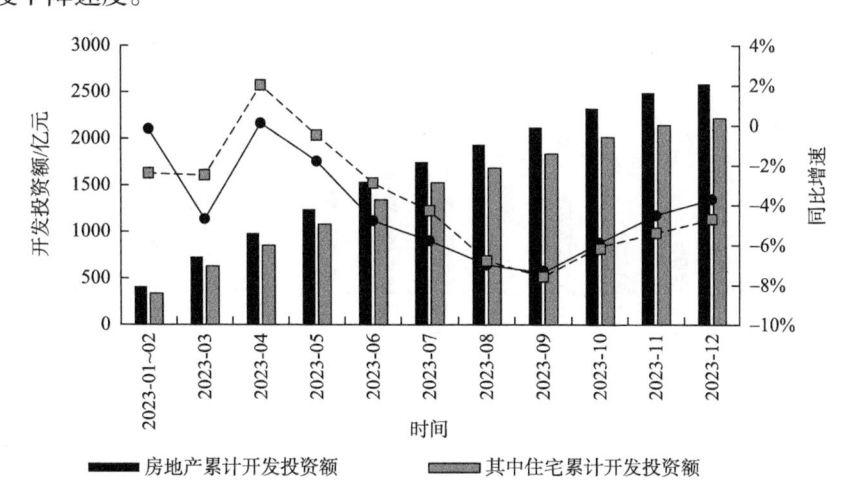

图4.47 苏州市2023年1~12月房地产累计开发投资额及同比增速
资料来源：苏州市统计局

2. 房地产开发建设情况

如图 4.48 所示，2023 年 1~12 月苏州市商品房累计施工面积达 9811.53 万平方米，其中住宅累计施工面积达到 6944.28 万平方米，与 2022 年同期相比分别下降 9.2%、10.2%。2023 年各月商品房累计施工面积与住宅累计施工面积均低于上年同期，两者同比增速的波动趋势保持一致，全年减速都在波动中逐渐放慢。

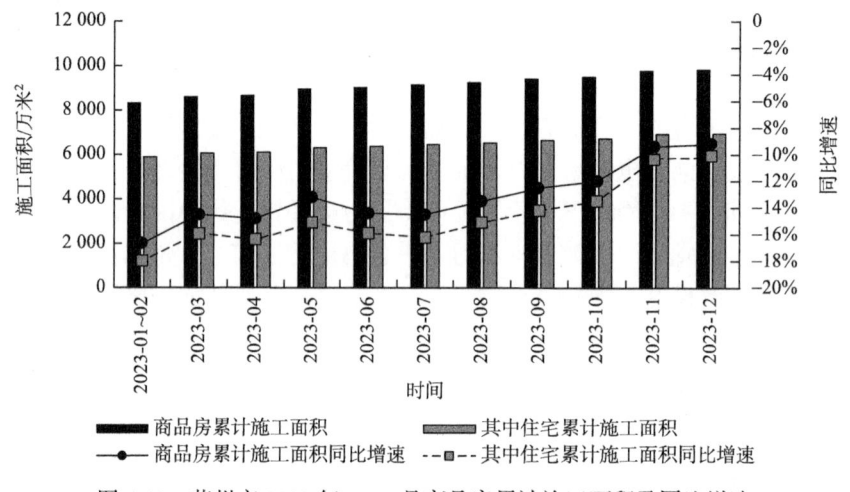

图 4.48　苏州市 2023 年 1~12 月商品房累计施工面积及同比增速

资料来源：苏州市统计局

如图 4.49 所示，2023 年 1~12 月，苏州市商品房累计新开工面积达 1565.30 万平方米，同比增长 31.8%。其中住宅累计新开工面积为 1138.18 万平方米，同比增加 27.3%。2023 年商品房累计新开工面积与住宅累计新开工面积的同比增速整体呈上升趋势，逐渐由负转正，在 10 月都出现同比增长现象，并于 12 月迎来同比增速分别为 31.8% 和 27.3% 的"开工潮"。

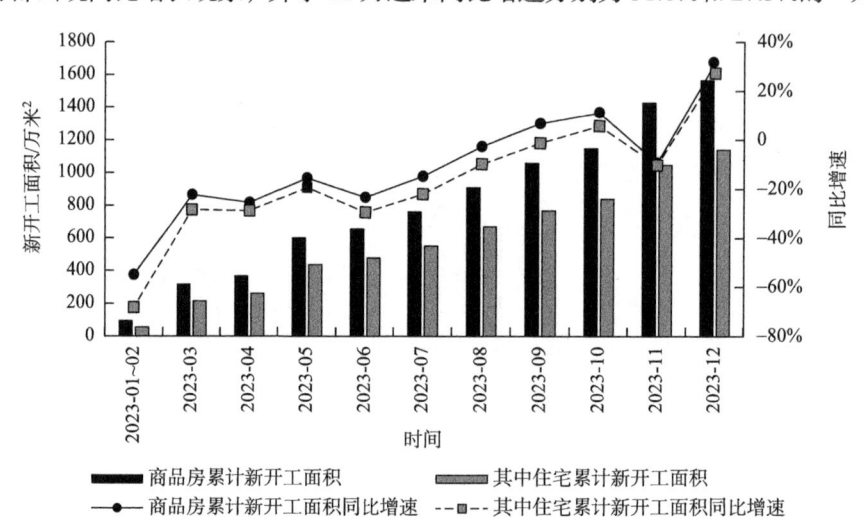

图 4.49　苏州市 2023 年 1~12 月商品房累计新开工面积及同比增速

资料来源：苏州市统计局

如图 4.50 所示，从竣工情况来看，2023 年 1~12 月，苏州市商品房累计竣工面积达到 1785.34 万平方米，其中住宅累计竣工面积达 1314.32 万平方米，与上年同期相比分别增长 31.2%与 29.4%。全年商品房和住宅的累计竣工面积均高于上年同期水平，并呈现明显的季节性变化。9 月与 10 月，商品房与住宅的累计竣工面积同比增速均达到 40%左右，11 月短暂回落后又在 12 月回归至 30%左右的水平。

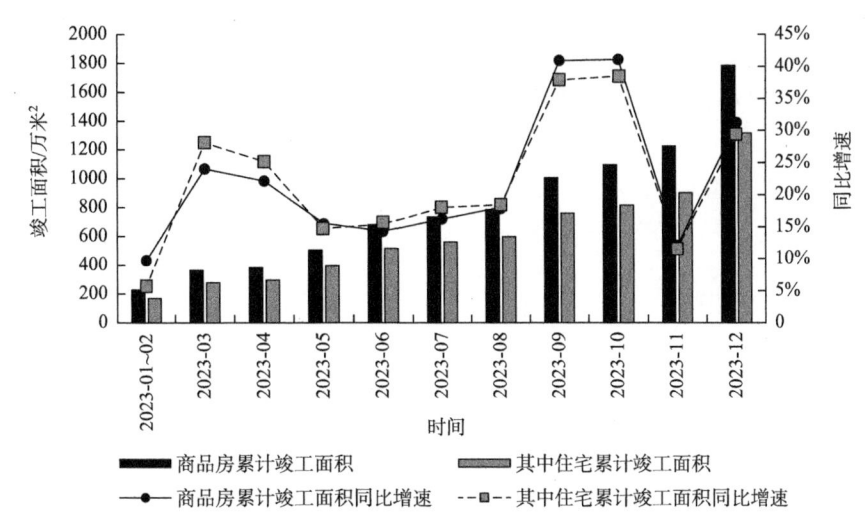

图 4.50　苏州市 2023 年 1~12 月商品房累计竣工面积及同比增速
资料来源：苏州市统计局

（三）政策建议

1. 充分支持刚性和改善性住房需求

坚持"房住不炒"，完善房地产政策措施，优化购房服务流程，优先保障更多有刚性住房需求的人群。继续推动 2023 年 9 月苏州市出台的《关于促进全市经济持续回升向好的若干政策措施》加快取得成效，新市民、青年人、新就业人群、常住人口购房与本地户籍居民家庭适用同等政策，对于购买 120 平方米及以上商品住房的不再进行购房资格审核，落实降低首套房、二套房首付比例和首套房、二套房贷款利率，居民个人换购住房个税优惠，个人首套房"认房不认贷"等政策。

2. 继续优化人口落户政策

大力推进以人为核心的新型城镇化，切实落实户籍新政，分类实施市区积分落户和四县市放开落户政策，在此基础上进一步打造畅通、便利的积分落户渠道，精简优化积分项目，缩短审批周期，降低人才落户门槛，全力提供宽松优质的落户服务。稳步推进基本公共服务常住人口全覆盖，为引进的人才提供住房权益保障，带动房地产市场回暖。

3. 保障房地产资金稳定和投资活力

引导金融机构加大对已售逾期难交付项目保交楼配套融资力度。指导金融机构按照市场化原则支持房地产企业合理融资需求。综合运用优质优价、容积率激励、鼓励建设多样化类型住宅产品等措施，支持房地产企业开发高品质住宅。引导房地产企业由以住宅开发为主向城市更新、住房租赁、集中建设、物流仓储和养老健康等领域延伸。

4. 优化城市用地供应和配套基础设施

积极稳步推进城中村改造，做好城镇老旧小区、危旧房改造，继续支持城镇老旧小区居民提取住房公积金用于加装电梯等自住住房改造。加快推进城镇燃气老旧管道改造，推进城镇污水垃圾处理设施、城市内涝治理等领域设施的建设，因地制宜推进城市地下综合管廊建设。

第五章 2023年房地产金融形势分析

第一节 房地产业融资渠道分析

2022年末,监管对房企融资态度迎来转向,纾困方向从此前"救项目"转换至"救项目与救企业并存"。2023年以来,多个部门先后强调要促进金融与房地产的正常循环,落实2022年末推出的"金融16条"。2023年下半年,房企融资面利好政策力度持续加大,尤其是民营房企的融资支持力度不断加大。2023年10月中央金融工作会议强调,促进金融与房地产良性循环,一视同仁满足不同所有制房地产企业合理融资需求。在房企债务违约高企的背景下,政策不断在融资端加力,鼓励房企和资方在政策的支持下通过市场化的手段加速风险出清。

一、房地产开发贷款

如图5.1所示,2023年第四季度,房地产开发贷款余额为12.88万亿元,同比增长1.5%,增速比上年同期低2.2个百分点。总体而言,2023年房地产开发贷款余额相较前些年有显著提高,房企信贷融资面利好政策力度持续加大,从"存量"和"增量"两方面共同发力,支持房地产企业合理适度的融资需求。存量贷款方面,2023年7月10日,中国人民银行、国家金融监督管理总局印发《关于延长金融支持房地产市场平稳健康发展有关政策期限的通知》,对于"金融16条"中有关政策有适用期限的,将适用期限统一延长至2024年12月31日。对于房地产企业开发贷款、信托贷款等存量融资,在保证债权安全的前提下,中国人民银行鼓励金融机构与房地产企业基于商业性原则自主协商,积极通过存量贷款展期、调整还款安排等方式予以支持,促进项目完工交付。2024年12月31日前到期的房地产企业开发贷款、信托贷款等存量融资,可以允许超出原规定多展期1年,可不调整贷款分类,报送征信系统的贷款分类与之保持一致。增量贷款方面,中国人民银行、国家金融监督管理总局、证监会三部门于2023年11月17日召开金融机构座谈会,会议上提及多项房地产金融放松政策,重点提及一视同仁满足不同所有制房地产企业合理融资需求,其中包括"三个不低于"的硬性指标:①各家银行自身房地产贷款增速不低于银行业平均房地产贷款增速;②对非国有房企对公贷款增速不低于本行房地产增速;③对非国有房企个人按揭增速不低于本行按揭增速。前两个指标能够有效促进房地产信贷融资增量,缓解房企流动性压力,特别是对民营房企融资难、债务违约集中等问题提供了信贷支持。

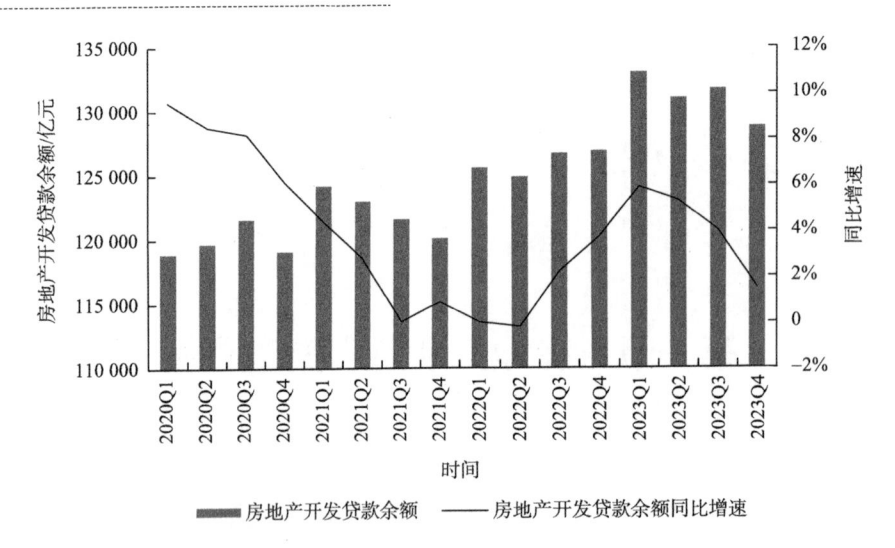

图 5.1　全国 2020 年第一季度~2023 年第四季度房地产开发贷款余额及同比增速
资料来源：中国人民银行

二、股市融资

对于上市房企，股权融资是重要资金来源，主要为权益性融资，包括配股、增发、优先股等。2022 年 11 月 28 日，证监会决定在上市房企股权融资方面调整优化 5 项措施，"第三支箭"股权融资正式落地。受政策影响，2022 年 12 月以来，房企配股融资势头良好。2023 年 8 月 27 日，证监会发布优化 IPO、再融资监管安排，其中明确房地产上市公司再融资不受破发、破净和亏损限制，房企股权融资再迎利好时机。可见我国政府对于支持房企化解债务危机、放宽融资限制的方向没有改变。股权融资或将成为房企融资的重要渠道，更多上市的优质房企或将通过增发、配股等途径进行融资。理想情况下，股权融资规模不断扩大，既能纾解房企融资困境，又能降低企业整体负债率水平，甚至还能构建风险共担机制，在一定程度上降低企业偿债风险。

《2023 房地产上市公司测评研究报告》显示，10 强上市房企排名出现变化。其中，万科、保利发展保持前两名；华润置地升至第三名；中国海外发展、龙湖集团分列第四、第五名；受到债务违约风险影响，碧桂园降至第六名；招商蛇口、金地集团、新城控股分列第七、第八、第十名；第九名绿城中国为 2023 年新晋 10 强。

三、房地产信托

长期以来，信托资金是房地产业的主要融资来源之一，房地产业也为信托带来了大量的收益，二者存在着紧密的关系。然而，随着我国房地产业进入深度调整阶段，特别是自 2021 年以来，多家地产企业债务风险高企，导致房地产类信托风险陡增，地产和信托之间的紧密关系受到挑战，传统房地产信托业务已不再是信托业的主营业务。中国信托业协会发布的《提升受托服务能力，以进促稳转型见效——2023年3季度中国信托业发展评析》显示，第三季度末，投向房地产的资金信托规模为1.02万亿元，同比下降2596.77亿元，降幅20.28%，环比下降278.68亿元；相较于22.64万亿元的受托资产规模总量，占比为4.51%，已低至5%以下。近年来投向房地产的信托资金规模和占比持续下降、急剧收缩，2019年第三季度至2023年第三季度，4年间投向房地产的信托资金规模持续下滑，存量规模由2.78万亿元跌至1.02万亿元，占受托资产规模总量的比重由12.64%降至4.51%。增量资金方面，如图5.2所示，投向房地产的集合信托产品成立规模占比呈快速下降趋势，2023年11月成立的集合信托产品仅有3.99亿元是投向房地产的，占比不足1%，这意味着压缩地产信托业务、处置地产信托项目风险已成为信托业的主要工作。虽然受到年末规模"冲量"的影响，房地产类信托成立规模环比大涨6倍多，但绝对规模仍然偏低，为25.23亿元，占比为3.61%。用益金融信托研究院认为，在监管收紧和房地产市场低迷的双重压力之下，信托公司在房地产领域的展业动力相对不足，房地产类信托业务仍处于低谷，业务转型仍处于探索之中。同时，房地产业也不再能给信托产品带来持续高额的收益，如图5.3所示，投向房地产的信托产品平均年化收益率整体呈明显的下行趋势。

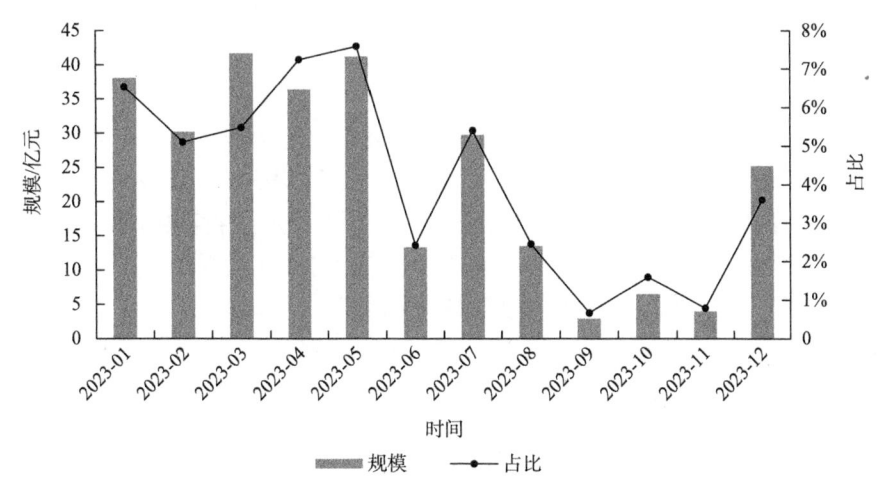

图5.2　2023年1~12月投向房地产的集合信托产品成立规模和占比
资料来源：用益信托网

虽然当前融资政策持续利好，但实际收益仍仅限于融资"白名单"房企，整体行业融资面仍然疲软，特别是投向地产行业的信托资金持续收紧。对于多数民营房企而言，境外融资依然处于冰封期，境内银行授信和债券增信基本上仍偏向支持财务状况较为良好的优质房企；虽然大多数民营房企都可以使用股权融资，2022年12月以来房企配股融资的热情也相对高涨，但是这种融资方式却并不具有可持续性且受股价波动等影响。可见，在当前行业风险仍未完全出清，市场信心未完全恢复的背景下，多数民营房企融资难、融资贵的问题仍有待解决。

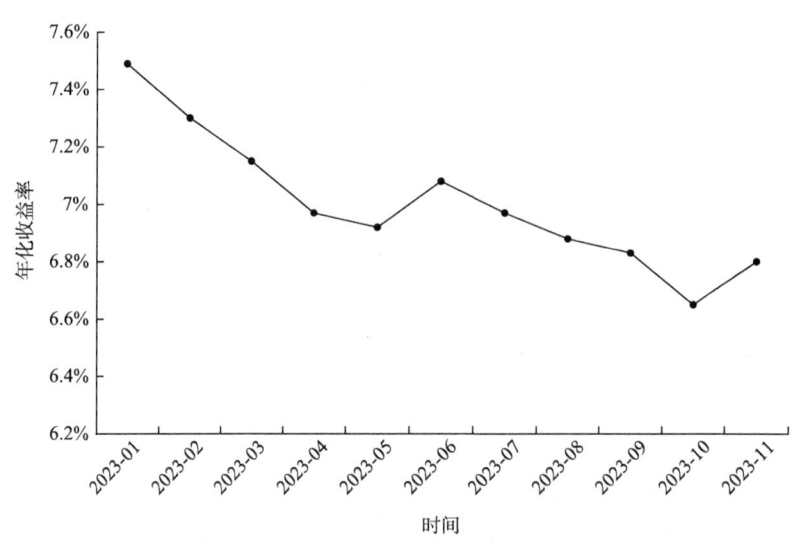

图 5.3　2023 年 1~11 月投向房地产的信托产品平均年化收益率
资料来源：用益信托网

第二节　房地产企业经营状况分析

2023年《政府工作报告》首次提及需要有效防范化解优质头部房企风险，改善资产负债状况，防止无序扩张，促进房地产业平稳发展。当前房地产市场处于转型期，"认房不认贷""降低首付比例和利率"等政策措施起到了积极作用，保交楼工作正在扎实推进，但结构性不足的问题仍然存在。对此，2023年中央金融工作会议强调，需要"加快保障性住房等'三大工程'建设，构建房地产发展新模式"[①]。2023年全年，房地产央国企销售业绩韧性较强，民营房企业绩受市场调整冲击影响较大。未来，在房地产发展新模式的背景之下，房企融资环境将持续改善，房企未来应在保持稳定现金流入的同时积极把握市场机会，从而实现高质量发展。

一、房地产企业盈利状况分析

净利润是衡量企业经营效益的一个重要指标，它表现的是企业在一个会计年度中的最终经营成果。因此，本节通过净利润指标对截至 2023 年前三季度的上市房地产企业的盈利状况进行分析。根据已公布的前三季度财报中的 111 家境内上市房地产企业净利润披露数据，得到 2023 年前三季度净利润分布，如图 5.4 所示。此外 2023 年前三季度净利润为正的企业有 71 家，2022 年前三季度是 76 家；净利润为负的企业则有 40 家，2022 年前三季

[①]《中央金融工作会议在北京举行 习近平李强作重要讲话》，https://www.gov.cn/yaowen/liebiao/202310/content_6912992.htm，2023-10-31。

度是 39 家。净利润为正的上市房地产企业占比达 63.96%，较 2022 年同期的 66.09%有所下降。可以看到，2023 年与 2022 年相比，房地产业延续萧条状况，利润呈现下行趋势。究其原因，主要有两点：第一，行业监管不断收紧，房地产企业自身杠杆率过高，偿债压力过大；第二，2023 年，房地产企业不断暴雷，导致市场信心不足，市场降温，造成恶性循环。

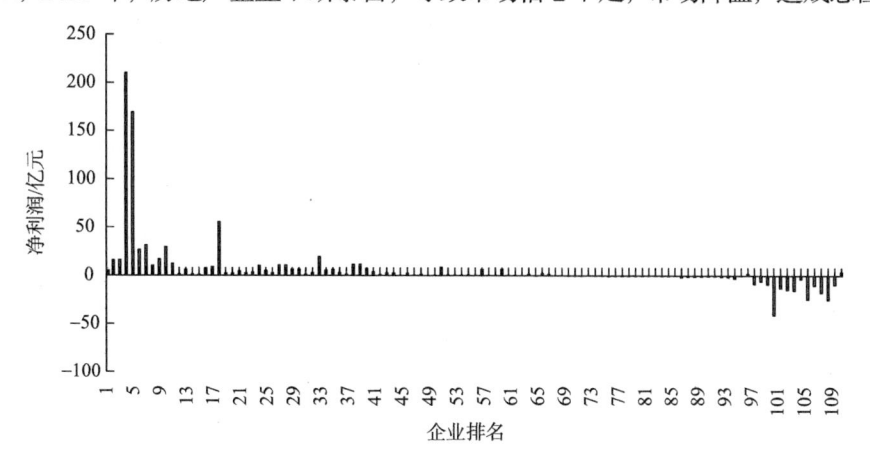

图 5.4　境内上市房地产企业 2023 年前三季度净利润分布
资料来源：同花顺 iFinD 数据库
图中企业按照每股收益（earnings per share，EPS）由高到低排序

图 5.5 呈现了 2023 年前三季度净利润位于前 10 名的境内上市房地产企业，可以看出其盈利状况呈现不同程度的变动。在 2023 年前三季度排名前 10 的房地产企业中，有 6 家净利润同比增速为负值，分别为万科、保利发展、新城控股、南京高科、中新集团、招商蛇口。其中，利润下降最为明显的是新城控股，同比下降 27.81%，但相比 2022 年同比下降的 45.72%，下降幅度有所减小；其次是万科、南京高科及招商蛇口，同比下降 22.82%、13.09%及 12.93%；降幅较小的是保利发展，同比下降 10.44%。排名

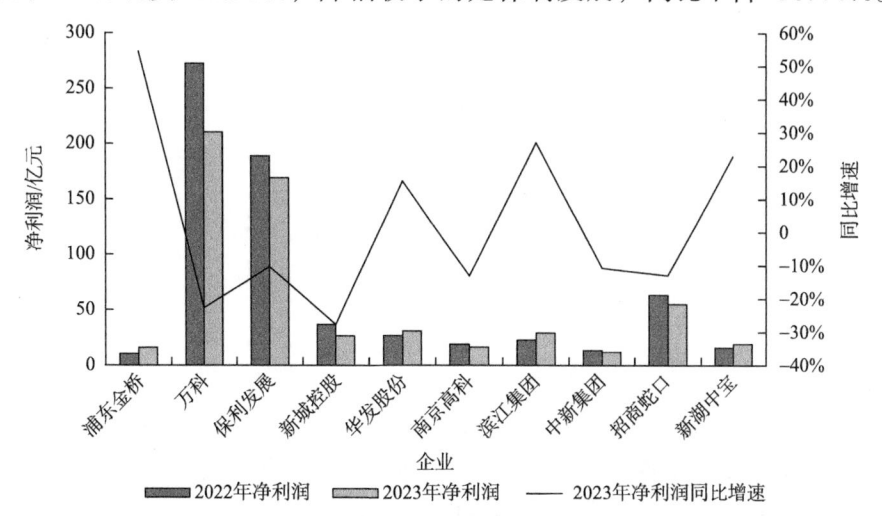

图 5.5　2023 年前三季度净利润排名前 10 位的房地产企业净利润及同比增速
资料来源：同花顺 iFinD 数据库
图中企业按照每股收益由高到低排序

前 10 的房地产企业中，有 4 家净利润同比增速为正值，分别为浦东金桥、华发股份、滨江集团和新湖中宝，其中浦东金桥同比增速最高，为 54.51%。就房地产上市企业盈亏面来看，2023 年净利润同比上升的企业有 39 家，同比下降的企业有 72 家，净利润同比上升的企业占 35.14%，与 2022 年的比例 33.04%相比，行业整体盈利能力略有上升。

二、房地产企业盈利能力分析

营业利润率是销售收入扣减商品销售成本和一些营业费用后的余额占销售收入的比例，它衡量了营业利润占营业收入的比重，反映了企业盈利能力的高低。因此，我们以营业利润率为主要指标分析了已公布相关数据的 111 家上市房地产企业的经营状况，如图 5.6 所示。相比 2022 年同期，2023 年前三季度我国 69.37%的上市房地产企业营业利润率有所下降，部分房地产企业出现同比增幅较大或降幅较大的态势，除*ST 全新这类较为特殊的公司外，按每股收益从高到低排序，第 107 名南国置业的营业利润率较 2022 年上涨 727.65%，第 96 名荣丰控股的营业利润率较 2022 年下降 4826.88%。总体来看，上市房地产企业营业利润率上升与下降的家数之比是 34：77，营业利润率上升的企业占 30.63%。

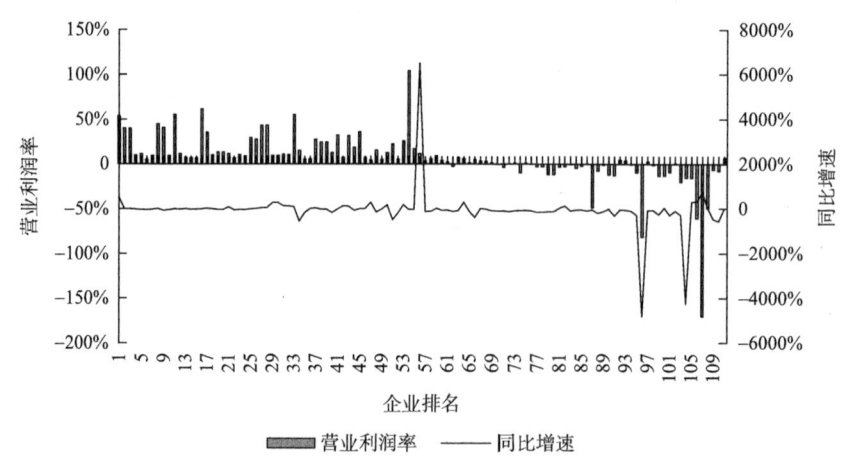

图 5.6 2023 年前三季度房地产企业营业利润率及同比增速
资料来源：同花顺 iFinD 数据库
图中企业按照每股收益由高到低排序

净资产收益率又称股东权益报酬率或净资产利润率，是税后利润除以净资产所得的百分比，该指标反映股东权益的收益水平，用来衡量企业运用自有资产获得净收益的能力，反映了企业自有资本的利用效率。本节用摊薄净资产收益率衡量企业盈利能力，如图 5.7 所示，2023 年前三季度 111 家房地产上市企业中，除去*ST 公司外，摊薄净资产收益率同比上升与下降的公司家数之比为 40：69，相比 2022 年的 74：41 有较大下滑。

第五章　2023年房地产金融形势分析

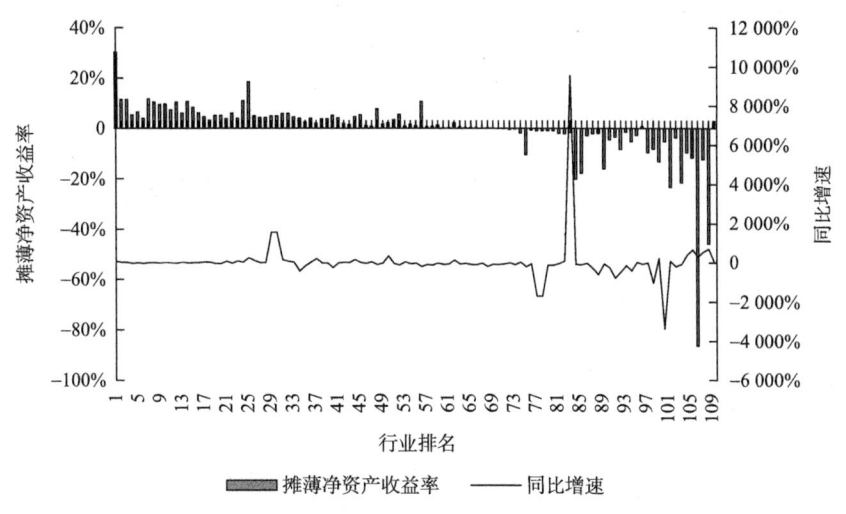

图5.7　2023年前三季度摊薄净资产收益率及同比增速
资料来源：同花顺iFinD数据库
图中企业按照每股收益由高到低排序

投资者通常根据每股收益，衡量普通股的获利水平以及投资者对该股票的未来预期情况。图5.8为2023年前三季度111家房地产上市企业的每股收益及同比增速情况。除去*ST这类较为特殊的公司外，2023年前三季度房地产上市企业每股收益分布区间为-1.48~2.05元，部分房地产企业出现同比增幅较大或同比降幅较大的态势，如按每股收益从高到低排序，排第29名的大名城较2022年同期上涨1763.76%，而排名分别为97名、83名和101名的京投发展、阳光股份和华侨城较2022年同期分别下降10 178.26%、8471.43%和2735.44%。

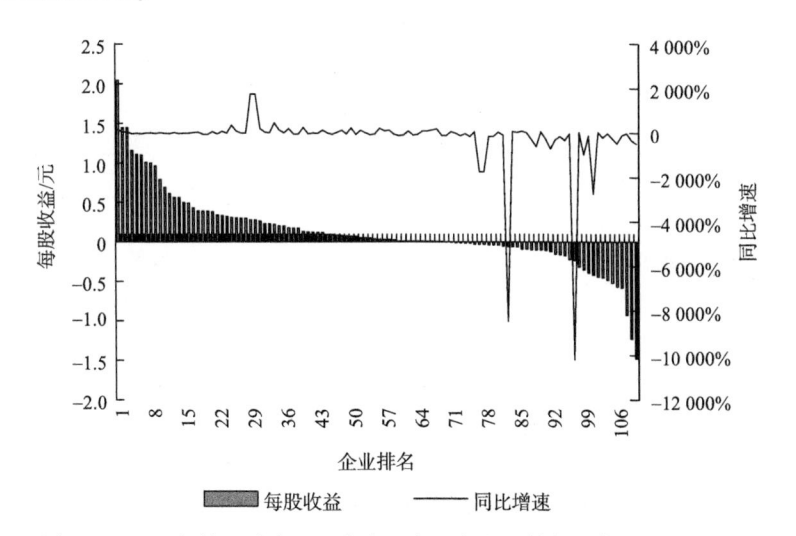

图5.8　2023年前三季度111家房地产上市企业的每股收益及同比增速
资料来源：同花顺iFinD数据库
图中企业按照每股收益由高到低排序

表5.1和表5.2分别为2023年、2022年前三季度每股收益排名前十的房地产企业。

相较于 2022 年同期，2023 年大部分上市房地产企业每股收益略有下降。传统大型房地产企业及中小型房地产企业的每股收益普遍出现下降，且大型房地产企业下降速度更快，房地产企业股权收益差距继续缩小，说明房地产企业平均权益呈现出持稳及趋同的态势。

表 5.1　2023 年前三季度每股收益排名前十的房地产企业（单位：元）

上市公司	每股收益
沙河股份	2.05
浦东金桥	1.44
万科	1.16
保利发展	1.11
新城控股	1.10
华发股份	1.01
中国国贸	1.00
南京高科	0.97
滨江集团	0.79
中新集团	0.69

资料来源：同花顺 iFinD 数据库

表 5.2　2022 年前三季度每股收益排名前十的房地产企业（单位：元）

上市公司	每股收益
万科	2.34
新城控股	1.63
保利发展	1.58
华发股份	1.27
金地集团	1.18
南京高科	1.12
浦东金桥	0.92
中新集团	0.91
中国国贸	0.86
招商蛇口	0.82

资料来源：同花顺 iFinD 数据库

三、房地产企业资金链状况分析

房地产企业的资金变化状况对房地产及关联行业贷款风险、房地产信托兑付风险等产生显著影响。

资产负债率是衡量企业负债水平及风险程度的重要指标，一般认为资产负债率的适宜水平是 40%~60%，但不同行业的资产负债率水平各有不同。对于房地产企业而言，前期投资非常大，正常范围为 60%~70%，最高不得超过 80%。如果资产负债率过高，企业的经营就会面临巨大的风险，从长期来看，可能会导致企业资不抵债，最终破产。2022 年和 2023 年房地产业上市企业平均资产负债率整体呈波动下降的趋势，如图 5.9 所示，2021 年第一季度至 2023 年第三季度平均资产负债率处于 62.36%~65.59%，2021 年资产负债率先升后降，2023 年第一季度到第三季度平均资产负债率下降趋势明显。

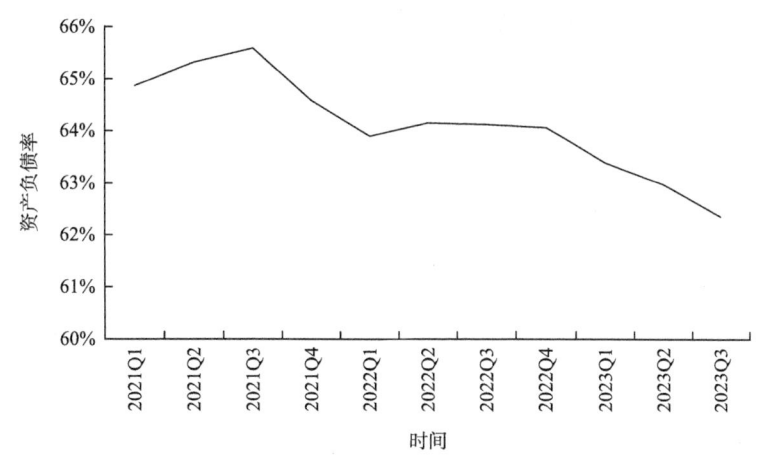

图 5.9　2021 年第一季度至 2023 年第三季度房地产上市企业平均资产负债率情况
资料来源：同花顺 iFinD 数据库

速动比率反映了企业的短期偿债能力，一般用来衡量企业流动资产可以立即变现用于偿还流动负债的能力。图 5.10 为 2021 年第一季度至 2023 年第三季度 111 家房地产上市企业平均速动比率情况，由该图可知，2021 年第一季度至 2023 年第三季度，房地产上市企业的平均速动比率处于 0.66%~0.79%，整体变动趋势较为平稳，一开始出现持续性下降趋势，之后于 2022 年第三季度触底并开始保持回升趋势。因此整体来说，房地产上市企业平均速动比率 2021 年开始呈现下降趋势，短期偿债能力逐步减弱，在资金流不足的情况下抵御破产风险的能力在逐渐减弱，而进入 2022 年第四季度后，企业资金流回升，企业速动比率开始上升，短期偿债能力增强，2023 年第三季度回到了 0.79%的水平。

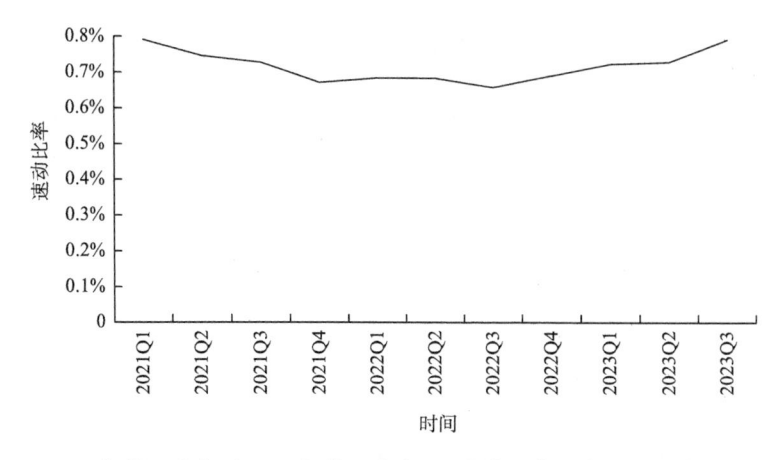

图 5.10　2021 年第一季度至 2023 年第三季度 111 家房地产上市企业平均速动比率情况
资料来源：同花顺 iFinD 数据库

流动比率是流动资产与流动负债的比率，用来衡量企业流动资产可以变现用于偿还短期负债的能力。图 5.11 为 2021 年第一季度至 2023 年第三季度 111 家房地产上市企业平均流动比率情况，由该图可知，2021 年至 2022 年，房地产企业的平均流动比率呈现波动下降的趋势，短期偿债能力下降。但从 2023 年第一季度开始，平均流动比率上升，并持续到 2023 年第三季度，企业的短期偿债能力回升。

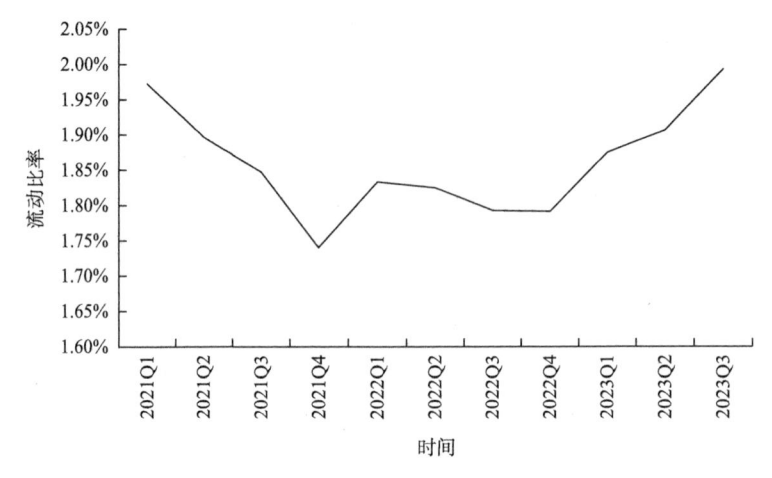

图 5.11　2021 年第一季度至 2023 年第三季度 111 家房地产上市企业平均流动比率情况
资料来源：同花顺 iFinD 数据库

每股经营现金流量是公司经营活动所产生的现金流入与经营活动所产生的现金流出的差额占总流通股本的比值。该指标主要反映平均每股所获得的现金流量，是上市公司在维持期初现金流量的情况下，有能力发给股东的最高现金股利金额，反映企业在实际经营中运用资本创造现金的能力。图 5.12 为 2021 年第一季度至 2023 年

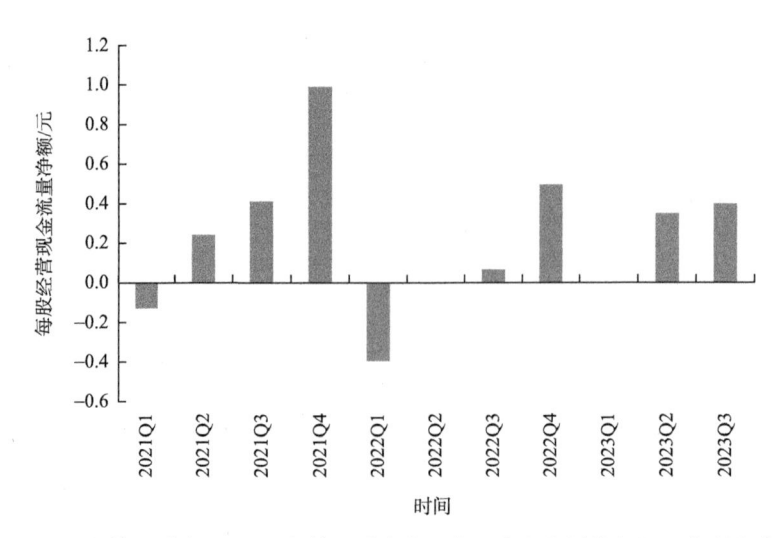

图 5.12　2021 年第一季度至 2023 年第三季度房地产上市企业平均每股经营现金流量净额
资料来源：同花顺 iFinD 数据库

第三季度房地产上市企业平均每股经营现金流量净额。2022年第三季度,房地产上市企业每股经营活动产生的现金流量净额实现由负转正,并在第四季度达到当年最高值,为0.50元。2023年第一季度,平均每股经营现金流量净额下跌至接近0,但后两季度又持续增长至正值,这表明房地产市场运用自有资本进行经营活动产生的现金流量净额有所回升。

总体来说,2022年和2023年房地产上市企业的整体销售与盈利能力较2021年有所下降,2023年在2022年的基础上有些许回升。具体而言,2022年,房地产企业的偿债能力和资金链状况较2021年有所恶化,2023年这种情况有所改善,企业的短期偿债能力较2022年有所增强,房地产市场运用自有资本进行经营活动产生的现金流量净额平均值截至第三季度均为正值,房地产企业需继续关注自身长短期偿债能力和资金链状况,以促进企业健康发展。

第三节 房地产金融产品运行分析

作为资金密集型行业,房地产业对金融行业的依赖程度较高,但在去杠杆的背景下,商业银行额度收紧,资金成本上涨,传统融资渠道受限,如何开拓新的融资渠道并获得足够的资金支持,从而保证投资项目得以顺利进行,成为房地产企业关注的一大重要课题。房地产证券化是当代经济、金融证券化的典型代表,对于资金密集型的房地产业来说,资产证券化能够盘活存量资产,降低融资成本,为房地产企业提供一种更加便捷、高效、灵活的融资途径。基于此,对我国的房地产金融产品的运行情况进行回顾和分析。

一、个人住房抵押贷款支持证券

个人住房抵押贷款支持证券(residential mortgage-backed securities,RMBS)是一种由商业银行发起,将个人住房抵押贷款作为基础资产,以其本息的偿付作为现金流支付的证券。如图5.13、图5.14所示,截至2023年末,个人住房抵押贷款类ABS发行总额为740 864亿元,当前余额为412 362亿元,分别占到ABS累计发行总额与当前余额的73.20%与73.14%,依然是信贷ABS市场的重要组成部分之一。

2005年12月15日,"建元2005-1个人住房抵押贷款支持证券"由中国建设银行发起,作为国内首单个人住房抵押贷款证券化产品正式进入债券市场。后受次贷危机影响,国内暂停发行资产证券化产品,个人RMBS也因此暂停发行。直到2012年信贷资产证券化重启,以及2014年9月《中国人民银行 中国银行业监督管理委员会[①]关于进一步做好住房金融服务工作的通知》发布,个人RMBS市场逐渐回暖并实现了快速发展,在2018年达到高峰。2018年至2021年四年间,个人RMBS的发行总额均在4000亿元以上。自2022年起,全国

---

① 2018年组建中国银行保险监督管理委员会,不再保留中国银行业监督管理委员会、中国保险监督管理委员会;2023年组建国家金融监督管理总局,不再保留中国银行保险监督管理委员会。

2024 中国房地产市场回顾与展望

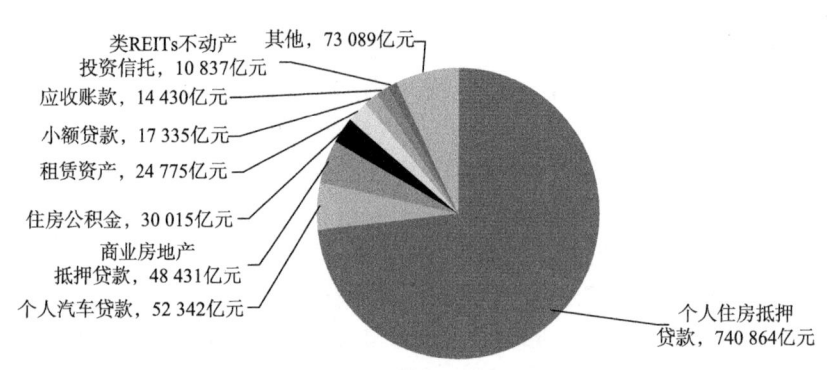

图 5.13 2023 年末各类 ABS 累计发行总额

- 类REITs不动产投资信托，10 837亿元
- 其他，73 089亿元
- 应收账款，14 430亿元
- 小额贷款，17 335亿元
- 租赁资产，24 775亿元
- 住房公积金，30 015亿元
- 商业房地产抵押贷款，48 431亿元
- 个人汽车贷款，52 342亿元
- 个人住房抵押贷款，740 864亿元

资料来源：Choice 金融终端

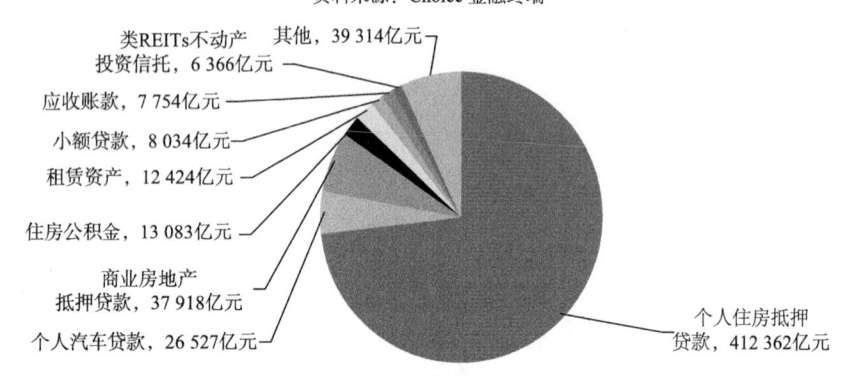

图 5.14 2023 年末各类 ABS 当前余额

- 类REITs不动产投资信托，6 366亿元
- 其他，39 314亿元
- 应收账款，7 754亿元
- 小额贷款，8 034亿元
- 租赁资产，12 424亿元
- 住房公积金，13 083亿元
- 商业房地产抵押贷款，37 918亿元
- 个人汽车贷款，26 527亿元
- 个人住房抵押贷款，412 362亿元

资料来源：Choice 金融终端

房地产市场持续低迷，个人住房贷款增速下滑，部分地区出现楼盘停工与贷款断供现象，2022 年全年 RMBS 仅发行 3 单，规模合计 245.41 亿元。2023 年全年尚未有 RMBS 发行（图 5.15）。

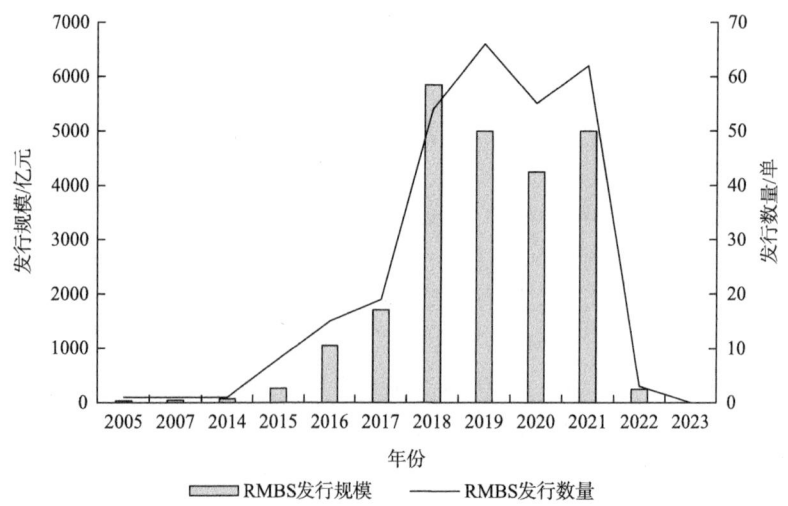

图 5.15 2005~2023 年 RMBS 发行规模与数量

资料来源：Choice 金融终端

第五章 2023年房地产金融形势分析

二级市场交易方面，2023年1月1日至2023年12月31日RMBS总成交次数1085次，成交额3215亿元，全国银行间ABS交易市场成交次数7967次，成交额8955亿元，RMBS成交次数和成交额分别占银行间ABS市场的13.62%和35.90%，呈现交易较为活跃，单次成交额大的特点。换手率方面，如图5.16所示，共有197只RMBS产品参与二级市场交易，平均换手率74.76%。其中，58.88%的产品换手率在50%以下；换手率不低于200%的产品有14只，成交金额744.66亿元，占全部成交额的23.16%。最高换手率达810.02%。

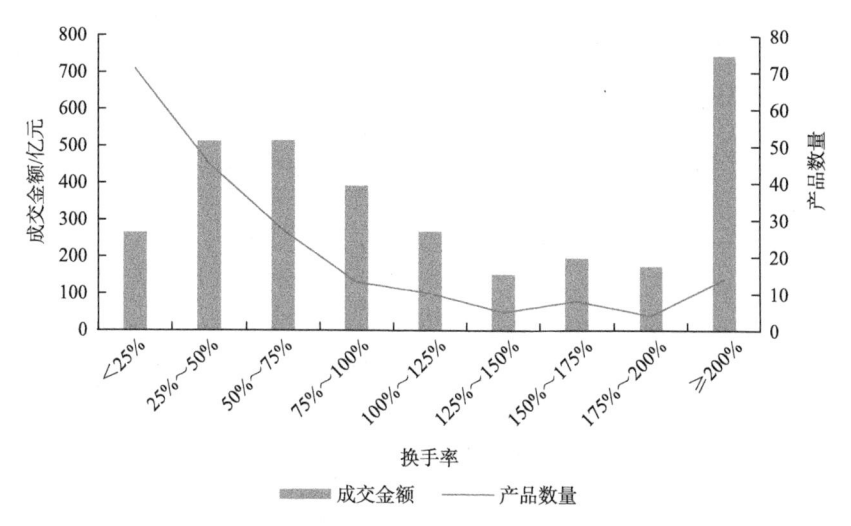

图5.16 2023年RMBS产品二级市场交易情况
资料来源：Choice金融终端

二、房地产投资信托基金

1. 2023年房地产投资信托基金发行情况

2021年6月21日，中国首批公募REITs正式推出，9只基础设施公募REITs产品上市交易，运行效果符合市场预期。截至2023年末，中国公募REITs已发行29只，其中2021年11只，2022年13只，2023年新发行5只。本节将对2023年各机构发行的REITs项目进行分析，发行情况如表5.3所示。

表5.3 2023年REITs项目发行一览表

项目名称	原始权益人	发行总额/亿元	项目类型	上市日期	存续期限	管理公司	交易场所
嘉实京东仓储物流基础设施资产支持专项计划	北京京东世纪贸易有限公司	17.66	港口仓储物流	2023-02-08	46年	嘉实基金管理有限公司	上海证券交易所

续表

项目名称	原始权益人	发行总额/亿元	项目类型	上市日期	存续期限	管理公司	交易场所
中信建投-国家电投新能源发电1期资产支持专项计划[a]	国家电投集团江苏电力有限公司	78.43	新能源	2023-03-29	21年	中信建投基金管理有限公司	上海证券交易所
中航-京能光伏1号基础设施资产支持专项计划	京能国际能源发展（北京）有限公司联合光伏（常州）投资集团有限公司	29.42	新能源	2023-03-29	20年	中航基金管理有限公司	上海证券交易所
中金-湖北科投光谷产业园基础设施资产支持专项计划	湖北省科技投资集团有限公司	15.76	产业园区	2023-06-30	30年	中金基金管理有限公司	上海证券交易所
中金-山高集团鄄菏高速资产支持专项计划	山东高速集团有限公司	29.86	收费公路	2023-10-27	19年	中金基金管理有限公司	上海证券交易所

资料来源：Choice金融终端
a 以下简称中信建投国家电投新能源

2023年，共发行REITs项目5个，包括2只能源基础设施类REITs、2只交通基础设施类REITs、1只园区基础设施类REITs。其中，能源基础设施类REITs规模较大，中信建投国家电投新能源REITs金额达78.43亿元；其余REITs发行规模相对较小，发行规模在15亿~30亿元。

受宏观经济形势影响，2023年发行的REITs较上年有所减少，发行总规模为171.13亿元。与2022年相比，下降了249.16亿元。2023年5只REITs平均发行额为34.23亿元，比上年增加了1.9亿元。整体来看，REITs发行数量较上年下降，单只规模基本持平。

以发行规模最大的中信建投国家电投新能源为例，介绍能源基础设施类REITs发行情况。

2. 中信建投国家电投新能源REITs发行情况

中信建投国家电投新能源发行规模78.43亿元，占2023年REITs发行规模总额的45.83%。具体的相关发行信息如表5.4所示。

表5.4 中信建投国家电投新能源相关发行信息

项目	信息
基金管理人	中信建投基金管理有限公司
专项计划管理人	中信建投证券股份有限公司
运营管理机构	国家电投集团江苏海上风力发电有限公司
基金托管人	中国工商银行股份有限公司
运作方式	封闭式

资料来源：Choice金融终端

该项目最终发行规模为 78.43 亿元，战略投资者配售占比 75%，网下投资者配售占比 17.5%，公众投资者配售占比 7.5%。中信建投国家电投新能源上市交易日期为 2023 年 3 月 29 日，基金总份额 800 000 000 份，首次上市流通份额 199 430 921 份。截至 2023 年 6 月 30 日，机构投资者持有基金份额 787 159 019 份，占比 98.39%，个人投资者持有基金份额 12 840 981 份，占比 1.61%。

3. 海外 QDII-REITs 投资

REITs 模式起源于 1960 年的美国并且迅速发展，目前美国仍是全球最大的商业房地产市场。因此，分析海外的投资市场是十分必要的。目前，国内共有 6 只 QDII-REITs 基金：诺安全球收益不动产、鹏华美国房地产、嘉实全球房地产、广发美国房地产、摩根富时发达市场 REITs 指数和南方道琼斯美国精选 REIT 指数。诺安全球收益不动产、鹏华美国房地产、嘉实全球房地产均是主动投资产品，摩根富时发达市场 REITs 指数为跟踪富时发达市场 REITs 指数（FTSE EPRA/NAREIT Developed REITs Index）的被动投资产品，广发美国房地产为跟踪明晟美国 REIT 指数（MSCI US REIT Index）的被动投资产品，而南方道琼斯美国精选 REIT 指数则是一只指数基金，具体见表 5.5。

表 5.5　QDII-REITs 产品一览

代码	基金名称	2023 年末净值/元	近一年净值增长率	成立以来净值增长率	成立时间
320017	诺安全球收益不动产	24 399 732.78	+7.36%	+51.81%	2011-09-23
206011	鹏华美国房地产	57 335 675.67	+9.71%	+37.65%	2011-11-25
070031	嘉实全球房地产	38 017 829.13	+8.59%	+56.93%	2012-07-24
000179	广发美国房地产	144 309 005.89	+12.60%	+87.84%	2013-08-09
160140	南方道琼斯美国精选 REIT 指数	108 686 370.38	+13.19%	+23.31%	2017-10-26
005613	摩根富时发达市场 REITs 指数	343 665 632.13	+12.01%	+28.67%	2018-04-26

资料来源：Choice 金融终端

由表 5.5 可以看出，2023 年 1 月 1 日至 2023 年 12 月 31 日，6 只国内海外 QDII-REITs 的净值都实现了增长。其中，南方道琼斯美国精选 REIT 指数 2023 年度的净值增长得最快，实现了 13.19% 的增长率。

第四节　货币政策调整及对房地产企业影响分析

为支持实体经济发展，促进综合融资成本稳中有降，2023 年中国人民银行分别于 3 月和 9 月继续全面下调了存款准备金率，调整后，大型金融机构存款准备金率为

10.50%，中小金融机构存款准备金率为 7.50%（表 5.6）。在经济形势不容乐观的当下，我国将继续实行稳健的货币政策，不搞大水漫灌，兼顾内外平衡，保持流动性合理充裕，保持货币供应量和社会融资规模增速同名义经济增速基本匹配，加强跨周期调节。支持中小企业绿色发展、科技创新，为高质量发展和供给侧结构性改革营造适宜的货币金融环境。

表 5.6　存款准备金率历次调整

公布时间	生效日期	大型金融机构 调整前	调整后	调整幅度	中小金融机构 调整前	调整后	调整幅度
2023 年 09 月 14 日	2023 年 09 月 15 日	10.75%	10.50%	−0.25%	7.75%	7.50%	−0.25%
2023 年 03 月 17 日	2023 年 03 月 27 日	11.00%	10.75%	−0.25%	8.00%	7.75%	−0.25%
2022 年 11 月 25 日	2022 年 12 月 05 日	11.25%	11.00%	−0.25%	8.25%	8.00%	−0.25%
2022 年 04 月 15 日	2022 年 04 月 25 日	11.50%	11.25%	−0.25%	8.50%	8.25%	−0.25%
2021 年 12 月 06 日	2021 年 12 月 15 日	12.00%	11.50%	−0.50%	9.00%	8.50%	−0.50%
2021 年 07 月 09 日	2021 年 07 月 15 日	12.50%	12.00%	−0.50%	9.50%	9.00%	−0.50%
2020 年 04 月 03 日	2020 年 05 月 15 日	—	—	—	10.00%	9.50%	−0.50%
2020 年 04 月 03 日	2020 年 04 月 15 日	—	—	—	10.50%	10.00%	−0.50%
2020 年 01 月 01 日	2020 年 01 月 06 日	13.00%	12.50%	−0.50%	11.00%	10.50%	−0.50%
2019 年 09 月 06 日	2019 年 09 月 16 日	13.50%	13.00%	−0.50%	11.50%	11.00%	−0.50%
2019 年 01 月 04 日	2019 年 01 月 25 日	14.00%	13.50%	−0.50%	12.00%	11.50%	−0.50%
2019 年 01 月 04 日	2019 年 01 月 15 日	14.50%	14.00%	−0.50%	12.50%	12.00%	−0.50%
2018 年 10 月 07 日	2018 年 10 月 15 日	15.50%	14.50%	−1.00%	13.50%	12.50%	−1.00%
2018 年 06 月 24 日	2018 年 07 月 05 日	16.00%	15.50%	−0.50%	14.00%	13.50%	−0.50%
2018 年 04 月 17 日	2018 年 04 月 25 日	17.00%	16.00%	−1.00%	15.00%	14.00%	−1.00%
2016 年 02 月 29 日	2016 年 03 月 01 日	17.50%	17.00%	−0.50%	15.50%	15.00%	−0.50%
2015 年 10 月 23 日	2015 年 10 月 24 日	18.00%	17.50%	−0.50%	16.00%	15.50%	−0.50%
2015 年 08 月 25 日	2015 年 09 月 06 日	18.50%	18.00%	−0.50%	16.50%	16.00%	−0.50%
2015 年 04 月 19 日	2015 年 04 月 20 日	19.50%	18.50%	−1.00%	17.50%	16.50%	−1.00%
2015 年 02 月 04 日	2015 年 02 月 05 日	20.00%	19.50%	−0.50%	18.00%	17.50%	−0.50%
2012 年 05 月 12 日	2012 年 05 月 18 日	20.50%	20.00%	−0.50%	18.50%	18.00%	−0.50%
2012 年 02 月 18 日	2012 年 02 月 24 日	21.00%	20.50%	−0.50%	19.00%	18.50%	−0.50%
2011 年 11 月 30 日	2011 年 12 月 05 日	21.50%	21.00%	−0.50%	19.50%	19.00%	−0.50%

续表

公布时间	生效日期	大型金融机构			中小金融机构		
		调整前	调整后	调整幅度	调整前	调整后	调整幅度
2011年06月14日	2011年06月20日	21.00%	21.50%	0.50%	19.00%	19.50%	0.50%
2011年05月12日	2011年05月18日	20.50%	21.00%	0.50%	18.50%	19.00%	0.50%
2011年04月17日	2011年04月21日	20.00%	20.50%	0.50%	18.00%	18.50%	0.50%
2011年03月18日	2011年03月25日	19.50%	20.00%	0.50%	17.00%	18.00%	1.00%
2011年02月18日	2011年02月24日	19.00%	19.50%	0.50%	16.50%	17.00%	0.50%
2011年01月14日	2011年01月20日	18.50%	19.00%	0.50%	16.50%	16.50%	0
2010年12月10日	2010年12月20日	18.00%	18.50%	0.50%	16.00%	16.50%	0.50%
2010年11月19日	2010年11月29日	17.50%	18.00%	0.50%	15.50%	16.00%	0.50%
2010年11月10日	2010年11月16日	17.00%	17.50%	0.50%	15.00%	15.50%	0.50%
2010年05月02日	2010年05月10日	16.50%	17.00%	0.50%	14.50%	15.00%	0.50%
2010年02月12日	2010年02月25日	16.00%	16.50%	0.50%	14.00%	14.50%	0.50%
2010年01月12日	2010年01月18日	15.50%	16.00%	0.50%	13.50%	14.00%	0.50%
2008年12月22日	2008年12月25日	16.00%	15.50%	−0.50%	14.00%	13.50%	−0.50%
2008年11月26日	2008年12月05日	17.00%	16.00%	−1.00%	16.00%	14.00%	−2.00%
2008年10月08日	2008年10月15日	17.50%	17.00%	−0.50%	16.50%	16.00%	−0.50%
2008年09月15日	2008年09月25日	17.50%	17.50%	0	17.50%	16.50%	−1.00%
2008年06月07日	2008年06月25日	16.50%	17.50%	1.00%	16.50%	17.50%	1.00%
2008年05月12日	2008年05月20日	16.00%	16.50%	0.50%	16.00%	16.50%	0.50%
2008年04月16日	2008年04月25日	15.50%	16.00%	0.50%	15.50%	16.00%	0.50%
2008年03月18日	2008年03月25日	15.00%	15.50%	0.50%	15.00%	15.50%	0.50%
2008年01月16日	2008年01月25日	14.50%	15.00%	0.50%	14.50%	15.00%	0.50%
2007年12月08日	2007年12月25日	13.50%	14.50%	1.00%	13.50%	14.50%	1.00%
2007年11月10日	2007年11月26日	13.00%	13.50%	0.50%	13.00%	13.50%	0.50%
2007年10月13日	2007年10月25日	12.50%	13.00%	0.50%	12.50%	13.00%	0.50%
2007年09月06日	2007年09月25日	12.00%	12.50%	0.50%	12.00%	12.50%	0.50%
2007年07月30日	2007年08月15日	11.50%	12.00%	0.50%	11.50%	12.00%	0.50%
2007年05月18日	2007年06月05日	11.00%	11.50%	0.50%	11.00%	11.50%	0.50%
2007年04月29日	2007年05月15日	10.50%	11.00%	0.50%	10.50%	11.00%	0.50%

续表

公布时间	生效日期	大型金融机构			中小金融机构		
		调整前	调整后	调整幅度	调整前	调整后	调整幅度
2007年04月05日	2007年04月16日	10.00%	10.50%	0.50%	10.00%	10.50%	0.50%
2007年02月16日	2007年02月25日	9.50%	10.00%	0.50%	9.50%	10.00%	0.50%
2007年01月05日	2007年01月15日	9.00%	9.50%	0.50%	9.00%	9.50%	0.50%

资料来源：中国人民银行

截至 2023 年 12 月，尚未出台新的下调基准利率的政策。2015 年，一年期存款基准利率由 2014 年末的 2.75% 下调至 1.50%，下调了 1.25 个百分点；贷款基准利率由 2014 年末的 5.60% 下调至 4.35%，下调了 1.25 个百分点（表 5.7）。根据货币政策调控需要，2015 年的 5 次基准利率调整，有助于发挥中长期政策利率作用，引导金融机构降低贷款利率和社会融资成本。2021 年以来基准利率总体趋于平稳，这表明，目前的货币政策是合适的，尽管随着时间的推移，货币政策刺激的需求会减少，但中国人民银行将在未来调整政策利率方面保持谨慎。

表 5.7 利率历次调整

数据调整时间	存款基准利率			贷款基准利率		
	调整前	调整后	调整幅度	调整前	调整后	调整幅度
2015年10月24日	1.75%	1.50%	−0.25%	4.60%	4.35%	−0.25%
2015年08月26日	2.00%	1.75%	−0.25%	4.85%	4.60%	−0.25%
2015年06月28日	2.25%	2.00%	−0.25%	5.10%	4.85%	−0.25%
2015年05月11日	2.50%	2.25%	−0.25%	5.35%	5.10%	−0.25%
2015年03月01日	2.75%	2.50%	−0.25%	5.60%	5.35%	−0.25%
2014年11月22日	3.00%	2.75%	−0.25%	6.00%	5.60%	−0.40%
2012年07月06日	3.25%	3.00%	−0.25%	6.31%	6.00%	−0.31%
2012年06月08日	3.50%	3.25%	−0.25%	6.56%	6.31%	−0.25%
2011年07月07日	3.25%	3.50%	0.25%	6.31%	6.56%	0.25%
2011年04月06日	3.00%	3.25%	0.25%	6.06%	6.31%	0.25%
2011年02月09日	2.75%	3.00%	0.25%	5.81%	6.06%	0.25%
2010年12月26日	2.50%	2.75%	0.25%	5.56%	5.81%	0.25%
2010年10月20日	2.25%	2.50%	0.25%	5.31%	5.56%	0.25%
2008年12月23日	2.52%	2.25%	−0.27%	5.58%	5.31%	−0.27%
2008年11月27日	3.60%	2.52%	−1.08%	6.66%	5.58%	−1.08%
2008年10月30日	3.87%	3.60%	−0.27%	6.93%	6.66%	−0.27%

续表

数据调整时间	存款基准利率			贷款基准利率		
	调整前	调整后	调整幅度	调整前	调整后	调整幅度
2008年10月09日	4.14%	3.87%	−0.27%	7.20%	6.93%	−0.27%
2008年09月16日	4.14%	4.14%	0	7.47%	7.20%	−0.27%
2007年12月21日	3.87%	4.14%	0.27%	7.29%	7.47%	0.18%
2007年09月15日	3.60%	3.87%	0.27%	7.02%	7.29%	0.27%
2007年08月22日	3.33%	3.60%	0.27%	6.84%	7.02%	0.18%
2007年07月21日	3.06%	3.33%	0.27%	6.57%	6.84%	0.27%
2007年05月19日	2.79%	3.06%	0.27%	6.39%	6.57%	0.18%
2007年03月18日	2.52%	2.79%	0.27%	6.12%	6.39%	0.27%
2006年08月19日	2.25%	2.52%	0.27%	5.85%	6.12%	0.27%
2006年04月28日	2.25%	2.25%	0	5.58%	5.85%	0.27%
2004年10月29日	1.98%	2.25%	0.27%	5.31%	5.58%	0.27%
2002年02月21日	2.25%	1.98%	−0.27%	5.85%	5.31%	−0.54%

资料来源：Wind数据库

第六章 2024年房地产市场预测

2023年宏观经济逐步恢复，但仍面临较大下行压力。2023年初房地产市场出现一定恢复态势，但第二季度房地产市场明显降温，7~8月房地产市场调整压力不断加大，多地新房、二手房价格均有下跌。政策方面，2023年以来，中央和各部委频繁释放积极信号，各地全面落实支持政策，2023年7月24日，中央政治局会议为房地产定调，指出要切实防范化解重点领域风险，适应我国房地产市场供求关系发生重大变化的新形势，适时调整优化房地产政策，因城施策用好政策工具箱，更好满足居民刚性和改善性住房需求。同年8月底多部委落地了系列楼市的优化举措，随后一、二线城市加入放松限购限贷政策行列，行业政策环境进一步宽松。

展望2024年，我国房地产调控政策重点将集中在保障合理住房需求，稳定房地产市场，加快建立多主体供给、多渠道保障、租购并举的住房制度，因城施策力度继续加大，持续提升房地产调控成效。房地产业融资环境逐步趋稳，房地产市场逐步企稳。

第一节 房地产市场影响因素分析

一、市场供需基本面发生变化，长期来看房地产市场将呈下行态势

（一）生育率持续下降

我国生育率的下降最早始于20世纪70年代初，并于20世纪80年代完成生育转变过程。虽起步相对较晚，但下降速度反超多数亚洲国家，总和生育率于1992年便降至可替代水平之下，快步迈入低生育国家队列，进入了更为迅速的生育率下降通道。据统计，2016年以来，全年出生人口及总和生育率均持续下降，2023年人口出生率降至6.4‰，全年出生人口仅为902万人（图6.1），创下新中国成立以来的最低水平，总和生育率降至1.07，远低于可替代水平。

（二）老龄化进程明显加快

2023年末，65岁及以上人口超过2.1亿人，占比从2010年的8.9%快速增加到2023年的15.4%（图6.2），平均每年增加0.5个百分点。根据第七次全国人口普查数据，2020年，全国20~54岁人口为7.18亿人，按照人口年龄段分布推算，2030年同年龄的人口将为6.37亿人，减少11.3%。

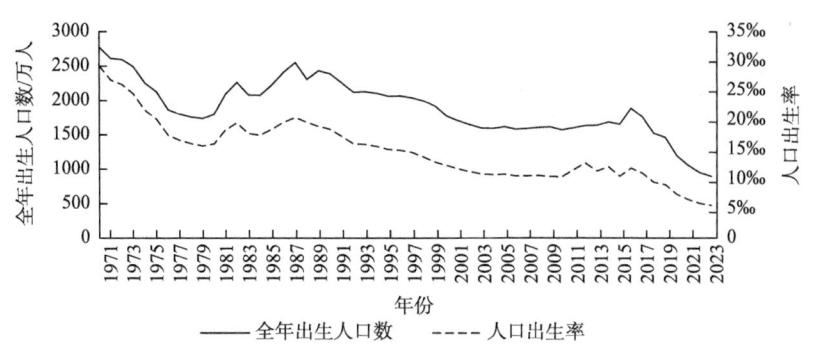

图 6.1 全年出生人口数和人口出生率
资料来源：同花顺 iFinD 数据库

图 6.2 65 岁及以上人口占比及其变化
资料来源：同花顺 iFinD 数据库

（三）城镇化速度明显放缓

2016 年以来，我国城镇化进程明显放缓，城镇化率的年度增加值呈现快速下滑态势（图 6.3）。2023 年，我国城镇化率达到 66.16%，增加了 0.94 个百分点，相对 2022 年的增加值增加了 0.44 个百分点，相对 2020 年下降了 0.24 个百分点。

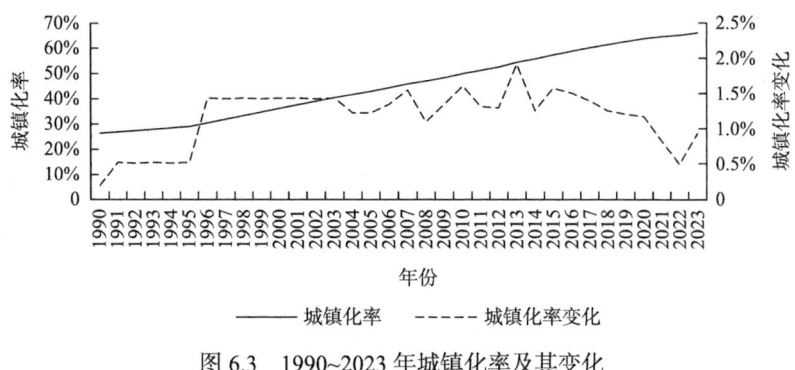

图 6.3 1990~2023 年城镇化率及其变化
资料来源：同花顺 iFinD 数据库

（四）居民住房条件得到较大改善，住房刚性需求将有所减弱

住房市场化改革以来，我国房地产市场快速发展，居民住房条件得到明显改善，城市人均住宅建筑面积持续较快增长，并于 2016 年超过 36 平方米（图 6.4），基本达到发达国家的平均水平，由此未来住房刚性需求相对过去十年将有所减弱。

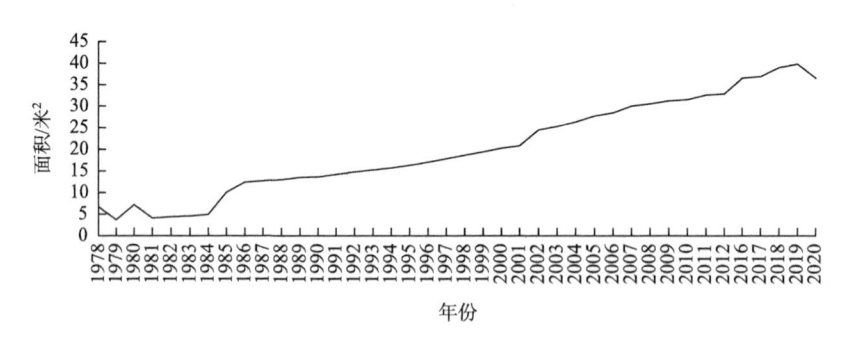

图 6.4 全国城市人均住宅建筑面积
资料来源：同花顺 iFinD 数据库
2013~2015 年的数据统计局未披露

二、行业融资状况未明显改善，债务违约风险持续累积

（一）房地产开发企业资金来源持续下降

2023 年，房地产开发企业到位资金 127 459 亿元，比上年下降 13.6%。其中，国内贷款 15 595 亿元，下降 9.9%；自筹资金 41 989 亿元，下降 19.1%（图 6.5）。个人按揭贷款 21 489 亿元，下降 9.1%。

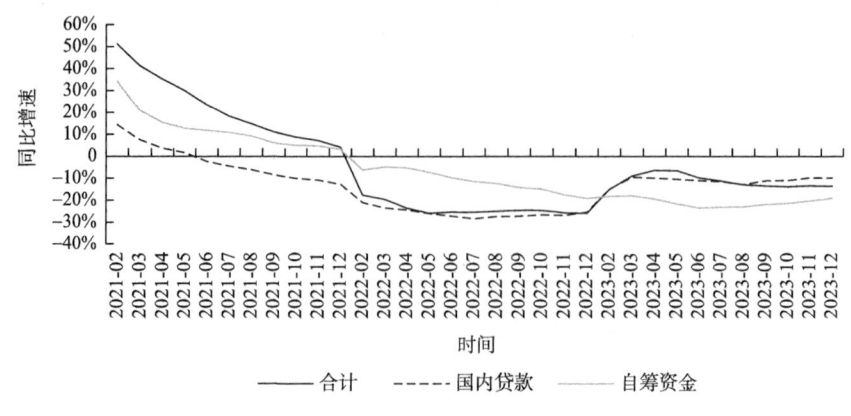

图 6.5 房地产开发企业资金来源同比增速
资料来源：同花顺 iFinD 数据库

（二）房地产贷款首次出现负增长

2023年末，房地产贷款余额52.63万亿元，同比下降1%，增速比上年末低2.5个百分点，延续了自2023年第三季度起的下降趋势，这是2011年以来首次出现负值并持续。其中，个人住房贷款余额38.17万亿元，同比下降1.6%，增速比上年末低2.8个百分点。房地产贷款占金融机构人民币贷款的比例如图6.6所示。

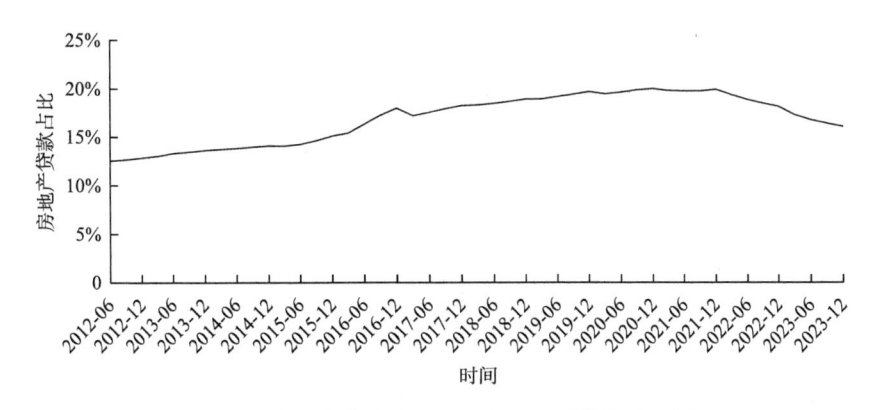

图6.6 房地产贷款占金融机构人民币贷款的比例
资料来源：同花顺iFinD数据库

（三）房地产企业债务违约风险累积

根据中国指数研究院（简称中指研究院）数据，2023年全年TOP100房企销售总额为62 791.0亿元，同比下降17.3%，截至2023年11月22日，共有94家房地产企业出现债券违约，违约债券数量597只，涉及违约金额3356.9亿元，违约日债券余额10 230.9亿元，各项指标均显著高于其他行业，其中，2022年之后，首次债券违约的房地产企业共有16家。中指研究院数据显示，2023年房企海外债券和信用债券到期总额接近1万亿元。其中，2023年1~11月，房企海外债券到期规模为3541.98亿元，偿债高峰期为1月、4月、10月，到期规模分别为568亿元、556亿元、435亿元。加之，房地产开发贷款余额仍有13.2万亿元，按照2016~2020年的房地产业平均不良贷款率1.2%估算，不良贷款余额约为1584亿元。在当前状态下，房地产业融资状况难见改善，房地产企业债务违约风险十分严峻。

三、市场预期持续走弱，国房景气指数降至历史最低点

市场下行趋势叠加行业风险事件爆发，导致市场预期持续走弱，商品房销售较难恢复。中国人民银行城镇储户问卷调查报告显示，在全国50个城市2万户的被调城镇储户中，2023年6月，有15.9%的城镇储户预期下季度房价"上涨"，该比例低于2022年同期，也明显低于2023年3月（图6.7）。这主要是因为部分地区"稳市

场"政策落实情况披露不及时或不准确,当地居民对房地产企业尤其是民营房地产企业保交楼仍存在较大顾虑,形成了预期转弱与销售量下降的负向循环,不利于市场信心恢复。由此,2023年12月,国房景气指数已降至93.36,为2016年以来的最低点(图6.8)。

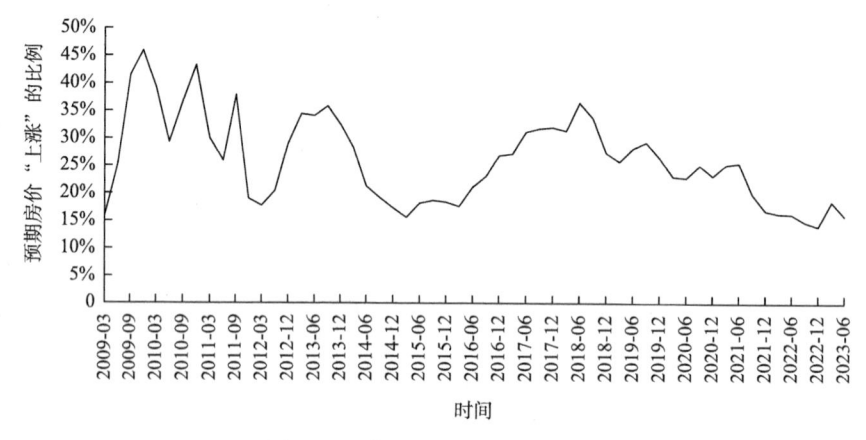

图6.7 预期房价"上涨"的比例
资料来源:同花顺iFinD数据库

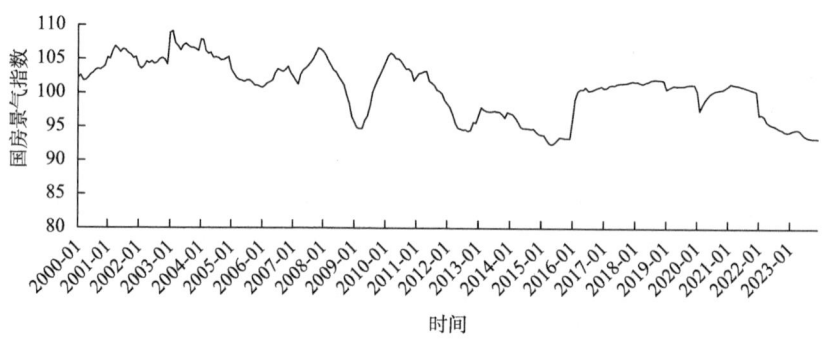

图6.8 国房景气指数
资料来源:同花顺iFinD数据库

四、保障性住房建设与城市更新行动等因素为房地产市场提供一定支撑

我国城镇化水平仍低于发达国家的平均水平,仍有约10个百分点的增长空间,这将继续推动流动人口进城,带来城市新增住房需求的增加。同时,以人为核心、以提高质量为导向的新型城镇化战略的扎实推进,加之城市更新行动,将推动城市空间结构优化和品质提升,有望带来更多购房需求增量。此外,房地产市场的区域分化趋势仍将延续,人口净流入的中心城市仍有较好的需求基础,城市保障性住房建设和城市更新潜力大,将为房地产市场企稳提供一定的助力。

第二节 2024年房地产供需市场预测与分析

基于以上房地产市场影响因素分析及2023年房地产市场相关政策（表6.1），运用综合集成模型，对2024年房地产市场走势进行预测。由于我国宏观经济运行与房地产市场运行均面临一定的内外部压力与不确定性，因此分别从乐观情景、基准情景和悲观情景三种可能情景进行预测。在乐观情景下，假定2024年宏观经济稳步增长，金融支持房地产市场的力度进一步加大，市场预期明显改善；在基准情景下，假定宏观经济趋于稳定，金融支持房地产市场的各项政策效果显现，市场信心逐步恢复；在悲观情景下，宏观经济下行压力加大，居民消费意愿持续降低，市场供需两端动力不足，房地产企业融资环境没有改善，市场预期未见好转。在此三种情景下，对房地产累计开发投资完成额、商品房累计销售面积、商品房累计销售额及商品房销售均价进行预测，结果如下。

表6.1　2023年房地产市场相关政策梳理

发布/发生时间	政策/事件	主要内容
1.10	住房和城乡建设部印发7个文明行业标准，涉及城市供水、城镇燃气、园林绿化、物业管理、住房公积金、城市供热、城市管理综合执法等	其中《全国物业管理文明行业标准》从"坚持党建引领，提升工作成效""坚持以人为本，实现优质服务""创新服务手段，规范有序竞争""丰富社区文化，文明氛围浓厚""热心公益事业，践行社会责任""注重队伍建设，行业形象良好"等方面对物业管理工作提出了要求
2.2	国家发展改革委联合财政部、中国人民银行、住房和城乡建设部、国家乡村振兴局等18个部门印发《关于推动大型易地扶贫搬迁安置区融入新型城镇化实现高质量发展的指导意见》	推进有序落户城镇。充分尊重搬迁人口落户城镇意愿，因地制宜制定具体落户办法，提高户籍登记和迁移便利度，鼓励支持有条件有意愿的搬迁群众进城落户。积极稳妥推广新市民居住证制度，推动城镇基本公共服务逐步覆盖未落户搬迁人口。依法保障已落户城镇的搬迁群众在迁出地农村的合法权益
2.10	中国人民银行召开2023年金融市场工作会议	切实落实"两个毫不动摇"，拓展民营企业债券融资支持工具支持范围，推动金融机构增加民营企业信贷投放。动态监测分析房地产市场边际变化，因城施策实施好差别化住房信贷政策，落实好金融支持房地产市场平稳健康发展的16条政策措施，积极做好保交楼金融服务，加大住房租赁金融支持，推动房地产业向新发展模式平稳过渡
2.15	国务院新闻办公室举行新闻发布会，介绍第一次全国自然灾害综合风险普查工作情况	住房和城乡建设部工程质量安全监管司长曲琦表示，在今后工作中，将用好普查数据，大力发展数字化应用场景，提升房屋全生命周期安全管理水平
2.20	证监会启动不动产私募投资基金试点工作	试点基金产品的投资者首轮实缴出资不低于1000万元人民币，且以机构投资者为主。有自然人投资者的，自然人投资者合计出资金额不得超过基金实缴金额的20%，基金投资方式也将有一定限制。不动产私募投资基金首轮实缴募集资金规模不得低于3000万元人民币，在符合一定要求前提下可以扩募。证监会表示，下一步将根据试点工作实践情况及时总结评估，完善试点政策和规则，支持私募基金不断丰富产品类型，发挥服务实体经济的功能作用

续表

发布/发生时间	政策/事件	主要内容
2.20	中国证券投资基金业协会正式发布《不动产私募投资基金试点备案指引（试行）》（简称《不动产试点指引》）	为落实中国证监会开展不动产私募投资基金试点要求，规范私募投资基金从事不动产投资业务，《不动产试点指引》自2023年3月1日起施行。《不动产试点指引》共21条，遵循试点先行、稳妥推进原则，明确不动产投资范围、管理人试点要求、向适格投资者募集、适度放宽股债比及扩募限制、加强事中事后监测等，从基金募集、投资、运作、信息披露等方面进行规范，较好地兼顾了行业规范和发展
2.22	财政部党组书记、部长刘昆在全国财政工作会议上的讲话	"积极稳妥防范化解风险隐患，牢牢守住不发生系统性风险底线。要继续抓实化解地方政府隐性债务风险。要加强地方政府融资平台公司治理。从解决基础性问题入手，对融资平台公司进行有效治理，防范地方国有企事业单位'平台化'""用好政策工具箱，支持刚性和改善性住房需求，加大保障性租赁住房供给，配合做好保交楼、稳民生工作，促进房地产市场平稳发展"
3.1	国务院新闻办公室举行"权威部门话开局"系列主题新闻发布会，介绍"财政贯彻落实党的二十大重大决策部署"	财政部副部长许宏才在会上表示，促进经济回升向好，持续健康发展，主要还是靠消费，让消费尽快恢复成为经济增长的主拉动力。大力提升消费信心，释放消费的潜力关键是解决好不敢消费、不便消费、不愿消费等突出问题。财政部门将全面落实扩大内需战略，围绕更好发挥消费基础性作用，积极完善政策措施，主要从多渠道增加居民收入、增加适销对路商品供给、促进销售渠道和物流畅通三个方面入手。推动加快建立多主体供给、多渠道保障、租购并举的住房制度，支持刚性和改善性住房需求，积极促进居民消费
3.1	国家发展改革委印发《关于规范高效做好基础设施领域不动产投资信托基金（REITs）项目申报推荐工作的通知》	要合理把握项目发行条件。贯彻党中央、国务院关于把恢复和扩大消费摆在优先位置的决策部署，研究支持增强消费能力、改善消费条件、创新消费场景的消费基础设施发行基础设施REITs。优先支持百货商场、购物中心、农贸市场等城乡商业网点项目，保障基本民生的社区商业项目发行基础设施REITs。项目用地性质应符合土地管理相关规定。项目发起人（原始权益人）应为持有消费基础设施、开展相关业务的独立法人主体，不得从事商品住宅开发业务。发起人（原始权益人）应利用回收资金加大便民商业、智慧商圈、数字化转型投资力度，更好满足居民消费需求。严禁规避房地产调控要求，不得为商品住宅开发项目变相融资
3.3	自然资源部、中国银行保险监督管理委员会联合印发《关于协同做好不动产"带押过户"便民利企服务的通知》	深化不动产登记和金融便民利企合作，协同做好不动产"带押过户"。该通知要求，各地要在已有工作的基础上，根据当地"带押过户"推行情况、模式及配套措施情况，深入探索，以点带面，积极做好"带押过户"。要推动省会城市、计划单列市率先实现，并逐步向其他市县拓展；要推动同一银行业金融机构率先实现，并逐步向跨银行业金融机构拓展；要推动住宅类不动产率先实现，并逐步向工业、商业等类型不动产拓展。实现地域范围、金融机构和不动产类型全覆盖，常态化开展"带押过户"服务
3.5	第十四届全国人民代表大会第一次会议	一是在"保障基本民生和发展社会事业"中提出，加强住房保障体系建设，支持刚性和改善性住房需求，解决好新市民、青年人等住房问题；二是在"有效防范化解重大经济金融风险"中提出，有效防范化解优质头部房企风险，改善资产负债状况，防止无序扩张，促进房地产业平稳发展；三是在"把恢复和扩大消费摆在优先位置"中提出，2023年拟安排地方政府专项债券3.8万亿元，加快实施"十四五"重大工程，实施城市更新行动

续表

发布/发生时间	政策/事件	主要内容
3.9	工业和信息化部办公厅、住房和城乡建设部办公厅等六部门联合印发《关于开展2023年绿色建材下乡活动的通知》	决定在2022年试点工作基础上，进一步深入推进，联合开展2023年绿色建材下乡活动。通过组织不同形式的线上线下活动，加快节能低碳、安全性好、性价比高的绿色建材推广应用
3.9	中国银行保险监督管理委员会办公厅下发《关于开展不法贷款中介专项治理行动的通知》要求	提出中国银行保险监督管理委员会各地监管局、各银行业金融机构要深刻认识不法贷款中介乱象的严重危害，成立由主要负责同志亲自牵头的专项治理行动领导小组，制定具体工作方案，部署开展为期六个月的不法贷款中介专项治理行动。该通知强调，各银行业金融机构要不断提升贷款质效，避免"唯指标论"和粗放式发展。通过多渠道、多形式全面了解企业实际经营情况；要主动向客户充分揭示经营用途贷款与住房按揭贷款利率、期限错配风险，就违规将经营用途信贷资金挪用于购房的法律后果和不利影响进行提示；要严格落实经营用途贷款"三查"管理，加强贷后资金流向监测和用途真实性管理，关注经营用途贷款发放前后借款人提前偿还住房按揭贷款的情形；严防内外勾结、诱导借款人违规使用经营用途贷款等问题发生
4.7	住房和城乡建设部、国家市场监督管理总局印发《关于规范房地产经纪服务的意见》	意见指出，合理确定经纪服务收费。房地产经纪服务收费由交易各方根据服务内容、服务质量，结合市场供求关系等因素协商确定。房地产经纪机构要合理降低住房买卖和租赁经纪服务费用。鼓励按照成交价格越高、服务费率越低的原则实行分档定价。引导由交易双方共同承担经纪服务费用。严格实行明码标价。房地产经纪机构应当在经营门店、网站、客户端等场所或渠道，公示服务项目、服务内容和收费标准，不得混合标价和捆绑收费。房地产经纪机构提供的基本服务和延伸服务，应当分别明确服务项目和收费标准
4.10	住房和城乡建设部党组书记、部长倪虹到中国建筑科学研究院有限公司调研，考察近零能耗示范楼和光电建筑、参观BIM展厅、听取科研工作汇报	倪虹表示，住房和城乡建设事业高质量发展必须科技赋能，要加强科技引领，把科技创新摆在各项工作突出位置，持续巩固提升世界领先技术，集中攻关突破"卡脖子"技术，大力推广应用新材料、新工法、新产品，把产品质量、科技含量提上去，以努力让人民群众住上更好的房子为目标，为全社会提供高品质的建筑产品。要充分认识住房城乡建设事业在经济社会发展中的重要位置，增强责任意识。行业企业要充分发挥国民经济"顶梁柱""压舱石"作用，自觉担当稳定宏观经济大盘使命责任，深入推进供给侧结构性改革，满足人民群众对美好生活的向往
4.12	自然资源部举行4月份例行新闻发布会	自然资源部国土空间用途管制司司长赵毓芳表示，2023年主要在计划安排的总量和配置结构方面做好谋划，推进新增建设用地计划配置更加精准、有效。总体而言，自然资源部通过持续探索改进土地利用计划管理方式，特别是2023年在原有基础之上探索了基础指标分配制度、耕地保护激励制度，来实现对国家重大项目的保障，赋予省级政府更大用地自主权。赵毓芳表示，一方面，省级政府可以研究制定重大项目清单，保障项目用地需求；另一方面，省级政府统筹安排基础指标分配来调剂余缺，统筹实施保障
4.19	国家发展改革委举行4月份新闻发布会	国家发展改革委新闻发言人孟玮在新闻发布会上表示，国家发展改革委将会同有关方面，通过建机制、强服务、重前期、优环境、促融资、抓示范等工作，使更多民间资本参与到国家重大项目建设中。其中，在促融资方面，推动金融机构按市场化原则，加大对民间投资项目的信贷支持。鼓励民间资本通过产权交易、并购重组、不良资产收购处置等方式盘活自身资产，支持符合条件的民间投资项目发行基础设施领域REITs，提升投资积极性

续表

发布/发生时间	政策/事件	主要内容
4.20	最高人民法院公布《最高人民法院关于商品房消费者权利保护问题的批复》	该批复明确，商品房消费者以居住为目的购买房屋并已支付全部价款，主张其房屋交付请求权优先于建设工程价款优先受偿权、抵押权以及其他债权的，人民法院应当予以支持。只支付了部分价款的商品房消费者，在一审法庭辩论终结前已实际支付剩余价款的，可以适用前款规定。在房屋不能交付且无实际交付可能的情况下，商品房消费者主张价款返还请求权优先于建设工程价款优先受偿权、抵押权以及其他债权的，人民法院应当予以支持。该批复自2023年4月20日起施行
5.15	中国人民银行发布《2023年第一季度中国货币政策执行报告》	报告提出，下一阶段，要牢牢坚持房子是用来住的、不是用来炒的定位，坚持不将房地产作为短期刺激经济的手段，坚持稳地价、稳房价、稳预期，稳妥实施房地产金融审慎管理制度，扎实做好保交楼、保民生、保稳定各项工作，满足行业合理融资需求，推动行业重组并购，有效防范化解优质头部房企风险，改善资产负债状况，因城施策，支持刚性和改善性住房需求，加快完善住房租赁金融政策体系，促进房地产市场平稳健康发展，推动建立房地产业发展新模式。报告还显示，截至2023年3月末，83个城市下调了首套房贷利率下限，较全国下限低10~40个基点，12个城市取消了首套房贷利率下限
5.16	国务院新闻办公室举行新闻发布会，统计局新闻发言人、国民经济综合统计司司长付凌晖发言	尽管房地产市场需求出现恢复迹象，但房地产投资和开发建设仍在下降，房地产市场整体处于调整期，稳定房地产市场，保障和改善民生，仍需要继续努力。下阶段，随着经济恢复向好，稳定房地产市场政策显效、市场预期好转，房地产市场有望逐步企稳
6.28	中国人民银行货币政策委员会召开2023年第二季度例会	会议指出，因城施策支持刚性和改善性住房需求，扎实做好保交楼、保民生、保稳定各项工作，促进房地产市场平稳健康发展，加快完善住房租赁金融政策体系，推动建立房地产业发展新模式
6.29	国务院总理李强主持召开国务院常务会议，审议通过了《关于促进家居消费的若干措施》	会议指出，家居消费涉及领域多、上下游链条长、规模体量大，采取针对性措施加以提振，有利于带动居民消费增长和经济恢复。要打好政策组合拳，促进家居消费的政策要与老旧小区改造、住宅适老化改造、便民生活圈建设、完善废旧物资回收网络等政策衔接配合、协同发力，形成促消费的合力
7.10	中国人民银行、国家金融监督管理总局印发《关于延长金融支持房地产市场平稳健康发展有关政策期限的通知》	政策延期涉及两项内容，一是对于房地产企业开发贷款、信托贷款等存量融资，在保证债权安全的前提下，鼓励金融机构与房地产企业基于商业性原则自主协商，积极通过存量贷款展期、调整还款安排等方式予以支持，促进项目完工交付。2024年12月31日前到期的，可以允许超出原规定多展期1年，可不调整贷款分类，报送征信系统的贷款分类与之保持一致。二是对商业银行按照该通知要求，2024年12月31日前向专项借款支持项目发放的配套融资，在贷款期限内不下调风险分类；对债务新老划断后的承贷主体按照合格借款主体管理。对于新发放的配套融资形成不良的，相关机构和人员已尽职的，可予免责
7.24	中共中央政治局召开会议	明确提出："要切实防范化解重点领域风险，适应我国房地产市场供求关系发生重大变化的新形势，适时调整优化房地产政策，因城施策用好政策工具箱，更好满足居民刚性和改善性住房需求，促进房地产市场平稳健康发展。要加大保障性住房建设和供给，积极推动城中村改造和'平急两用'公共基础设施建设，盘活改造各类闲置房产。"

续表

发布/发生时间	政策/事件	主要内容
7.27	据财联社消息，住房和城乡建设部近日召开企业座谈会	明确各地政策优化的三个方向，继续做好保交楼工作
7.31	国务院办公厅转发国家发展改革委《关于恢复和扩大消费的措施》	支持刚性和改善性住房需求，在超大特大城市积极稳步推进城中村改造
8.1	中国人民银行、国家外汇管理局召开2023年下半年工作会议	支持房地产市场平稳健康发展。落实好"金融16条"，延长保交楼贷款支持计划实施期限，保持房地产融资平稳有序，加大对住房租赁、城中村改造、保障性住房建设等金融支持力度。因城施策精准实施差别化住房信贷政策，继续引导个人住房贷款利率和首付比例下行，更好满足居民刚性和改善性住房需求。指导商业银行依法有序调整存量个人住房贷款利率
8.3	中国人民银行召开金融支持民营企业发展座谈会	满足民营房地产企业合理融资需求，推进"第二支箭"扩容增量
8.4	国家发展改革委、财政部、中国人民银行、国家税务总局联合召开新闻发布会介绍"打好宏观政策组合拳，推动经济高质量发展"有关情况	（1）积极谋划实施一批储备政策。2023年6月，针对第二季度经济运行出现的新变化，及时推出推动经济持续回升向好的储备政策。2023年8月，各部门抓紧落实，其中引导市场利率下行、促进汽车等大宗商品消费、推进超大特大城市城中村改造和"平急两用"公共基础设施建设、有序扩大基础设施领域REITs发行规模等政策措施已经陆续出台实施，其他政策也在抓紧推进，为经济持续恢复提供有力的政策支撑。（2）防范化解重点领域风险。系统谋划、精准施策，稳妥处置化解房地产、地方债务、金融等领域风险隐患……延续实施支持"保交楼"工作、帮助处置不良资产等阶段性政策。同时，在防范化解内外部风险挑战等方面加强政策储备，牢牢守住不发生系统性风险的底线。（3）指导银行依法有序调整存量个人住房贷款利率。（4）支持房地产市场平稳运行。延续实施保交楼贷款支持计划至2024年5月末，同时稳步推进租赁住房贷款支持计划在试点城市落地
8.9	住房和城乡建设部披露各地保交楼工作进展	"保交楼"专项借款项目总体复工率接近100%，累计已完成住房交付超过165万套
8.18	证监会有关负责人就活跃资本市场、提振投资者信心答记者问	在防控重点风险方面，强化城投、房地产等重点领域债券风险防控，违约风险总体保持收敛。加快推动REITs常态化发行和高质量扩容。推出REITs相关指数及REITs指数基金，优化REITs估值体系、发行询价机制，培育专业REITs投资者群体，加快推动REITs市场与香港市场互联互通。坚持底线思维，全力做好房地产、城投等重点领域风险防控。适应房地产市场供求关系发生重大变化的新形势，继续抓好资本市场支持房地产市场平稳健康发展政策措施落地见效。保持房企股债融资渠道总体稳定，支持正常经营房企合理融资需求。坚持"一企一策"，稳妥化解大型房企债券违约风险。强化城投债券风险监测预警，把公开市场债券和非标债务"防爆雷"作为重中之重，全力维护债券市场平稳运行
8.18	中国人民银行、国家金融监督管理总局、证监会联合召开电视会议	要注意挖掘新的信贷增长点，大力支持中小微企业、绿色发展、科技创新、制造业等重点领域，积极推动城中村改造、"平急两用"公共基础设施建设。调整优化房地产信贷政策。要继续推动实体经济融资成本稳中有降，规范贷款利率定价秩序，统筹考虑增量、存量及其他金融产品价格关系。发挥好存款利率市场化调整机制的重要作用，增强金融支持实体经济的可持续性，切实发挥好金融在促消费、稳投资、扩内需中的积极作用

续表

发布/发生时间	政策/事件	主要内容
8.18	住房和城乡建设部、中国人民银行、国家金融监督管理总局联合印发了《关于优化个人住房贷款中住房套数认定标准的通知》	推动落实购买首套房贷款"认房不认贷"政策措施。通知明确，居民家庭（包括借款人、配偶及未成年子女）申请贷款购买商品住房时，家庭成员在当地名下无成套住房的，不论是否已利用贷款购买过住房，银行业金融机构均按首套住房执行住房信贷政策。此项政策作为政策工具，纳入"一城一策"工具箱，供城市自主选用
8.18	财政部、国家税务总局、住房和城乡建设部发布《关于延续实施支持居民换购住房有关个人所得税政策的公告》	自2024年1月1日至2025年12月31日，对出售自有住房并在现住房出售后1年内在市场重新购买住房的纳税人，对其出售现住房已缴纳的个人所得税予以退税优惠
8.25	国务院总理李强主持召开国务院常务会议	推进保障性住房建设，有利于保障和改善民生，有利于扩大有效投资，是促进房地产市场平稳健康发展、推动建立房地产业发展新模式的重要举措。要做好保障性住房的规划设计，用改革创新的办法推进建设，确保住房建设质量，同时注重加强配套设施建设和公共服务供给
8.27	证监会发布通知，统筹一二级市场平衡，优化IPO、再融资监管安排	房地产上市公司再融资不受破发、破净和亏损限制
8.28	国家发展改革委主任郑栅洁28日向十四届全国人大常委会第五次会议报告了2023年以来国民经济和社会发展计划执行情况	在防范化解重点领域风险方面，报告指出，加强风险预警和妥善处置，适应我国房地产市场供求关系发生重大变化的新形势，因城施策用好政策工具箱，优化供地结构，更好满足居民刚性和改善性住房需求，促进房地产市场平稳健康发展。增加保障性住房供给，支持地方政府和企业加大保障性租赁住房建设。有效防范化解地方债务风险，落实好一揽子化债方案。稳妥处置金融领域风险，稳步推动高风险中小金融机构改革化险
8.31	中国人民银行、国家金融监督管理总局印发《关于调整优化差别化住房信贷政策的通知》	（1）对于贷款购买商品住房的居民家庭，首套住房商业性个人住房贷款最低首付款比例统一为不低于20%，二套住房商业性个人住房贷款最低首付款比例统一为不低于30%。 （2）首套住房商业性个人住房贷款利率政策下限按现行规定执行，二套住房商业性个人住房贷款利率政策下限调整为不低于相应期限LPR加20个基点。 （3）中国人民银行、国家金融监督管理总局各派出机构按照因城施策原则，指导各省级市场利率定价自律机制，根据辖区内各城市房地产市场形势及当地政府调控要求，自主确定辖区内各城市首套和二套住房商业性个人住房贷款最低首付款比例和利率下限
8.31	中国人民银行、国家金融监督管理总局印发《关于降低存量首套住房贷款利率有关事项的通知》	自2023年9月25日起，存量首套住房商业性个人住房贷款的借款人可向承贷金融机构提出申请，由该金融机构新发放贷款置换存量首套住房商业性个人住房贷款。新发放贷款的利率水平由金融机构与借款人自主协商确定，但在LPR上的加点幅度，不得低于原贷款发放时所在城市首套住房商业性个人住房贷款利率政策下限。新发放的贷款只能用于偿还存量首套住房商业性个人住房贷款，仍纳入商业性个人住房贷款管理
9.4	规划建设保障性住房工作部署电视电话会议召开	保障性住房建设要坚持规划先行、谋定后动，建立公平公正的配售机制，实施严格封闭管理，不得上市交易
9.20	国务院新闻办公室举行国务院政策例行吹风会	加大金融支持民企发展力度；抓好"金融16条"落实，加大城中村改造、"平急两用"基础设施建设、保障性住房建设等金融支持

第六章 2024年房地产市场预测

续表

发布/发生时间	政策/事件	主要内容
9.25	中国人民银行货币政策委员会召开2023年第三季度例会	因城施策精准实施差别化住房信贷政策，加大对"平急两用"公共基础设施建设、城中村改造、保障性住房建设等金融支持力度
9.28	财政部、国家税务总局、住房和城乡建设部发布《关于保障性住房有关税费政策的公告》	（1）对保障性住房项目建设用地免征城镇土地使用税。对保障性住房经营管理单位与保障性住房相关的印花税，以及保障性住房购买人涉及的印花税予以免征。在商品住房等开发项目中配套建造保障性住房的，依据政府部门出具的相关材料，可按保障性住房建筑面积占总建筑面积的比例免征城镇土地使用税、印花税。 （2）企事业单位、社会团体以及其他组织转让旧房作为保障性住房房源且增值额未超过扣除项目金额20%的，免征土地增值税。 （3）对保障性住房经营管理单位回购保障性住房继续作为保障性住房房源的，免征契税。 （4）对个人购买保障性住房，减按1%的税率征收契税。 （5）保障性住房项目免收各项行政事业性收费和政府性基金，包括防空地下室易地建设费、城市基础设施配套费、教育费附加和地方教育附加等。 （6）享受税费优惠政策的保障性住房项目，按照城市人民政府认定的范围确定。城市人民政府住房和城乡建设部门将本地区保障性住房项目、保障性住房经营管理单位等信息及时提供给同级财政、税务部门
10.12	住房和城乡建设部发布要闻"超大特大城市城中村改造将分三类实施"	超大特大城市正积极稳步推进城中村改造，分三类推进实施。第一类是符合条件的实施拆除新建，第二类是开展经常性整治提升，第三类是介于两者之间的实施拆整结合
10.13	中国人民银行举行2023年第三季度金融统计数据有关情况新闻发布会	下阶段，中国人民银行将继续精准有力实施稳健的货币政策，充分发挥货币信贷的政策效能，支持实体经济实现质的有效提升和量的合理增长，不断推动经济运行持续好转、内生动力持续增强、促进经济良性循环。中国人民银行将继续释放LPR改革效能，发挥存款利率市场化调整机制的重要作用，支持银行更好地实现企业融资和居民信贷成本稳中有降。稳健的货币政策精准有力，为实体经济提供了更有力、更高质量的支持，推动经济运行持续整体好转。预计下半年经济持续恢复，宏观杠杆率保持基本稳定
10.17	据经济观察报消息，2023年9月底，自然资源部已给各省市自然资源主管部门下发文件，建议取消地价上限	2023年9月底，自然资源部已给各省市自然资源主管部门下发文件，内容包含：建议取消土地拍卖中的地价限制、建议取消远郊区容积率1.0限制等。多个信源透露，济南、南京、合肥、宁波、苏州、成都、西安等城市已落地"取消地价上限"这一动作，多数城市将在下一批次土地出让文件中删去地价上限等内容。北京、上海等核心城市仍在研究如何调整竞买规则
10.21	中国人民银行行长潘功胜在第十四届全国人民代表大会常务委员会第六次会议上，就2022年第四季度以来的金融工作情况作报告	（1）继续实施好存续结构性货币政策工具，用好用足普惠小微贷款支持工具、保交楼贷款支持计划和租赁住房贷款支持计划。 （2）加大保交楼金融支持力度，积极做好城中村改造、"平急两用"公共基础设施建设、规划建设保障性住房的金融支持工作。支持重大项目加快建设。推动基础设施领域和住房租赁领域REITs市场建设，盘活存量资产。 （3）对房地产市场风险，按照因城施策原则，指导各地精准实施差别化住房信贷政策，加大保交楼金融支持力度，一视同仁支持房地产企业合理融资需求，保持房地产融资平稳。 （4）稳妥化解大型房地产企业债券违约风险，强化城投债券风险监测预警和防范

续表

发布/发生时间	政策/事件	主要内容
10.27	《关于规划建设保障性住房的指导意见》在近期传导到各城市人民政府、各部委直属机构	重点针对住房有困难且收入不高的工薪收入群体，以及城市需要引进的人才等群体。对保障性住房实施严格的封闭管理。禁止以任何方式违法违规将保障性住房变更为商品住房流入市场。销售型保障性住房将按"保本微利"原则面向特定群体配售，配售价格按基本覆盖划拨土地成本和建安成本加适度合理利润的原则测算确定，以划拨方式供应土地，仅支付相应的土地成本。同时，要充分利用依法收回的已批未建土地、房地产企业破产处置商品住房和土地、闲置住房等建设筹集保障性住房。有条件地支持利用闲置低效工业、商业、办公等非住宅用地建设保障性住房，变更土地用途，不补缴土地价款，原划拨的土地继续保留划拨方式
10.30	从住房和城乡建设部获悉，超大特大城市城中村改造分三类实施，162个改造项目已入库	（1）超大特大城市城中村改造将分三类推进实施，即拆除新建、经常性整治提升或拆整结合。城中村改造还将与保障性住房建设相结合，各地城中村改造土地除安置房外的住宅用地及其建筑规模，原则上应当按一定比例建设保障性住房。 （2）截至2023年10月30日，住房和城乡建设部城中村改造信息系统已入库城中村改造项目162个。具体看，拆除新建的项目应按照城市标准规划建设管理；整治提升的项目应按照文明城市标准整治提升和实施管理。 （3）在筹措改造资金方面，各地既可以由城市政府筹措资金，也可以引入社会资金，银行业金融机构也将给予政策性和商业性贷款支持

一、房地产开发投资预测

乐观情景下，预计2024年房地产累计开发投资完成额同比增长-7.0%。基准情景下，预计房地产累计开发投资完成额同比增长-8.5%。悲观情景下，预计房地产累计开发投资完成额同比增长-9.0%。三种情景下的增幅区间相比2023年或将调整-9.0~-7.0个百分点。

二、房地产需求预测

乐观情景下，预计2024年全国商品房累计销售面积同比增长0.2%。基准情景下，预计商品房累计销售面积同比增长-4.8%。悲观情景下，预计商品房累计销售面积同比增长-5.5%。三种情景下的增幅区间较2023年或将调整-5.5~0.2个百分点。

乐观情景下，预计2024年全国商品房累计销售额同比增长1.5%。基准情景下，预计商品房累计销售额同比增长-3.9%。悲观情景下，预计商品房累计销售额同比增长-5.3%。三种情景下的增幅区间较2023年或将调整-5.3~1.5个百分点。

三、房地产价格预测

乐观情景下，预计 2024 年全国商品房销售均价同比增长 1.3%。基准情景下，预计商品房销售均价同比增长 1.0%。悲观情景下，预计商品房销售均价同比增长 0.2%。三种情景下的增幅区间较 2023 年或将调整 0.2~1.3 个百分点。

第三节 2024 年房地产调控政策建议

一、继续调整优化房地产调控政策，并强化各项政策的落地落实，提升房地产调控成效

鉴于整体房地产市场的长期性下行趋势，建议在加强房地产市场管理基础设施建设与完善房地产市场监测体系的基础上，引导各地特别是中心城市结合最新房地产市场特征，加快退出不适应最新供求变化的限制性政策，及时施策促进住房需求合理释放，助力商品房销售企稳回升。继续坚持因城施策，根据各类城市经济基本面和长短期市场特征精准施策。对于一线城市、省会城市、地区中心城市及其他长期基本面相对较好、受短期冲击较大的中心城市，应落实好当地保交楼工作，加大需求支持力度，做好预期引导，缓释短期冲击的负向影响。对于长期基本面相对较弱、面临着中长期结构性问题的城市，应以住房需求为导向优化供给结构，夯实住房市场平稳运行的供需基础，同时做好市场监测预警，有效防范化解当地房地产市场风险。

二、进一步优化房地产业融资环境，发挥好货币金融政策等中期因素对房地产市场的积极作用

当前货币金融政策对全国及各类城市房地产市场走势的影响均相对较弱，这一方面是因为部分政策落实或传导机制不畅，金融机构对房地产供需两侧的融资支持不及预期，另一方面在于市场主体对政策的敏感度下降。因此，建议尽快对前期各项稳定房地产市场的政策的执行情况和成效开展督查评估，厘清政策执行堵点与难点，及时查漏补缺，落实好相关责任主体，抓好各项政策的落地落实，引导金融机构适度加大对房地产业的融资支持力度，切实改善行业融资环境，提升货币金融政策对房地产市场的积极作用。

三、加强房地产市场预期引导，促进市场预期改善，提振市场信心

预期是影响当前房地产市场的主要因素之一。现阶段市场预期难以改善的原因一方

面是市场持续下行的态势与行业风险事件的接连发生，另一方面是各项政策的执行与成效情况等信息披露相对不足，存在较大程度的信息不对称，由此加大了公众对未来市场走势认知的不确定性。因此，建议通过官方网站及人民网、新华网等官方媒体，针对最新的房地产调控政策和房地产市场走势，及时进行权威分析解读，提升社会公众的理性认识程度，加大对政策执行和成效等相关信息的披露力度，持续释放稳定房地产市场的积极信号，引导市场预期改善，提振市场信心。